Couvertures supérieure et inférieure manquantes.

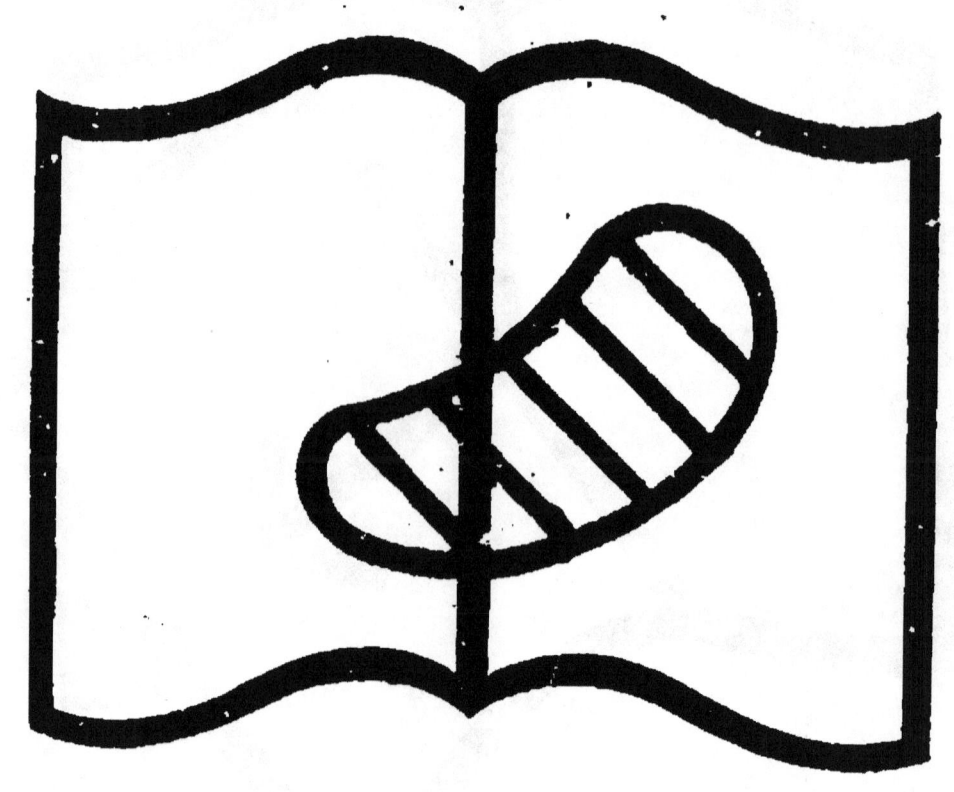

Illisibilité partielle

COLLECTION MICHEL LÉVY

CHIEN-CAILLOU

OUVRAGES

DE CHAMPFLEURY

PUBLIÉS DANS LA COLLECTION MICHEL LÉVY

Les premiers beaux jours.......................... 1 vol.
Aventures de mademoiselle Mariette................ 1 —
Le Réalisme....................................... 1 —
Les Excentriques.................................. 1 —
Les Souffrances du Professeur Delteil............. 1 —
Les Bourgeois de Molinchart....................... 1 —
Chien-Caillou..................................... 1 —
L'Usurier Blaizot................................. 1 —
Souvenirs des Funambules.......................... 1 —
Les Sensations de Josquin......................... 1 —

PARIS. — TYP. COSSON ET COMP., RUE DU FOUR-SAINT-GERMAIN, 43.

CHIEN-CAILLOU

PAR

CHAMPFLEURY

NOUVELLE ÉDITION

PARIS
MICHEL LÉVY FRÈRES, LIBRAIRES-ÉDITEURS
RUE VIVIENNE, 2 BIS
1860

Tous droits réservés

AVERTISSEMENT

Ces *Contes*, qui ont décidé de la destinée de l'auteur, ont été écrits à une précieuse époque de naïveté où tout ce qui sort de la plume semble parole d'Évangile.

On y trouvera plutôt des souvenirs d'atelier que le langage du monde.

L'auteur aurait pu profiter de ses études et de ses travaux pour essayer de rendre ses *Contes* meilleurs. Il n'y a pas changé dix lignes, préférant les réimprimer dans toute leur verdeur des premières années littéraires.

Chien-Caillou, patroné par M. Victor Hugo, a fait jadis la fortune du livre ; l'auteur ne l'a pas oublié et remercie ses amis, connus et inconnus, des nombreuses sympathies qui l'ont soutenu dans la voie.

CHAMPFLEURY.

Neuilly, août 1852.

CHIEN-CAILLOU

I

SILHOUETTE DE MON ONCLE

... Un lit et une échelle...

— Bon, ce n'est pas possible !

— Cependant, puisque je vous l'affirme.

— Ah ! vous autres auteurs, nous vous connaissons, et de toutes vos histoires, nous savons ce qu'en vaut l'aune.

Remarquez, s'il vous plaît, ô mon maître le lecteur, le : *Ce qu'en vaut l'aune* de mon oncle. Cette locution ne vous dépeint-elle pas mon interlocuteur ? Ce qu'on vaut l'aune ! Il n'y a guère qu'un boutiquier qui ose se servir d'une pareille expression.

Ce qu'en vaut l'aune m'arrêta tout à coup. Allez donc résister à de pareils chocs ? La fameuse histoire des moutons que racontait Sancho à Don Quichotte ne put être continuée par suite d'interruption.

— Tu disais donc, mon neveu, un lit et une échelle...

— Mon oncle, je vous finirai l'histoire une autre fois.

— Hé ! hé ! tu parles comme les feuilletons, la fin au

prochain numéro, dit en riant bruyamment mon brave homme d'oncle, grainetier, rue ***, caporal des grenadiers, et abonné du lendemain au *Constitutionnel*.

Cet oncle, m'ayant rencontré sur le quai des Augustins avec un homme dont l'aspect l'étonna, me demandait plus tard des détails sur ce personnage, lorsqu'à ces mots : « *Un lit et une échelle,* » on a vu de quelle brutale façon il m'interrompit.

Aussi, pourquoi allai-je raconter cette histoire à mon oncle? J'étais puni par où j'avais péché. Je le connaissais de longue main. C'est lui, pour le peindre d'un trait, qui me dit un jour avec un grand accent de conviction :

— Les gens qui écrivent l'histoire de Napoléon, ce sont tous farceurs. Pour écrire l'histoire de cet homme-là, il faudrait *avoir vécu dans sa peau !*

Oh! les oncles! les oncles!

II

AVIS AU LECTEUR

Mon maître le lecteur, que ceci soit pour vous un avertissement! Ne dites jamais que vous savez *ce que vaut l'aune* de telle histoire. Souvent cette histoire si gaie, si folle, si amusante, aura germé toute gonflée de larmes, de faim, de misère, dans l'esprit de celui qui l'écrira plus tard.

III

INVENTAIRE

Chien-Caillou demeurait dans la rue des Noyers. C'est aux environs de la place Maubert, un quartier où l'on a souvent faim. Il louait au septième étage une petite chambre de 40 francs. Voulez-vous savoir ce qu'est un logis de 40 francs par an ?

On entrait dans cette chambre, c'est-à-dire, on n'entrait pas *dans* cette chambre, mais *dans* le lit ou *sur* une échelle. Le lit prenait les deux tiers de la place, l'échelle l'autre tiers. Le lit était à gauche s'enfonçant sous le toit : un lit avec une couverture douteuse ; des draps qui, à force de raccommodages, ne formaient plus qu'une vaste reprise. Les draps couvraient à peu près un matelas d'une maigreur de lévrier. Ce pauvre matelas, qui dans un temps avait contenu de la laine, la misère l'avait converti en paillasse. Un jour une poignée enlevée à propos pour dîner, un autre jour une poignée pour déjeuner, avaient fait vivre Chien-Caillou un mois du matelas, et il trouva tout aussi bon de dormir sur la paille, quand il fut forcé de remplacer la laine.

Pour l'échelle, c'était là un meuble de la plus heureuse invention. Une table aurait gêné ; une commode n'aurait pu tenir dans la mansarde, en raison de l'angle formé par le toit; un secrétaire était un meuble trop fastueux ; — au lieu que l'échelle, d'allure solide, avec ses marches plates, servait d'étagère portant le plus étrange mobilier.

Dans l'origine, son principal but avait été de conduire à la fenêtre. La fenêtre était un trou pratiqué dans le toit, ne pouvant donner passage à la tête, mais destiné à renouveler l'air.

Sur le premier échelon demeurait un lapin blanc, tranquille, réfléchissant et semblant très-satisfait de sa vie de torpeur. Le second échelon portait une brosse, quelques planches de cuivre; le troisième, une boîte de bois blanc contenant du fil, des épingles, des aiguilles emmanchées dans du bois, un pot de cirage ; le quatrième, un carton ventru d'où sortaient du papier blanc, des estampes, etc.

Rien aux murs qu'une estampe, la *Descente de croix* gravée par Rembrandt, non pas de celles qui traînent sur les quais, abominables contrefaçons à quinze sous, mais une épreuve de maître. Cette estampe de 200 francs au milieu de ce mobilier boiteux disait toute la vie de Chien-Caillou.

Chien-Caillou était de cette race de bohêmes malheureux qui restent toute leur vie bohêmes. Son père était un ouvrier tanneur du faubourg Saint-Marceau. Chien-Caillou apprit la tannerie ; le métier lui déplut et il se mit à colorier des images pour la rue Saint-Jacques. Un jour son père le battit, et il s'enfuit, heureux de rencontrer un groupe de rapins qui voulurent bien l'admettre dans leur société. Il n'avait que dix ans. Il dessinait d'une façon si naïve, qu'on accrochait toutes ses œuvres dans l'atelier.

Ce fut alors qu'on lui donna le sobriquet de Chien-Caillou. Il ne sut jamais pour quelle raison, ses amis non plus ; les rapins ne sont pas fort en étymologies. Le surnom lui resta. Il songea à faire de la gravure, mais la gravure ressemblait à ses dessins : c'était quelque chose d'allemand primitif, de gothique, de naïf et de religieux, qui donnait à rire à tout l'atelier.

Chien-Caillou, fatigué d'être toujours goguenardé, quitta ses amis et ne reparut plus. Il s'installa rue des Noyers, dans la chambre à 40 francs ; et il était encore couché, son pantalon, son gilet, sa casquette, lui servant d'édredon et de couvre-pieds, suivant l'habitude des pauvres gens.

A huit heures, il s'éveilla et appela son lapin :

— Eh! eh! Petiot, arrive ici.

Petiot, à cette voix amie, dressa les oreilles, descendit de son étage élevé, prit mille précautions, évitant de déranger sur son passage la brosse, la boîte aux outils, et sauta tout doucement sur le lit. Chien-Caillou l'embrassa sur le nez et le mit réchauffer sous les couvertures. Car il aimait son lapin plus que Pélisson son araignée.

— Attends, dit-il à Petiot, je vais chercher à manger; nous avons faim, pas vrai?

Il grimpa en chemise à son échelle, prit dans la boîte un gros morceau de pain dur, quelques carottes, et revint se fourrer dans les draps. Jamais repas ne fut pris avec plus d'avidité que celui-là. Si Petiot avait un faible pour les carottes, son maître ne les aimait pas moins. Le pain était bien dur, il est vrai, mais on est jeune et on a faim.

— Ah! Petiot, dit-il, quand nous aurons notre bateau!...

Le lapin, qui semblait comprendre tout ce que cette phrase contenait de béatitudes futures, vint se frotter le dos contre son maître, en manière de caresse.

— Allons, Petiot, nous allons travailler.

Chien-Caillou se leva, passa son pantalon, frangé au bas comme un châle, et prit une planche de cuivre commencée. Puis il emmancha une aiguille dans un morceau de bois, et s'assit sur le lit.

Pendant ce travail, la figure du graveur s'illumina d'un rayon qui prouvait que son travail n'était pas tout matériel et que sa pensée passait dans son burin. Il travailla ainsi quatre heures. Sa planche esquissée, Chien-Caillou endossa un misérable paletot et sortit après avoir embrassé son lapin.

— Mon voisin, dit une jolie voix musicale qui partait d'une mansarde voisine, entrez un moment, qu'on vous parle.

IV

LES MANSARDES DES POËTES. LES MANSARDES RÉELLES

Voici à peu près le procédé employé par les poëtes pour décrire une mansarde :

Une petite chambre au septième ou au huitième, gaie et avenante. Pas de papier, mais des murs blanchis à la chaux. Un violon accroché au mur (en cas de masculin), un rosier fleuri (en cas de féminin). Un rayon de soleil vient tous les jours faire sa promenade dans la chambrette. On a vue sur le ciel ou sur un jardin garni de grands

Voici ce que pourraient écrire les poëtes, s'ils avaient l'amour de la réalité :

Une petite chambre au septième ou au huitième, triste et sale. Pas de papier, mais des murs jaunis, album mural qui porte les traces de tous les locataires. Le soleil n'y vient jamais, ou, quand il y vient, c'est pour convertir la mansarde en plombs de Venise. On a quelquefois une vue, mais on n'aperçoit que des cheminées, des ardoises, des toits et des gouttières. En hiver, arbres dont les odeurs volent à la mansarde.

Il est bien convenu qu'une mansarde n'est jamais solitaire, et qu'elle a un pendant. Dans la mansarde d'en face se trouve une voisine, un voisin, suivant le sexe du héros du roman; on se dit bonjour; on s'envoie des baisers; les baisers sont rendus; on se rencontre dans la rue. Un jour, la mansarde n° 1 va rendre visite à la mansarde n° 2. Et voilà une nouvelle paire d'amoureux...

On rit, on chante, on boit dans les mansardes de poètes. Quelques vaudevillistes audacieux y font *sabler le champagne.*

Les commis-voyageurs ont chanté partout:

« Dans un grenier qu'on est bien à vingt ans! »

les mansardes sont aussi humides qu'un marais.

Le plus souvent la mansarde est isolée, et l'on n'aperçoit guère que d'horribles créatures, des juifs, des vieilles femmes, des chats maigres, des enfants déguenillés, jaunes et hâves; la musique qui sort de là est le cri d'un enfant au berceau qui semble se plaindre d'être né.

Souvent il fait faim dans les mansardes; on y chante peu, on y boit moins encore. Peut-être pourrait-on trouver à boire des larmes...

Malgré ce qu'a dit Béranger,

Dans un grenier qu'on est mal à vingt ans!

LE LOGIS DE MADEMOISELLE AMOURETTE

— Bonjour, voisin, dit Amourette en riant de la figure étonnée du graveur.

Chien-Caillou avait raison de s'étonner de cette subite connaissance ; il n'avait jamais vu ni entendu parler de sa voisine, s'inquiétant peu des femmes; il dépensait tout son amour pour son lapin, et il n'avait jamais songé à mieux placer ses affections.

— Vous sortez, voisin ? continua Amourette qui était couchée sur un mauvais lit de sangle.

— Oui, mademoiselle, répondit le graveur.

— J'aurais bien voulu que vous dissiez à la fruitière de nous monter pour quatre sous de *frites*.

— Si vous le désirez, je vous les rapporterai moi-même ; je n'ai qu'une petite course.

— Ah ! mon voisin, que vous êtes gentil !... Mais ça ne se peut pas, dit-elle en hésitant... Avez-vous quatre sous ?

Quoique cette demande fût faite un peu brusquement, en raison de la nouveauté des relations, Chien-Caillou la trouva naturelle. Les malheureux sont si vite frères !

— Ma foi, dit-il, je suis aussi pauvre que vous.

— Eh bien, je vous remercie tout de même ; dites à la fruitière de monter les frites ; quand elle sera ici, elle n'osera pas les remporter, quoique nous lui devions déjà quelque chose.

— Bon, je vais faire comme vous dites.

— Ah çà, voisin, vous reviendrez nous voir, j'espère ? Pourquoi ne venez-vous jamais ?

— Je ne sors pas, et je ne savais pas que vous fussiez si près de moi.

— Il faut que vous voyiez ma sœur. Vous avez l'air triste, nous vous ferons rire. Ah ! comme nous nous amusons toutes les deux ! Est-ce que la petite folle n'a pas vendu hier ma robe et mes jupons ! Nous n'avons plus qu'une robe pour nous deux. Elle me laisse en chemise. Tenez...

Et Amourette releva la couverture, non par effronterie, mais par misère joyeusement cynique; ce dont fut tellement effrayé Chien-Caillou, qu'il ouvrit la porte et descendit précipitamment l'escalier.

Quelque temps après, la sœur d'Amourette rentra.

— Eh bien ! Nini, as-tu de l'argent ?

— Pas un liard ; mais j'ai faim.

— Le voisin est descendu chez la fruitière ; nous allons manger. Tu n'as donc pas trouvé M. Clément ?

— Il est parti à la campagne, à ce que m'a dit sa bonne. Dis donc, Amourette, la bonne me fait une fière paire d'yeux quand j'y vais.

— Elle se doute peut-être de quelque chose.

— Qu'est-ce que cela lui fait ? Ne dirait-on pas que je ruine M. Clément !... Ah ! le vilain vieux avare ! Faut-il que nous ayons besoin de manger... Il est laid, il prise, il a une perruque...

— Je ne veux pas que tu y retournes, Nini ; c'est pour moi que tu te sacrifies, parce que je suis une paresseuse. Mais demain je veux retourner *chiffonner* avec papa. Il me battra, ça m'est égal; au moins tu ne seras pas obligée d'aller avec *ton vieux*.

— Tu resteras, Amourette ; je veux que tu restes avec moi, dit Nini dont les paupières s'emplissaient de larmes. Tu voudrais donc me laisser seule? Tu sais bien que nous sommes trop grandes pour *faire* le chiffon, que le métier ne va pas, et que, si papa nous a renvoyées, c'est qu'il ne pouvait plus nous nourrir. J'ai rencontré une femme qui m'a dit qu'elle nous apprendrait la brochure ; nous pourrons gagner tout de suite six sous par jour chacune.

— A la bonne heure, dit Amourette, nous pourrons vivre avec les six sous. Tu n'auras plus besoin du *vieux*.

— Je tâcherai de mettre quelque chose de côté, dit Nini ; je m'achèterai une petite robe comme j'en ai vu l'autre jour, à sept sous le mètre ; un petit dessin à fleurs qui est gentil tout plein. Avec ma robe, j'aurai aussi un bonnet neuf à la Charlotte Corday, des brodequins pas chers ; on en vend d'*occase*, pour presque rien. Et puis, nous irons au bal : hein ! Amourette ?

— Oui, nous irons chez Constant... Entends-tu monter, Nini ? C'est la fruitière sans doute.

— Ma voisine, c'est moi, cria Chien-Caillou en dehors.

— Ne parle pas de M. Clément devant lui, dit Amourette.

VI

COMMENT ON DINE QUELQUEFOIS

Chien-Caillou entra la mine triste.

— Elle ne veut pas?... dit Amourette, qui comprit cette pantomime.

— Elle m'a insulté par-dessus le marché...

— Qui donc? demanda Nini.

— La fruitière. Elle a fini ainsi, en mettant ses poings sur ses hanches : — Pas d'argent, pas de *frites*.

— Si nous avions seulement du pain... dit Amourette.

— Du pain! répondit Chien-Caillou tout joyeux, j'en ai à votre service; il est noir, mais il est bon. J'ai aussi des carottes. Vous ne les aimez peut-être pas. Moi, je n'aime que ça; mon lapin aussi... Je cours vous chercher à manger.

— Voisin, vous êtes trop bon, vraiment.

— Vous avez un lapin chez vous? dit Nini.

— Oui, un beau lapin blanc, Petiot, qui est gentil comme tout.

— Oh! amenez-nous-le, nous rirons un peu.

Chien-Caillou sortit, et revint aussitôt avec du pain de munition et une botte de carottes. Le lapin se tenait gravement sur son épaule. Ce furent des cris de joie sans nombre, dans la mansarde, à la vue du lapin.

Amourette le prit dans ses bras et le baisa sur le nez; après quoi, il passa dans les bras de Nini, qui le dévora de caresses. Jamais le lapin n'avait été aussi embrassé, ce qui ne lui faisait pas perdre son sang-froid. Tous les quatre s'installèrent sur le lit et mangèrent avec appétit ce repas improvisé. Entre deux bouchées :

— Voisin, comment vous appelle-t-on? dit Amourette.

— Chien-Caillou.

— Oh! le drôle de nom! Moi aussi j'en ai un drôle, on m'appelle Amourette; c'est à cause d'une romance, voilà ce que je sais... Il est bien bon, votre pain...

— Les carottes aussi, dit Nini. Ça doit vous coûter encore cher, monsieur Chien-Caillou, de nourrir votre lapin ?

— Je ne le nourris pas toujours si bien ; quelquefois il n'a que du son ; quelquefois même il jeûne. Une fois j'ai cru qu'il allait mourir, mon pauvre Petiot ; nous avions été deux jours sans manger : j'étais couché, moi, comme un propre à rien. Je ne pensais plus à lui ; il vient tout à coup se frotter contre moi, et puis il me regarde avec ses grands yeux. Faut-il que tu sois lâche ! me dis-je ; parce que tu meurs de faim, tu laisses mourir de faim les autres ! Je descends quatre à quatre, je cours dans la rue ; heureusement la fruitière avait épluché ses choux, je rapporte bien vite les mauvaises feuilles. Ah ! il était temps ! Pauvre Petiot ! il était couché sur le flanc... J'ai d'abord cru qu'il était mort... Pensez donc, il n'y a que lui qui m'aime... En m'entendant, il dresse les oreilles, je lui jette les feuilles, et il l'a échappé belle...

— Pauvre Petiot! dit Nini en l'embrassant. Quel dommage, s'il était mort !..

— Vous êtes bien bon, monsieur Chien-Caillou, dit Amourette, et je vous aime déjà comme si je vous connaissais depuis deux ans.

— Ah! mademoiselle, dit le graveur embarrassé... Écoutez, demain, j'aurai sans doute de l'argent ; le père Samuel viendra, nous dînerons mieux...

— Nous ne voulons pas, dit Amourette, vous ruiner... Nous en aurons peut-être aussi...... on en doit à ma sœur...

— Allons, au revoir, dit Chien-Caillou, j'ai un peu à travailler. A demain !

— Adieu, monsieur Chien-Caillou! dirent les deux jeunes filles.

VII

MISE EN SCÈNE DU PÈRE SAMUEL

Chien-Caillou finissait sa planche, lorsqu'on frappa à sa porte et le père Samuel entra. Un vieillard grand, maigre et barbu ; des vêtements en défaillance ; sur la tête, un chapeau qu'une marchande du Temple ne voudrait pas étaler ; des souliers de poète du quartier latin : tel était le père Samuel, juif et brocanteur, protecteur de Chien-Caillou, connu dans tous les ateliers de Paris, vendant des crayons, des canifs, des couleurs, les échangeant contre de vieux habits, achetant des esquisses, des pochades de jeunes peintres, passant pour très-compétent en matière d'art, riche et faisant l'usure avec les étudiants.

— *Foyons foir la blanche,* dit-il dans son baragouin.

— J'en ai tiré une épreuve, dit Chien-Caillou, mais je ne suis pas content.

— *Évegdifement, il n'est bas drés pien fenu.*

— Si vous saviez comment je l'ai tirée !

— *Gomment ça?*

— Avec du cirage et une brosse à souliers.

— *Et bourquoi?*

— Ça coûte deux sous chez les imprimeurs ; vous ne payez pas assez cher...

— *Allons, allons, fous n'êdes chamais gondent.*

— Père Samuel, voilà trois jours que je travaille là-dessus, je ne peux pas vous la donner pour cinq francs comme les autres... J'aime mieux garder mes *machines* pour moi, à ce prix-là.

— *Pah ! nous nous arrancherons, che fous tonnerai une ponne retincode pour l'hiver.*

— Non, non, dit Chien-Caillou; une redingote, je n'en ai pas besoin. Avez-vous des pommes de terre ?

— *Gomment, des bommes té derre ?*

— Oui, je veux dix francs, et vous m'assurerez un boisseau de pommes de terre par semaine, en admettant que je travaille pour vous... Il me faut dix francs par planche...

— *Fous foulez mé ruiner. Bonchour, ché né beux pas à ces gontisions.*

Et le père Samuel s'en alla. Chien-Caillou, qui connaissait cette ruse particulière aux juifs et aux marchands d'habits, le laissa faire. Deux minutes après, le père Samuel remontait, en offrant cinq francs et les pommes de terre, et jurant ses grands dieux qu'il était ruiné pour toujours ; le graveur tenant bon, il s'en alla une seconde fois. Cependant il revint encore, car il avait ses motifs pour ne pas rompre avec Chien-Caillou.

Le père Samuel, qui brocantait aussi les tableaux, ayant vu des dessins à la plume et des eaux-fortes de Chien-Caillou, devina tout le prix de ces croquis. Les longues contemplations de Rembrandt avaient donné au graveur une nourriture singulière, mystérieuse et naïve, qui faisait que sa pointe semblait avoir été dirigée d'abord par le grand maître hollandais.

Pour comprendre les eaux-fortes de Chien-Caillou, il fallait être savant. La plupart des gens n'y auraient rien vu ; les véritables amis de l'art y découvraient un monde. Jamais la pointe ne s'était jouée d'autant de difficultés. Le père Samuel avait deviné, avec son instinct de brocanteur, le génie de Chien-Caillou. Il se mit en rapport avec lui et lui acheta ses gravures à vil prix.

Le père Samuel connaissait beaucoup d'amateurs : il porta les eaux-fortes chez quelques-uns qui répondirent qu'ils ne comprenaient rien à ces *griffonnages*. Mais un vieux collectionneur d'estampes, mieux avisé, poussa un cri d'admiration à la vue de ces dessins et demanda le nom de l'auteur. Le rusé père Samuel répondit que l'auteur était un Hollandais, sans doute du dix-septième siècle ; que le hasard l'avait mis sur les traces de ce trésor, et qu'il ne soupçonnait pas le nom de l'auteur.

Le collectionneur intrigué alla au cabinet des estampes montrer cette rareté au conservateur qui y perdit son latin. On remua tout le cabinet, on feuilleta l'œuvre des Flamands, des Hollandais, des Allemands, il fut impossible de rien trouver : on en conclut que ces gravures étaient d'un élève de Rembrandt. Le vieil amateur acheta chaque estampe 200 francs au juif ; et celui-ci, pour ne pas éveiller les soupçons, les jaunissait, les maculait, les froissait et les déchirait, ce qui leur donnait l'aspect de gravures très-anciennes.

On voit par là qu'il ne faisait pas un mauvais trafic avec Chien-Caillou. Aussi, après avoir juré contre la misère des temps, après avoir réfléchi, accorda-t-il les dix francs et le sac de légumes, ce qui mit le pauvre graveur tout en joie : jamais il ne s'était vu si riche. Après avoir arrêté rigoureusement les clauses du marché, le père Samuel s'en alla en recommandant à Chien-Caillou de soigner ses planches.

2.

VIII

UN MARIAGE AU SOLEIL

Le lendemain, Amourette vint réveiller Chien-Caillou en grattant à sa porte.

— Voisin, venez vite déjeuner. Nini a rapporté toutes sortes de bonnes choses. N'oubliez pas d'apporter le lapin.

Amourette était rentrée sans attendre la réponse. Chien-Caillou se leva, prit Petiot dans ses bras et sortit. En ouvrant la porte de ses voisines, il fut frappé de l'odeur qui errait dans la chambre. Le lapin dressa les oreilles et agita son nez mobile.

Sur une petite table était un plat contenant force côtelettes dont la chaleur s'échappait en fumée. Les côtelettes dorées nageaient dans une sauce appétissante, parsemée çà et là de cornichons d'un vert joyeux. A côté des côtelettes s'élevait une pyramide de pommes frites, sur lesquelles une main prudente avait dispersé les grains argentés de sel nécessaire. Chien-Caillou, qui n'avait jamais assisté à pareil festin, ouvrait de grands yeux étonnés.

— A table, voisin, dit Amourette, à table, pendant que tout est chaud !

Tout le monde s'assit sur le lit et mangea avec plus d'appétit que la veille. Il y avait aussi par terre une certaine bouteille de vin qui redoubla la gaieté de l'assemblée, peu habituée aux capiteux.

— Je suis riche aussi, dit Chien-Caillou, le père Samuel est venu.

— N'est ce-pas un vieux bonhomme, dit Nini, qui a un *bolivar* tout bosselé ?

— C'est lui-même. Il ne faut pas en dire de mal ; il me fait vivre, et bien. Maintenant je suis sûr de passer un bon hiver.

— Ah çà, voisin, dit Amourette, sans être trop curieuse, qu'est-ce que vous faites ?

— Je fais de la gravure. Et vous ?

Amourette rougit et balbutia :

— Nini travaille un peu ; j'ai essayé de faire des fleurs en porcelaine, mais je n'avais jamais assez d'argent pour avoir des outils.

— Ah ! dit Chien-Caillou, si j'avais mon bateau !

— Quel bateau ?

— Petiot le sait bien, lui ; nous en avons causé du bateau ! Quand j'aurai amassé quelques sous, ce qui ne sera pas long, j'achète des planches d'occasion et je me fais un petit bateau. Je mets dedans des pommes de terre, un sac de pain de munition, des carottes, du son pour mon lapin, et puis tout ce qu'il me faut pour graver... Il y aura une petite chambre où on pourra faire du feu pour l'hiver... Je porte mon bateau au Pont-Royal, je monte dedans avec Petiot. Nous allons en Belgique, en Hollande, partout où il y a des tableaux de Rembrandt... Pendant que nous serons en pleine eau je graverai. J'aurai aussi quelques économies pour renouveler mes provisions... D'ailleurs, je vendrai mes gravures ; il y a des amateurs très-riches en Hollande. Voilà ce que j'ai rêvé toute ma vie... Mais l'année prochaine...

— Et on ne vous verra plus ? dit Amourette, dont la voix s'altéra.

— Oh! je ne reviendrai pas de si tôt!

— Et vous nous oublierez, méchant? Vous ne pensez donc plus à nous, à moi? dit Amourette.

— Je vous emmènerais bien avec moi toutes les deux; mais le bateau ne serait peut-être pas assez grand.

— Oh! je veux partir avec vous, moi, dit Amourette. Je ne suis plus heureuse que quand vous êtes là. Je vous aime encore plus qu'hier, et demain je vous aimerai encore plus qu'aujourd'hui. M'aimez-vous un peu, monsieur Chien-Caillou?

Chien-Caillou, qui était embarrassé par la présence de Nini, répondit avec un gros soupir:

— Oh! oui.

— Moi, dit Nini, je ne veux pas aller dans le bateau. D'abord, je vous gênerais, et puis il n'y a pas de bal, on ne dansera pas dans votre bateau. J'aime bien monsieur Chien-Caillou, je t'aime encore plus, Amourette, mais j'aurais peur de me noyer... Vous m'écrirez, je pleurerai souvent en pensant à vous... je pleure déjà, dit-elle en sanglotant.

— Allons, Nini, ma sœur, nous ne sommes pas encore partis. Veux-tu pas pleurer? Fi! tu veux donc me faire du chagrin!

Les deux sœurs s'embrassèrent, et la joie reprit son cours. Comme Chien-Caillou s'en allait, Amourette lui dit à l'oreille: — Attendez-moi ce soir.

Chien-Caillou s'en retourna fort ému, et, la nuit venant, il s'étendit sur son lit. Amourette vint peu après.

— M'aimez-vous beaucoup, monsieur Chien-Caillou? dit-elle d'un ton sérieux.

— Plus que je ne saurais le dire.

— Voulez-vous que je sois votre femme pour toujours ?

— Je le veux bien, balbutia Chien-Caillou qui perdait la tête.

Là-dessus Amourette raconta sa vie passée à Chien-Caillou ; elle avoua toutes ses fautes. Le pauvre graveur tenait la main d'Amourette dans sa main, et il était heureux, car jusqu'alors il n'avait pas pensé aux trésors d'amour qui sommeillaient dans son cœur.

Le matin, les deux amants furent réveillés par Petiot, qui vint s'abattre sur le lit.

— Je crois que je t'aime mieux que mon lapin, dit-il à Amourette, timide comme une jeune mariée.

Et, pendant une heure, les projets du ménage futur allèrent leur train. Le bateau jouait toujours un grand rôle. Amourette devait apprendre un état qui lui permettrait de soutenir le ménage de son côté. — Nini vint embrasser Chien-Caillou, qu'elle appela son frère, et la petite mansarde, si noire et si triste, prit elle-même un air de fête.

IX

LA QUEUE DU BONHEUR

Le jeune ménage fut heureux un grand mois. Cependant Chien-Caillou avait les yeux fatigués ; il travaillait beaucoup. Amourette chantait en travaillant ; jamais elle n'avait été aussi gaie. Le graveur avait installé ses quelques outils dans la mansarde de sa maîtresse, où il faisait plus clair.

Un matin, il sortit pour aller chez le père Samuel.

La portière monta chez Amourette :

— Le propriétaire veut qu'on le paye, à la fin !...

— Je n'ai pas d'argent... dit Amourette.

— Ah! vous n'avez pas d'argent! Eh bien ! vous allez filer à la minute, et toutes les deux,...

— Mais... dit Nini.

— Je crois que vous voulez vous révolter ! Qu'est-ce que c'est que des gueuses pareilles !... Ah! vous n'avez pas d'argent... Vous mangez donc tout ? D'ailleurs, *monsieur* ne veut pas de coureuses dans sa maison... Allons, qu'on file, et bien vite...

— Laissez-nous attendre au moins M. Chien-Caillou...

— Oui, en voilà encore une autre bonne pratique, qui doit deux termes et plus... Son compte ne sera pas long... Allons, voulez-vous fiche votre camp, ou je vous fais mener par la garde chez le commissaire !

Les deux jeunes filles sanglotaient et ne trouvaient rien à répondre à la vieille mégère; elles firent un petit paquet de leurs habits; Nini écrivit quelques mots sur la porte de Chien-Caillou, et elles descendirent tout en pleurs, pendant que la portière leur disait :

— Vous êtes encore bien heureuses que je vous laisse emporter vos *effets* et que je ne vous dénonce pas à la police, petites rouleuses !

Chien-Caillou, en rentrant le soir, lut sur sa porte ceci :

« *Nous ceron à midi àvousse attendrr dans le lussamboure.* »

Il descendit, le cœur ému, chez la portière qui lui dit sèchement :

— *Monsieur* a commandé qu'on les mette à la porte. Si vous croyez qu'on peut garder, pour l'amour du bon Dieu, des locataires qui ne payent pas... Du reste, elles ne sont pas les seules, et il y en a d'autres qui...

Chien-Caillou, sans en écouter davantage, courut au Luxembourg. Il était six heures du soir. L'hiver commençait et le brouillard tombait; il fit le tour du jardin, s'arrêtant à chaque femme qu'il rencontrait; il ne trouva pas les deux sœurs. Bientôt le tambour battit: on ferma les portes, et le pauvre graveur revint seul à la maison. Il ne pleurait pas, mais il avait la mine sombre et l'œil égaré.

Petiot vint se frotter à lui, et pour la première fois Petiot fut repoussé brusquement. Chien-Caillou ne dormit pas; toute la nuit sa petite chambre retentit de soupirs. Le lendemain, à six heures du matin, il était à la grille du Luxembourg; il en attendit deux heures l'ouverture. Toute la journée, il resta sans manger, marchant comme un fou, fouillant les moindres buissons, comptant les heures, parcourant les allées, les contre-allées, et regardant sous le nez les filles du quartier, qui riaient beaucoup de cette mine effarée.

Pendant huit jours il fut fidèle à son poste. Pas d'Amourette. Il revenait quelquefois les habits trempés, jurant et voulant se casser la tête contre les murs. Un jour, le lapin ayant manifesté ses caresses trop longuement, Chien-Caillou le prit par les oreilles et le lança contre la muraille.

Petiot poussa un faible cri et retomba sur le plancher. Il était mort!

Il est impossible de peindre la douleur de Chien-

Caillou ; il le ramassa, le baisa sur le nez, le mit réchauffer dans son lit, car il croyait qu'il n'était qu'étourdi. Mais Petiot ne bougea pas ; il commençait à avoir froid.

Chien-Caillou s'étendit sur son lit et jura de se laisser mourir de faim... Il avait les yeux tout grands ouverts, secs et rouges ; s'il avait pu pleurer, il eût été moins malheureux, mais il était pris d'une douleur sourde et implacable qui ne trouve de fin que dans le suicide.

Peu à peu sa vue s'obscurcit ; il entendit sonner les heures de l'église voisine. Huit heures du matin tintèrent ; ses yeux étaient ouverts.

— Ah ! dit-il en poussant un grand cri, je ne vois plus...

Quelques locataires montèrent entendant ce cri...

Le pauvre Chien-Caillou n'est plus aujourd'hui un homme, un artiste, ni un graveur ; il est le numéro 13 d'un hôpital.

6 octobre 1845.

GRANDEUR ET DÉCADENCE

D'UNE SERINETTE

I

MADAME VEUVE BRODART LA MÈRE

. . . . . . Toute petite ville de province a une rue particulière, une rue occupée seulement par des bourgeois, isolée, à l'ombre et silencieuse. Il y pousse de l'herbe. Cependant cette rue, calme comme un cercueil, où les rideaux sont soigneusement tirés, gouverne la ville : c'est de là que partent les accusations les plus terribles, en ce sens qu'elles sont sourdes, anonymes et d'autant plus dangereuses.

Un étranger passe dans cette rue : il n'a vu personne aux fenêtres ; mais vingt yeux embusqués derrière l'ouverture imperceptible d'un rideau ont pris son signalement. Chacun s'interroge aussitôt après ; on fait l'instruction.

Si les bourgeoises de la rue Châtelaine espionnent ainsi les étrangers, quelle attention n'apportent-elles pas à disséquer, à scalper les moindres faits et gestes de leurs concitoyens. Le malheureux *sujet* qui est dénoncé à ce tribunal des Dix féminin est plus à plaindre que s'il était accusé d'empoisonnement ; les bourgeoises sont plus habiles à trouver matière à diffamation que ne l'est l'appareil de Marsh à recueillir du poison.

Madame Brodart la mère demeurait dans cette rue. Sa fenêtre donne sur la rue : sur le rebord se pressent des pots de fleurs ; au-dessous des pots de fleurs un banc de pierre.

Madame veuve Brodart, que toute la ville appelait la *Mère,* pour la distinguer de sa bru, madame Brodart la jeune, demeurait dans la rue Châtelaine ; quoique entourée du terrible comité secret, elle n'en faisait pas partie active. Elle y remplissait le rôle de *personnage muet,* c'est-à-dire que, son grand âge l'empêchant de sortir, elle recevait ses voisines qui entamaient chaque soir les histoires à l'ordre du jour. Madame Brodart prenait plaisir à cette gazette vivante ; mais elle n'y voyait pas de mal.

Elle était recéleuse de secrets sans le savoir.

J'allais souvent chez madame veuve Brodart pour jouer avec ses neveux et ses nièces. Peut-être dois-je à cette brave dame le goût prononcé de la musique. Voici comment.

Dans une grande armoire de chêne, pleine de linge rangé avec une propreté hollandaise, se trouvait une serinette qu'on nous confiait lorsque nous avions été bien sages à l'école.

— Surtout prenez garde de l'abîmer ! s'écriait madame veuve Brodart.

Cette serinette portait sur le couvercle un petit papier imprimé indiquant les airs notés. Ainsi :

> « *Ouverture de la chasse du Jeune Henri...*
> « *Air de Philadelphie* (2 fois).
> « *Le Point du Jour.*
> « *La Monaco* (3 fois).
> « *Air de la Flûte enchantée.* »

Je me rappelle encore que le *Point du Jour*, quoique inscrit sur le catalogue, manquait. Un neveu de madame Brodart avait tourné trop violemment le cylindre et avait éraillé quelques petites pointes de cuivre nécessaires à cet air d'opéra-comique.

— Ah! Seigneur, disait madame Brodart d'un ton de voix douloureux, ils m'ont abîmé mon *Point du Jour*... Passez vite à l'autre air, petits *brisaques*. — Brisaque, dans le dictionnaire néologique de la province, signifie un enfant qui casse tout.

Un jour que je jouais l'air de *Philadelphie*, et que je changeais les crochets pour passer à un autre air, madame Brodart se leva d'un bond de son fauteuil, me repoussa brusquement et s'empara de la serinette. Mon grand crime était de n'avoir joué qu'une fois l'air de *Philadelphie*, tandis que le catalogue indiquait qu'il fallait le jouer deux fois.

— Tu me feras mourir, petit vaurien, dit-elle..... Vous avez déjà cassé mon *Point du Jour*; vous le faites exprès, n'est-ce pas?..... Polisson, va, je le dirai à ta mère... qu'elle te donne le fouet... Maudits enfants! ils n'en font pas d'autres. Je te défends de toucher jamais à la musique...

Madame Brodart appelait sa serinette *la musique.*

— Qui est-ce qui m'a bâti des morveux pareils, des *touche-à-tout* qui ne sont bons à rien !... Allez jouer bien vite dehors...

— Mais, maman Brodart, je ne savais pas...

— Bon ! voilà qu'il ne savait pas. Si ! tu le savais qu'il fallait jouer deux fois l'air de *Philadelphie.*

Comme elle était brave femme au fond et qu'elle me voyait tout triste de ses reproches, elle tourna elle-même la manivelle de la serinette et s'aperçut avec la plus grande joie que l'air de *Philadelphie* n'était nullement endommagé.

— Vous n'y toucherez plus, ajouta-t-elle, ni les uns ni les autres, vous me faites faire trop de mauvais sang. Quand vous voudrez entendre la musique, M. Peinte s'en chargera.

M. Peinte était un avocat qui n'avait jamais exercé.—
Il est trop simple, disaient les fortes têtes du pays.

Dans ce sens, *simple* est le synonyme bien proche d'idiot. Les provinciaux avaient raison : si M. Peinte n'était pas idiot, il n'avait jamais donné signe que d'une médiocre intelligence.

Pâle, blond, les yeux inquiets, le crâne fuyant et se développant en pointe, M. Peinte marchait des épaules, la tête inclinée sur l'épaule droite. Sa bouche blême, toujours ouverte, ne démentait pas l'opinion relative aux crânes pointus.

M. Peinte avait de l'aisance. Il était marié à une femme jadis très-belle, qui ne recula jamais devant les devoirs du mariage, s'il fallait en conclure d'après un fils qui était le portrait même de son père. M. Peinte dépensait son peu d'intelligence dans de petits travaux semblables à ceux des forçats, comme de tourner des maisons, des toupies et divers petits objets en buis qui le faisaient aimer des enfants. Il était propriétaire d'une tabatière à musique, jouait un peu de flageolet, et s'empressait de faire danser, les jeudis de sortie, les jeunes demoiselles entre elles dans leurs familles.

M. Peinte avait toujours l'heure exacte à sa montre. Il était tellement connu de réputation que, cent fois par jour, en traversant la ville, il était arrêté :

— Vous vous portez bien, monsieur Peinte?

En réponse à cette question, il tirait sa montre.

Il mit le comble à son obligeance en confectionnant des briquets phosphoriques qui étaient alors dans leur nouveauté. Sa poche en était toujours bourrée, et il en faisait cadeau à ses moindres connaissances.

Aussi M. Peinte était-il estimé de ses concitoyens et serait-il arrivé aux fonctions les plus importantes de sa petite ville, sans ce manque complet d'intelligence que chacun lui connaissait.

Les enfants l'adoraient, car il apportait, chaque fois que nous le voyions, un nouveau tour, une nouvelle curiosité. Ainsi, il s'occupait un peu de physique amusante, de tours de cartes. Ce qui nous surprenait le plus, c'était son pouce très-mobile qu'il faisait plier sur le dos de sa main — *dans la perfection*, disait madame Brodart.

M. Peinte ne manquait jamais de venir exactement chaque jour, de deux à quatre heures, visiter sa vieille amie. Il arrivait de la promenade avec une provision de nouvelles fraîches qu'il recueillait de ci et de là. A trois heures et demie, M. Peinte père venait le prendre pour dîner.

— Il est donc arrivé quelque chose à M. Peinte? dit madame Brodart en entendant sonner deux heures.

Quelques minutes après il entra :

— Ah! M. Peinte, vous êtes en retard!

— Pardonnez, madame Brodart, deux heures sonnent à la ville.

— Deux heures et cinq, vous voulez dire.

— Non, madame Brodart; tenez, voilà ma montre.

— Je sais bien ce que je dis, l'horloger est venu ce matin.

— Permettez, madame Brodart, l'horloger règle la cathédrale et nécessairement prend son heure; j'arrive de l'hôtel de ville et je vais juste. Je ne me fie pas à la cathédrale, la sonnerie est exposée aux courants d'air, aux brouillards, à la pluie, aux changements de saisons, enfin; au lieu que la ville... Pensez donc que je la connais depuis trente ans.

— Quant à ça, vous avez raison, dit madame Brodart... Eh bien! qu'est-ce qu'il y a de neuf dans la cité?

— Nous avons eu un grand orage cette nuit.

— Je suis bien heureuse, j'ai dormi comme un charme.

— Le tonnerre n'a pas dû tomber bien loin...

— Toujours des incendies! dit madame Brodart. Et la moisson?

— Oh! la moisson va bien. J'ai rencontré hier les paysans qui partaient à la France.

Les campagnards qui vont à dix ou vingt lieues offrir leurs bras aux cultivateurs, appellent cela *partir à la France*.

— J'oubliais, dit M. Peinte... Nous avons enfin un organiste.

— Il est de fait que ça ne pouvait pas durer.

— Un Allemand, m'a-t-on dit.

— Encore un étranger! s'écria madame Brodart dans un moment d'esprit national, des brigands qui sont venus ici avec les Cosaques !

— Permettez, madame Brodart, ils sont bons musiciens.

— Allons donc! musiciens comme ma poche... des gens qui ont été de l'invasion ne peuvent pas être musiciens. Et puis, quand ils seraient musiciens, n'y en a-t-il pas assez dans le pays?..; Non, dit-elle en s'échauffant, c'est un fait exprès, ils crèvent de faim chez eux, ils viennent manger notre pain. Le gouvernement est bien bon... Si ça me regardait seulement un jour..

— Mais, madame Brodart, cela dépend du conseil municipal.

— Ah! votre conseil municipal, un tas d'importants.. Enfin je ne peux pas les voir, vos Allemands. Il y en avait deux de logés chez ma mère, du temps de l'empereur, des grands *bêtas* qui ont des cheveux de filasse ; ils ne savent pas seulement répondre oui ou non, ils disent *ya* à tout bout de champ.

— Qu'est-ce que ça nous fait, après tout? dit M. Peinte.

— Voilà comme vous êtes, vous : qu'est-ce que ça nous fait?... mais ça nous fait beaucoup... ces gens-là viennent prendre l'argent dans notre poche; je suis bien sûre que, s'il était là, M. Peinte père serait de mon avis.

Madame Brodart aimait à étayer ses opinions de celles de M. Peinte père, juge du tribunal et homme important.

Quand elle entamait une discussion avec ses voisines et qu'elle se trouvait battue, madame Brodart avait recours à un artifice oratoire qui ne lui fit jamais défaut.

— Cependant, disait-elle, monsieur Pointe père *prétend*...

Ce fameux mot *prétend* coupait court à toutes les discussions, les voisines le savaient et se seraient bien donné de garde d'aller contre une autorité aussi grave.

M. Pointe, qui montrait la plus grande docilité aux avis de son père, ne sut que répondre.

Au moment où elle le nommait, M. Pointe père entra. Aussitôt madame Brodart reprit la parole et expliqua avec ses précédents arguments la question de nationalité qui était survenue à propos de l'Allemand. Le juge s'étant recueilli gravement et ayant plongé ses doigts dans sa tabatière, en retira une prise et une opinion. Il donna gain de cause à madame Brodart la mère.

II

L'ORGANISTE

La veille de cette conversation, de la diligence de Paris descendaient un vieillard et un enfant que le conducteur appela M. Fleischmann et son fils.

L'organiste de la ville étant mort, le curé avait fait demander un organiste qui pût en même temps apprendre le chant aux enfants de chœur de la maîtrise.

L'évêque du diocèse nomma l'Allemand.

Quand il descendit de voiture, les curieux et les flâneurs de la ville remarquèrent avec étonnement ce petit vieillard qui avait l'air d'appartenir à un autre siècle.

Fleischmann portait de larges lunettes bleues, au travers desquelles se pouvaient voir de petits yeux perçants, quoique fatigués. Sa bouche large et très-mobile était rentrée par suite de la perte des dents; la lèvre inférieure aimait à se reposer sur la lèvre supérieure, et donnait un aspect satyrique à la physionomie. L'Allemand ôta son chapeau à larges bords pour secouer la poussière qui y avait élu domicile pendant la route, et l'on put voir son front chauve sur le milieu, tandis que les oreilles étaient cachées par une touffe de cheveux plats et grisonnants.

Il était vêtu d'un habit noir à la française et d'un pantalon noir étriqué qui tire-bouchonnait autour de deux maigres jambes. Le tout était très-râpé.

— Tu es fatigué, mon petit Rosenblutt? dit-il à l'enfant.

— Oh! le joli enfant, dirent les commères. — Est-il rose! — Les beaux cheveux blonds! — Il a l'air si doux! — Quel ange du bon Dieu!

Si les mères n'ont jamais entendu de plus suave musique que les compliments que l'on adresse à leurs enfants, il n'en fut pas de même pour Fleischmann. Il avait attendu patiemment qu'on lui donnât sa boîte à violon; quand il l'eut, il se tourna vers les femmes et fit une grimace qui valait un coup de dent; après quoi il marcha très-vite vers le presbytère, tenant à la main l'enfant.

— Avez-vous vu sa mine à cet homme? dirent les commères.

— J'ai cru qu'il voulait nous avaler.

— Pauvre *piau* Jésus, je le plains d'avoir un père pareil.

— C'est donc son père? On ne s'en douterait pas.

Le lendemain Fleischmann était installé dans un logement qui attient à la cathédrale. Ce logement consiste en une grande galerie de pierre très-obscure, qui conduit à une petite pièce humide au rez-de-chaussée. Derrière cette pièce se trouve une salle immense, soutenue par des piliers gothiques, qui sert de maîtrise.

Un petit jardin, où poussent des pavots communs qui pullulent avec de mauvaises herbes, était destiné à égayer cette triste habitation.

Le curé vint rendre visite à l'organiste.

— Comment vous trouvez-vous ici, monsieur Fleischmann?

— Trop bien, dit-il d'une voix aigre et stridente... la musique me console de tout.

— Si vous vouliez faire arranger le jardin, je pourrais vous envoyer mon jardinier?

— Oh! je n'aime pas les fleurs... Rosenblutt non plus... Il lui faut de la musique à l'enfant.

Rosenblutt courait déjà dans le jardin.

— A propos d'enfants, dit l'organiste, combien en avez-vous qui chantent?

— Nous avons douze enfants de chœur; de plus, diverses personnes pieuses envoient à la maîtrise leurs enfants qui chantent aussi à la messe.

— Bon, dit Fleischmann.

— Pour plus de renseignements, je vais envoyer chercher Bruge, le serpent de la cathédrale, qui est chargé par intérim des enfants de chœur.

— Monsieur l'archidiacre, je vous demanderai une

faveur. Je ne peux jouer de l'orgue que parfaitement isolé... Je désire avoir seul la clef de la porte qui y mène ; je ne reçois personne...

— Quelques fidèles ont leurs chaises aux orgues et ils en ont pris l'habitude...

— La musique, dit Fleischmann... Impossible... impossible... la musique. Je n'aime pas qu'on voie mon jeu.

— Si vous y tenez absolument ; cependant il vous faut un homme pour souffler.

— Non, pas besoin... le petit me suffit.

— Comment, vous fatiguez un enfant aussi jeune, aussi gentil ?

— Hein ! dit Fleischmann qui semblait ne pouvoir entendre parler de Rosenblutt ; ça me regarde... il le faut pour sa santé, au petit.

L'archidiacre se retira fort étonné de la conversation d'un tel original. Peu après Bruge entra, le serpent sous le bras, suivi de ses élèves. J'étais du nombre ; comme j'avais de la voix, mes parents me faisaient suivre les cours de la maîtrise.

— M. Bruge, dit Fleischmann, vous êtes musicien, sans doute ?

— Oui, dit Bruge un peu embarrassé de cet interrogatoire à brûle-pourpoint.

— Qu'est-ce que vous apprenez à ces enfants ?

— Le plain-chant.

— Et la musique ?

— Je ne la leur apprends pas...

— Ah ! dit Fleischmann en soupirant, il n'enseigne pas la musique ! Comment leur faites-vous chanter le plain-chant ?

— Je joue l'air sur mon serpent; les enfants suivent.

— Voyons... faites chanter ces enfants, que je connaisse leur force à ces marmots.

Bruge nous fit ranger en cercle et nous fit chanter un morceau. A peine commencé, Fleischmann, qui avait comme des attaques de nerfs, s'écria :

— Assez, assez ! Arrêtez !

Les enfants, effrayés par cette voix perçante qui dominait le chœur, se turent.

— Monsieur, dit Fleischmann à Bruge, j'en ai entendu assez, vous pouvez vous retirer maintenant... Quelle éducation ! Ils m'ont gâté la voix de ces petits... Tout est à refaire !... C'est bien, monsieur, dit-il en reconduisant Bruge.

Et il revint en parlant toujours à lui-même :

— Ah ! la musique... Ils ne savent rien dans ce pays.

— Rosenblutt ! cria-t-il, viens ici, viens vite.

Nous nous regardions tout effrayés. A l'ordinaire nous passions les répétitions à rire, à jouer, à faire mille tours au serpent; mais ce petit homme maigre, avec sa bouche pincée et remplie de colère, nous rendait plus silencieux que le plus terrible maître d'école.

Rosenblutt accourut en tenant un papillon.

— Tiens, papa, vois donc ce que j'ai trouvé dans le jardin...

— Nous n'avons pas le temps, dit Fleischmann en embrassant les joues roses de l'enfant; apportez le violon. Et vous autres, attention ! qu'on ne bouge pas ! nous dit-il, vous allez faire la gamme chacun à votre tour.

Quand nous eûmes fait la gamme, il nous divisa en

trois groupes de cinq et il nous avertit que Rosenblutt
conduirait les chœurs. Cela nous fit rire. Nous étions
presque tous âgés de sept à dix ans, et le chef qu'on
nous donnait paraissait avoir quatre ans à peine.

Rosenblutt revint avec un rouleau de musique et la
boîte à violon. Il nous distribua les parties. Fleischmann
donna l'accord et nous commençâmes à chanter.

Rosenblutt tout d'un coup se mit en colère :

— Eh! dit-il, gamins, il y a un bémol à la clef...

Je souris en nous entendant traiter de gamins par le
petit Allemand. Fleischmann vint à moi :

— Ris encore, toi, je te mets à la porte... Quand
Rosenblutt vous fera quelque observation, vous l'écou-
terez ou sinon vous aurez affaire à moi.

— Oh! papa, dit Rosenblutt d'un ton suppliant, ils
n'ont pas l'air méchant, les petits Français... ils chan-
teront mieux une autre fois, n'est-ce pas? me dit-il en
venant à moi.

— Oui, dis-je d'un air contrit...

— Vous pouvez vous en aller, en voilà assez pour
aujourd'hui, poursuivit Fleischmann ; revenez demain
à la même heure... nous essayerons de la musique plus
facile.

Nous partîmes sans plus attendre, comme on pense,
fort contents d'échapper à la tutelle du maître de cha-
pelle qui nous paraissait si terrible.

III

LA PAROISSE SAINT-GRÉGOIRE

La ville de M..., quoique petite, est divisée en deux paroisses : la paroisse Notre-Dame et la paroisse Saint-Grégoire. Notre-Dame est la cathédrale, Saint-Grégoire l'église.

Notre-Dame est un monument très-curieux du onzième siècle, mais dans un mauvais état de conservation. On craint qu'une tour ne s'abatte. Le conseil général du département, composé d'avocats en majorité, c'est-à-dire de bavards ignorants et voltairiens, juge à propos à chaque session de ne voter aucun subside à la cathédrale.

L'église de Saint-Grégoire, bâtie à la fin du quinzième siècle, a plus de chances de durée. La ville est trop pauvre pour allouer les moindres fonds à l'entretien de ses monuments ; aussi Notre-Dame est-elle obligée de vivre des aumônes des fidèles. Mais quoique la cathédrale réunisse dans sa zone un plus grand nombre de paroissiens, elle est loin d'être aussi riche et aussi bien entretenue que Saint-Grégoire, paroisse de la noblesse et de la bourgeoisie opulente.

M... est divisée pour ainsi dire en deux quartiers : l'un habité par les marchands, l'autre par la bourgeoisie riche et quelques familles nobles. Les marchands, beaucoup plus nombreux, appartiennent à Notre-Dame ; mais ils se préoccupent plus de leur commerce que de la cathédrale ; tandis que les bourgeois et les nobles font constamment des quêtes destinées à enrichir la fabrique de leur église.

— Ainsi la cathédrale, qui gouverne l'église, est pauvre, au lieu que l'église, sujette de la cathédrale, est riche.

Il est facile de comprendre la lutte sourde qui existe entre les deux fabriques. Saint-Grégoire ne se contente pas d'insulter par son luxe à la cathédrale ; elle l'insulte par ses paroissiens, au fond gens pieux, mais poussés par la jalousie.

Si l'archidiacre a une chape neuve un jour de grande cérémonie, soyez sûr que le lendemain le curé recevra assez d'aumônes pour pouvoir éclipser son supérieur.

Dans un salon de la paroisse de Saint-Grégoire, on s'inquiéta beaucoup, le lundi suivant, des débuts de l'organiste. M. Peinte jeune s'y trouvait avec son père. M. Mercier, un des grands musiciens de l'endroit, qui chante dans les concerts au profit des pauvres, fut interrogé sur le nouvel organiste :

— Je ne suis pas assez connaisseur, dit-il, pour oser donner mon opinion sur cet Allemand. Je désirerais savoir ce qu'en pense M. Peinte père ?

— Madame Brodart la mère me disait, il y a quelques jours, avec beaucoup de justesse dans le raisonnement, qu'il était étrange d'avoir appelé ici un étranger.

— Oui, dit madame Fréminet, chez qui se tenait la soirée, je ne sais pas s'il a du talent, l'organiste de la cathédrale, mais on dit qu'il est fou...

— Vous savez, reprit Peinte fils, il s'est très-mal conduit avec Bruge, le serpent; il l'aurait insulté pour ainsi dire.

— Ah! vraiment, répondit madame Fréminet...

— Le pauvre homme en était aux larmes.

— J'en parlerai à M. Caron, notre curé. Il est très-brave homme ; il le prendra comme serpent à Saint-Grégoire.

— Nous en avons déjà un.

— Ça ne fait rien, dit madame Fréminet, nous en aurons deux... quand ça ne serait que pour faire pièce à M. l'archidiacre.

— Je sais bien autre chose sur l'organiste, dit M. Peinte fils d'un air mystérieux ; mais c'est grave.

— Dites toujours, monsieur Peinte.

— Cet Allemand, m'a-t-on dit... Prenez garde... ce n'est pas moi qui voudrais en parler le premier...

— Peinte, tu as raison, dit le père, il ne faut jamais assumer sur sa tête la responsabilité d'une confidence dangereuse...

— Oh ! monsieur Peinte, fit madame Fréminet, rien ne sort d'ici... nous sommes entre amis, d'ailleurs.

— Eh bien, cet Allemand, dit-on, est protestant.

— Oh ! s'écria l'assemblée.

— S'il ne l'est pas, reprit Peinte, il doit l'être.

— Ils le sont tous dans ces pays-là, dit Peinte père.

— Et l'archidiacre, dit madame Fréminet, aurait l'indignité d'introduire dans son église un pareil homme... Ce serait par trop fort.

— Il ne manque pas de talent, dit M. Mercier.

— Le talent n'est rien, dit M. Peinte père, dans de pareilles circonstances.

— Et on lui confie des enfants, à ce protestant...

— Mais il les corrompra, dit madame Fréminet... Nous ne le souffrirons pas ; j'en parlerai à M. Caron, notre curé. Si M. Caron ne voulait pas avertir son supérieur, car après tout c'est son supérieur, j'en écrirais plutôt à monseigneur l'évêque...

— Madame Fréminet, dit Peinte fils qui voyait à l'exaltation de la dévote que son secret allait courir les rues, je n'ai pas affirmé, permettez, qu'il était protestant...

— Effectivement, dit Peinte père, mon fils a annoncé cette nouvelle sous une forme dubitative.

— Je ne dis pas, reprit madame Fréminet, que M. Peinte ait affirmé; mais moi j'affirme, je prends tout sous mon bonnet. M. le curé de Notre-Dame est capable de tout; mon Dieu, je ne lui en veux pas, c'est pour faire des économies. Il se sera dit : Un organiste protestant ne coûte pas aussi cher qu'un autre, prenons un organiste protestant.

— Dame! c'est juste, dit M. Peinte père.

— J'aurai des nouvelles, et, soyez-en sûr, le protestant ne restera pas longtemps ici.

IV

L'ORAGE GRONDE SUR LA TÊTE DE FLEISCHMANN

L'organiste ne se doutait guère du trouble qu'il excitait dans la ville. Il était dans sa petite chambre noire, occupé à écrire une partition. De temps en temps un cri aigu sortait de sa bouche; sa plume alors s'arrêtait : sans doute l'inspiration lui faisait défaut.

Il regardait le petit lit dans lequel dormait Rosenblutt; puis il se levait, parcourait la chambre à grands pas; embrassait l'enfant avec précaution pour ne pas l'éveiller, et se remettait à écrire.

Rosenblutt se réveilla et cria doucement : Papa.

Fleischmann vint à lui :

— Tu veux te lever?

— Oui, papa, après que j'aurai fait la prière à maman Grete.

L'enfant se mit à genoux sur le lit, joignit les mains et dit :

— Maman Grete, j'ai encore bien dormi en pensant à vous. Maman Grete, je prie pour vous qui êtes dans le ciel en compagnie des anges. Faites que papa soit toujours heureux. Adieu, maman Grete !

Fleischmann, en entendant cette prière naïve, pleurait comme un enfant, car c'était pour lui un triste souvenir que la pauvre Grete qui lui avait été enlevée depuis moins d'un an. — Il s'essuya les yeux.

— Tu ne m'embrasses pas aujourd'hui, Rosenblutt?

L'enfant courut vers son père qui couvrit sa figure de baisers et de caresses.

— As-tu bien dormi? dit-il en passant ses longues mains amaigries dans les cheveux bouclés de Rosenblutt.

— Oui, papa, j'ai vu des anges qui donnaient un grand concert; ils avaient des violons, des flûtes, des cors comme tout le monde... Et puis le bon Dieu conduisait l'orchestre... C'était joli, joli... Après ça le bon Dieu a dit : Il me manque une voix pour faire les solos, parce que l'ange Gabriel est enrhumé; qui prendrons-nous pour le remplacer? Tiens, qu'il a dit à deux anges, vous voyez bien le petit Rosenblutt qui dort, allez-moi le chercher. Et ils sont venus en battant de leurs grandes ailes.

Fleischmann tressaillit et serra contre lui son enfant dont le rêve l'effrayait.

— Et tu t'en es allé, dit-il, tu laissais ainsi ton vieux père sans lui dire adieu, méchant?

— Oh! dit Rosenblutt en faisant une petite moue enfantine aussi jolie qu'un sourire de jeune fille; je ne t'oubliais pas, va... attends un peu la fin. Les deux anges avaient approché leurs ailes et je m'étais assis au milieu. Ah! que j'étais bien, mieux qu'en balançoire. En route, ils me contaient des histoires comme maman Grete m'en contait. Nous arrivons au paradis. Il est beau, va, le bon Dieu, avec une grande barbe blonde et sa robe bleue. — Il m'a dit bonjour, le bon Dieu. Je lui ai dit bonjour aussi. — Chante-moi quelque chose, a-t-il dit. Moi, je n'avais pas peur, je lui ai chanté de ma plus belle voix l'air de *Francesco Rosello* que maman Grete aimait tant. Le bon Dieu a tapé dans ses mains de joie. — Tu resteras ici, a-t-il dit. — Je veux bien, bon Dieu; mais papa Fleischmann sera bien désolé de ne plus me voir. — Le bon Dieu a réfléchi une petite minute. — Je le ferai venir ici avec toi; es-tu content? — Oh! je crois bien, bon Dieu, avec ça papa pourra vous rendre des services : il est un peu fort sur l'orgue, allez... Alors je me suis réveillé...

— A la bonne heure, reprit Fleischmann. Je veux bien que tu ailles en paradis, mais avec moi.

— Tu sais bien, père, que je t'aime trop pour te quitter.

— Bien... Dis donc, Rosenblutt, veux-tu venir à l'orgue répéter le grand morceau pour la fête de la Toussaint. C'est que nous serons seuls dans l'église, personne ne viendra d'aussi matin et nous répéterons plus à notre aise.

— Je veux bien, dit Rosenblutt.

Fleischmann se rendit à l'église Notre-Dame par un escalier de pierre qui y conduisait sans sortir de la maîtrise. Le père et l'enfant traversèrent la nef et arrivèrent sous l'orgue, monument remarquable de la fin du dix-septième siècle. Deux cariatides en bois, largement sculptées, supportent le buffet.

Fleischmann s'assit au clavier, pendant que Rosenblutt emplissait de vent les soufflets.

L'église Notre-Dame, par sa nef élevée et son architecture intérieure d'un gothique léger, se prête favorablement à la musique de l'orgue.

Fleischmann commença. C'était un morceau d'un grand compositeur, Holbrecht. Le prologue débutait par un *andante maestoso* grave qui invitait au recueillement. Rosenblutt chantait, lui, un motif d'une pureté et d'une simplicité que comprennent si bien les compositeurs allemands. Peu à peu le mouvement devint plus vif... Un duel s'établit entre la voix et l'orgue. Les notes les plus douces de l'orgue le cédaient en douceur à la voix de l'enfant. Quand les basses formidables de l'instrument emplissaient l'église de leurs accords, la voix de Rosenblutt tranchait par son timbre mélancolique sur les accompagnements vigoureux de l'orgue.

Pendant cette répétition qui durait depuis une heure, M. Peinte fils était entré chez l'archidiacre, en lui faisant demander un moment d'entretien.

M. Peinte fils demeurait dans une rue qui est située au milieu de la ville, et qui fait partie par un bout de la paroisse de Saint-Grégoire et par l'autre de la paroisse de Notre-Dame. Depuis vingt ans M. Peinte se trouvait dans le plus grand embarras, ne sachant au juste à quelle paroisse il appartenait.

N'ayant jamais pu s'éclaircir sur ce point de conscience, il avait adopté un système timide ; ainsi qu'on dit dans le langage usuel, il ménageait la chèvre et le chou. Un dimanche M. Peinte allait entendre les offices à Saint-Grégoire ; le dimanche suivant à Notre-Dame. Dans cette communauté d'églises, le plus fâcheux pour M. Peinte était de donner deux fois le pain bénit — comme il est d'habitude dans la province — pendant que ses concitoyens ne le donnaient qu'une fois. Pour les aumônes, la même chose. M. Peinte fils versait en même temps dans la bourse des deux paroisses.

Il avait mal dormi en songeant à son indiscrétion de la veille, à la soirée de madame Fréminet. Donc, pour calmer sa conscience, M. Peinte fils se leva de très-grand matin et alla rendre compte à l'archidiacre de ce qui allait sans doute arriver.

L'archidiacre, homme d'esprit, instruit, qui riait même des petites jalousies des paroissiens de l'abbé Caron, écouta gravement les confidences de M. Peinte.

— Vous avez eu tort, dit-il en le reconduisant, d'avoir répandu des bruits qui peuvent nuire à votre prochain ; mais votre faute doit être pardonnée puisque vous vous en repentez.

Aussitôt après le départ du prudent Peinte, l'archidiacre se rendit à la maîtrise. Se doutant que l'organiste était à l'église, il y entra. Maître Fleischmann répétait une seconde fois le morceau d'Holbrecht.

Surpris par cette musique admirable, l'archidiacre s'arrêta sous l'orgue, le cœur baigné d'harmonie. L'organiste l'avait prévenu qu'il ne jouait que de la musique allemande, la seule musique, avait-il dit; et le prêtre s'étonnait que le protestantisme, cette religion froide et sévère, pût amener des inspirations aussi chrétiennes que celles dont il jouissait en ce moment.

La voix de Rosenblutt, cette voix céleste qui n'avait rien du timbre ordinaire des enfants de son âge, cette voix *mystique*, l'étonnait. Courbé sous cette musique imposante, l'archidiacre était plongé dans un monde de pensées, lorsque Fleischmann, en descendant des orgues, le tira brusquement de ses réflexions.

— J'ai à vous parler, lui dit-il.

— A moi? dit Fleischmann.

— Oui; venez avec moi au presbytère.

— Vous avez entendu ce morceau? dit Fleischmann.

— C'est la première fois que je me suis senti aussi ému par la musique.

— Vous autres Français, reprit l'organiste, vous n'entendez rien à la musique religieuse... Ah! si vous connaissiez tous nos grands maîtres...

Ils étaient arrivés à la porte de la maîtrise.

— Je reste à jouer dans le jardin, dit Rosenblutt.

— Oui, et sois sage. Je ne serai pas long à revenir.

V

NOUVEAUX MALHEURS DE LA SERINETTE

Nous avions fini par aimer le petit Rosenblutt. Autant nous craignions son père qui nous donnait de temps à autre des coups d'archet sur les oreilles quand nous chantions faux, ce qui arrivait assez fréquemment, autant nous étions libres avec l'enfant qui dirigeait les chœurs.

La leçon de chant terminée, Rosenblutt jouait avec nous; s'il était sérieux pendant la répétition, il devenait aussitôt après d'une gaieté folle. Quelquefois même, il paraissait timide.

Nous lui avions appris à jouer aux billes, à la toupie, toutes choses qu'il ignorait complétement. Je lui avais fait cadeau d'une toupie coloriée, tournée par M. Pointo fils. Maître Fleischmann paraissait contrarié de le voir jouer avec nous; il n'était pas tranquille; et quelquefois, pendant nos jeux, nous voyions son nez armé de ses lunettes bleues apparaître derrière les vitres de la croisée qui donnait sur le petit jardin.

Je ne me rappelle plus quelle solennité nous avait, en vacances, réunis en compagnie d'une douzaine de collégiens et de petites filles chez madame Brodart la mère. Rosenblutt était des nôtres : nous l'avions entraîné malgré sa résistance et à l'insu de son père.

Après avoir tant soupiré en pensant à ce jour de congé, nous ne savions plus que devenir, maintenant que nous étions en liberté.

— Quel dommage, dit l'un, que Rosenblutt ne soit pas avec nous !

— Oh! oui, dit le chœur de gamins.

— Si nous l'allions chercher ?

— Et maître Fleischmann, dit un timoré, que dirait-il ?

— Il ne dirait rien, pardi.

— Eh bien, va un peu le chercher.

Celui qui s'était avancé avec tant d'aplomb, mis en demeure d'exécuter ses offres, hésita.

— Allons-y tous !

— C'est ça, dit la bande joyeuse, dont le courage s'accroissait par l'effet du nombre.

Nous courûmes tout le long du chemin et nous arrivâmes tout essoufflés à la maîtrise. Rosenblutt, étendu sur le gazon, jouait avec un chat.

— Veux-tu venir avec nous chez madame Brodart, Rosenblutt?

— Quoi faire ? dit-il.

— Viens toujours, nous nous amuserons.

— Je voudrais bien ; mais papa n'est pas là.

— Ça ne fait rien, tu reviendras tout de suite.

— Il ne veut pas que je sorte sans lui.

— Bah ! c'est pour rire.

Nous avions des arguments à tout.

— Viens donc, il y a un beau jardin, bien plus beau que celui-ci, et puis de belles fleurs ; tu rapporteras un bouquet.

Rosenblutt était alléché.

— Nous ferons la dînette, dit un autre.

Rosenblutt sourit. Nous ne laissâmes pas le temps de réfléchir à notre petit ami et nous l'entraînâmes, en criant :

— Ah ! comme nous allons nous amuser !

Madame Brodart la mère, que nous n'avions pas consultée pour amener le nouvel invité, fit d'abord la grimace en apprenant que Rosenblutt était le fils de maître Fleischmann ; mais les mines charmantes du petit Allemand la séduisirent peu à peu et apaisèrent vitement sa mauvaise humeur.

Elle était en train, quand nous arrivâmes, de surveiller sa domestique qui confectionnait d'énormes *rabotes*.

La *rabote* est une grosse pomme qu'on entoure de pâte. On la fait cuire au four, d'où elle revient rissolée par le feu et dorée comme par le soleil.

— Aimes-tu les rabotes, toi? dit madame Brodart à Rosenblutt.

— Je ne sais pas, madame, dit-il en souriant et en laissant voir ses jolies dents blanches.

— Tiens, dit-elle tout étonnée, tu ne sais pas... Qu'est-ce que tu aimes alors?

— J'aime le *hampoulet mit roseiné*.

Nous partîmes tous d'un éclat de rire.

— Qu'est-ce que c'est que ce baragouin-là? dit-elle. Oh! mon Dieu, faut pas être dégoûtée pour manger de ça. Comment dis-tu?

Rosenblutt répéta.

— J'aimerais autant que tu me dises : Dieu vous bénisse.

— C'est maman Grete seulement qui savait la recette.

— Où est-elle, ta maman? dit madame Brodart, curieuse comme toutes les vieilles femmes.

— Elle est morte.

— Pauvre petit !... Ah çà, je bavarde comme une sans-souci, dit-elle, il faut pourtant que je voie à vous avoir des crépinettes.

L'annonce des crépinettes, qui sont de petites saucisses plates, mit tout le monde en rumeur et fit tirer plus d'une langue.

— Je vous y prends donc, gourmands, dit madame Brodart... Allons, je pars ; et ne mettez pas trop la chambre en fouillis.

— Non, maman Brodart, dit le chœur enfantin.

Aussitôt après le départ de la vieille dame qui avait quelquefois de bons moments, nous nous mîmes à jouer. On courut dans le jardin. Une heure se passa ; madame Brodart ne revenait pas. Tous les jeux étaient épuisés.

— Charles, dit l'un au neveu de la veuve, va donc chercher la serinette?

— Ah! oui, nous jouerons de la musique dans le jardin.

— Rosenblutt chantera avec.

— Je veux bien, dit Rosenblutt.

Charles alla quérir l'instrument.

— Je ne l'ai pas fait voir à la bonne ; elle le dirait à maman Brodart.

— On ne l'abîmera pas.

— C'est égal, si elle le savait...

— Elle ne le saura pas.

La serinette passa de main en main ; et nous eûmes chacun le plaisir de jouer tout le répertoire. A la fin, ce divertissement devint monotone, et la serinette fut abandonnée et placée sur la margelle d'un puits au milieu du jardin.

On se remit à courir. Je ne sais lequel de la bande poursuivait Rosenblutt, qui, près d'être attrapé, se cogna contre la serinette.

La serinette disparut dans le puits!

— Oh! firent dix voix empreintes de terreur.

Puis vinrent les accusations et les dénégations.

— Ce n'est pas moi. — C'est Rosenblutt. — C'est Charles qui l'a poussée. — Il ne fallait pas la mettre sur le bord du puits.

— Oh! répétèrent les voix dont la terreur s'accroissait.

— Si maman Brodart revenait!... dit l'un de nous.
Nous étions paralysés de frayeur.

— Je vois la serinette, dit Rosenblutt, elle nage.

Les têtes se penchèrent au-dessus du puits; et nous aperçûmes l'infortuné instrument qui surnageait.

— On peut l'avoir, hasarda quelqu'un.

— Comment!

— Avec le seau.

Le plus grand de la bande descendit le seau qui reposait auprès de la poulie, et nous suivîmes avec une anxiété sans pareille les chances de sauvetage de l'instrument. L'opération était difficile; le seau se battait les flancs contre la serinette, mais ne paraissait avoir nulle envie de la repêcher. Après divers essais, on fit faire un demi-plongeon au seau qui louvoya au-dessous de l'instrument et finit par le rapporter dans ses flancs.

— Ah! cria la foule émue, voilà la serinette!

Sauvée du naufrage par un miracle, la serinette apparut toute mouillée. Elle fut secouée et étendue sur le gazon pour sécher.

— Mais, dit l'un fort intelligent, les petites pointes sont en cuivre, l'eau va les faire moisir.

— Il faudrait peut-être en jouer pour faire partir l'eau.

Rosenblutt prit la serinette et tourna... O surprise! *la Chasse du jeune Henri* ne faisait plus entendre ses fanfares. On tira le second crochet. L'air de *Philadelphie*, qui jadis était si doux à écouter deux fois, gardait un profond mutisme. Ainsi du *Point du Jour*. De même pour la *Flûte enchantée*. Seule la *Monaco* persistait à lancer dans les airs quelques fragments, quelques notes décousues dont le sens musical était difficile à comprendre.

Nous étions abattus ; Rosenblutt continuait avec son sang-froid habituel à faire entendre une ou deux notes éraillées, lorsque M. Peinte fils entra dans le jardin. Il nous vit tous émus ; les sons désolés de la serinette le surprirent.

— Qu'avez-vous fait là ? dit-il en remarquant que Rosenblutt faisait tourner inutilement la manivelle.

Il essaya lui-même l'instrument, ne croyant pas à un accident aussi grave. L'instrument resta muet. Alors il le palpa et il s'aperçut que le cylindre était partagé par le milieu.

— Ciel ! dit-il, c'est tout à fait fini.

— Ce n'est pas moi, dîmes-nous tous en chœur.

— N'importe qui... que va dire cette pauvre madame Brodart la mère ?

Il pleurait presque. Car, versé dans la mécanique, il était plus à même que nous d'apprécier le désastre.

— Je m'en vais, dit-il ; je n'oserais assister à la scène qui va se passer tout à l'heure. Madame Brodart tenait tant à sa musique, et elle avait raison... — Après ces paroles, M. Peinte fils prit la fuite. Les trois quarts de nos amis l'imitèrent et nous restâmes seuls à chercher un moyen de dissimuler la fracture de la serinette. Il fut convenu qu'on la remettrait à sa place habituelle, ce qui se fit immédiatement.

Madame Brodart rentra bientôt. Elle s'étonna de ce que la bande était diminuée.

— On est venu les chercher, dit son neveu.

Depuis son arrivée, nous restions dans la chambre, mornes et inquiets.

— Qu'est-ce qui vous prend? nous dit-elle; vous avez l'air *tout chose...*

— Rien, maman Brodart.

— Je ne sais pas, dit-elle en secouant la tête.

Elle appela la bonne.

— Ils n'ont rien fait de mal pendant mon absence?

— Je n'ai rien vu, madame.

— C'est bien; faites cuire les crépinettes, je vais préparer la table.

Comme elle allait vers l'armoire à linge, son neveu, qui voyait l'orage se préparer et qui espérait le détourner, l'arrêta par sa robe :

— Maman Brodart! dit-il.

— Tu ne pourrais donc pas me parler sans me tirer les jupes; qu'est-ce que tu veux?

Le neveu ne sut que répondre et parut embarrassé.

— Ah çà! mais en voilà bien d'une autre; tu m'appelles, tu ne sais que dire... Il y a quelque chose là-dessous.

Et elle alla vers l'armoire à linge.

Nous devions être blêmes. Elle ouvrit un des battants de l'armoire; d'après ce que nous avions calculé, la serinette, appuyée contre la porte, tomba sur le plancher.

— Oh! la musique! dit-elle stupéfaite de l'accident.

— Elle est cassée, dis-je, voulant faire croire que cette chute l'avait endommagée.

— Ça ne se casse pas ainsi, dit-elle.

Elle la ramassa. Mais nous n'avions plus pensé que le bois était mouillé. Elle s'en aperçut en la touchant.

— La musique est fraîche! s'écria-t-elle. Qui est-ce qui l'a trempée dans l'eau?

Personne ne répondit.

— Quand je disais qu'on n'est pas une minute tranquille... Quelle invention! tremper la musique dans l'eau!

Madame Brodart ne soupçonnait pas encore toute l'étendue du malheur... Cependant, par instinct, elle tourna la manivelle... Il est impossible de peindre l'effroi qui s'empara d'elle, quand aucun son ne se fit entendre. Ses yeux et sa bouche s'étaient dilatés comme si elle eût aperçu une vipère. A l'effroi succéda la colère, une colère terrible ; toute sa figure se plissa... Les sourcils se dressèrent menaçants, aussi hérissés que la queue d'une chatte à l'approche d'un chien. La colère la rendait bègue.

— Qui, qui, qui, demanda-t-elle, qui a cassé la musique?

Nous aurions voulu disparaître dans le mur.

— Voyons, vite, dites-le moi, ou je vous donne le fouet à tous!

Elle ferma la porte pour nous couper toute retraite. Enfin le plus craintif désigna du doigt Rosenblutt. D'un bond elle se précipita sur lui, le saisit dans ses bras et courut vers la cuisine. Nous étions muets de frayeur. On entendit Rosenblutt crier... Elle le battait avec des verges... Rosenblutt criait encore. Les coups redoublaient.—Maman Grete! s'écriait le pauvre petit;—et le fouet répondait à cet appel. Enfin les cris s'éteignirent, et madame Brodart reparut sur le seuil de la porte, les yeux injectés de sang, les lèvres blanches; quelques mèches de cheveux gris s'échappaient de son serre-tête noir. Son bonnet était tombé. Elle était terrible à voir : les sorcières de Macbeth eussent paru des agneaux auprès d'elle.

— Allez-vous-en chez vous, tas de polissons! s'écriat-elle... Allez-vous-en.

Nous ne nous fîmes pas répéter deux fois cet avis, et nous courûmes chez nos parents de toutes nos jambes.

VI

INNOCENTE ET VICTIME

Maître Fleischmann sortit du presbytère vers midi. Il ne paraissait ni plus gai ni plus triste qu'à l'ordinaire. La musique seule pouvait impressionner sa figure. Ne voyant pas Rosenblutt dans le jardin, il courut à la chambre à coucher.

Il chercha, inquiet, partout son enfant. Rien ne semblait annoncer qu'il avait quitté la maison. Fleischmann pensa que Rosenblutt s'était ennuyé et qu'il était monté aux orgues; mais Rosenblutt n'était pas à l'orgue.

— Il aura couru, se dit-il, dans les galeries de l'église.

L'Allemand parcourut toutes les galeries; il monta au clocher. En chemin, il rencontra les sonneurs et leur demanda s'ils avaient vu son fils. Les sonneurs, tout étonnés de cette figure effarée, lui rirent au nez.

Il descendit, en sautant des marches, l'escalier, et il revint à sa maison. Peu d'instants après, une domestique qui tenait un enfant dans ses bras entra.

— Ah! cria-t-il en reconnaissant Rosenblutt pâle et évanoui.

Il l'arracha des bras de la servante, et le posa sur un lit. Rosenblutt ne faisait aucun mouvement.

— Il est mort! dit l'organiste d'une voix altérée.

La femme s'en allait, traversant le jardin. Elle ouvrait la porte de la maîtrise; Fleischmann courut à elle.

— Est-ce toi, dit-il, qui l'as tué, méchante créature?

La servante fut effrayée des yeux de l'Allemand, qui sortaient de l'orbite.

— Non, dit-elle, ce n'est pas moi.

Fleischmann la saisit par le cou et referma la porte.

— Tu vas mourir aussi, dit-il en cherchant à l'étrangler.

Mais la domestique, qui était une rude campagnarde, luttait courageusement. En même temps elle appelait au secours. Un moment elle fut terrassée par l'Allemand qui rugissait... La porte s'ouvrit à propos. Quelques personnes entrèrent, entre autres Bruge, le serpent.

— Au secours! cria la paysanne d'une voix étranglée par les dix doigts de Fleischmann.

On eut beaucoup de peine à faire lâcher prise à l'organiste, qui redoubla de colère en voyant sa proie lui échapper.

— Mais qu'est-ce qu'il y a? demanda Bruge.

— Il y a, il y a: elle a tué l'enfant, la malheureuse... mon enfant, qui était si joli, dit-il en sanglotant.

Puis la colère le reprenant, il échappait aux bras qui

le retenaient. Tout à coup on entendit la voix de Rosenblutt.

— Papa ! papa !

— Oh ! dit-il d'un accent de joie violent, ma fille n'est pas morte.

Et il se précipita vers sa chambre.

VII

COMMÉRAGES

L'événement courut bientôt la ville. A en croire les uns, l'organiste était devenu fou ; à en croire les autres, on allait le juger pour avoir tenté d'assassiner la domestique de madame Brodart. Ce fut un thème inépuisable pendant la huitaine qui suivit.

Madame Fréminet donna une soirée où elle invita les principaux personnages de la paroisse Saint-Grégoire. M. Peinte fils ne manqua pas de s'y trouver et raconta comment il avait malheureusement assisté au prologue de cette aventure.

— Je m'en suis allé, dit-il ; et je crois qu'à ma place, tout le monde en aurait fait autant.

— Vous avez eu bien raison. J'ai entendu dire que madame Brodart avait été trop loin, mais son désespoir était bien excusable.

— Une si jolie serinette ! s'écriait M. Peinte fils.

— Elle ne lui a donné qu'un peu le fouet, après tout...

— C'est qu'on dit dans la ville que l'enfant est encore malade.

— Ah ! il fait le malade... Parlez-moi plutôt de cette

brave fille qu'il étranglait, le monstre... Sans Bruge, son affaire était faite... C'est heureux pour l'Allemand qu'on ait arrêté son bras ; il devenait un butin de guillotine...

— On a vu, dit M. Peinte père, sous la révolution, des personnes exécutées pour moins.

— Voilà pourtant notre archidiacre ! dit madame Fréminet... Ce que c'est que de donner des places à des inconnus... à des protestants ! A propos, il a fait venir son organiste, il l'a interrogé sur sa religion. L'autre a avoué tout ce qu'on a voulu. Je sais tout, moi. Il y a Baptiste, le domestique de madame de Préparé, qui est cousin de la femme de charge du curé de Notre-Dame ; elle balayait dans la chambre à côté, quand l'Allemand est venu ; elle a entendu sa confession... Baptiste m'a dit que ça faisait trembler, les crimes de cet homme-là... Il a tout raconté à l'archidiacre ; même, de temps à autre, M. le curé disait : Ce n'est pas possible !

— Vous croyez donc, dit Peinte père, que c'est un scélérat ?

— Un fieffé, un ancien bandit qui aura été obligé de quitter son pays...

— Oh ! mais c'est dangereux, des hommes pareils, dit Peinte fils.

— Très-dangereux... A la fin, M. le curé de Notre-Dame, effrayé, n'a plus osé rien prendre sous son bonnet, et il lui aurait dit en le renvoyant : J'en écrirai à monseigneur l'évêque.

— Ah ! Sait-on ce qu'a répondu monseigneur l'évêque ?

— Malheureusement on ne sait pas encore. Mais, à ce temps-là, il n'y avait rien ; la pauvre domestique de madame Brodart n'était pas étranglée... Ça n'est pas son premier crime... il y a longtemps qu'il a fait son coup d'essai... puis son fils, vous savez...

— Celui qui a cassé la musique? dit M. Peinte fils.

— Oui. Eh bien, son fils est une fille.

— On dit ça, mais est-ce croyable?

— Il l'a avoué devant trente personnes... Demandez plutôt à Bruge, qui a sauvé la malheureuse domestique; il a crié comme un sourd : Ma fille n'est pas morte.

— Si c'est une fille, dit judicieusement M. Peinte fils, pourquoi l'habille-t-il en garçon?

— Ah! voilà ce qu'on ne sait pas... des idées à cet Allemand; puisque je vous dis qu'il est fou, on le dit partout, d'ailleurs.

— Quel fâcheux événement! dit Peinte père.

— Le crime se découvre tôt ou tard, dit madame Fréminet... Dire qu'il faisait souffler les orgues à une fille, n'est-ce pas indécent? Il n'y a qu'un Allemand pour avoir des idées pareilles... Ah! l'évêque va être content quand il va apprendre toutes ces histoires!

— Il n'y a pas de quoi.

— C'est bien fait pour l'archidiacre; qu'il fasse donc le fier maintenant! Ça lui apprendra à se défier des gens... Bienheureux s'il n'est pas destitué, M. Caron me le disait tantôt; Monseigneur est sévère quand il faut.

— Parbleu, dit Peinte père, il faut de la sévérité dans tout, maintenant plus qu'autrefois; on voit des choses, ma parole, qui font hausser les épaules de pitié. Si les organistes et les autres employés des églises ne sont pas d'une morale éprouvée, qui est-ce qui le sera?

— A la bonne heure, dit madame Fréminet, voilà

des raisons... Avec tout ça, cette pauvre madame Brodart en est pour sa serinette...

— Cependant, qui casse les pots les paye.

— Elle le pense bien ainsi, dit M. Peinte fils. Elle a envoyé la musique par sa bonne en même temps que le petit garçon qui n'est pas un petit garçon... On fera payer la serinette à l'Allemand.

— Ça a-t-il seulement un sou vaillant? demanda madame Fréminet.

— S'il ne veut pas payer, on lui retiendra sur ses appointements.

— Oh! dit tout à coup M. Peinte fils, il est les trois quarts de onze heures.

— Vraiment! Comme le temps passe!

— Nous bavardons, nous bavardons; qu'est-ce que va me dire ma femme?

— Elle sait que tu es avec moi, dit Peinte père.

— Il n'y a pas de danger, dit en riant madame Fréminet. Messieurs, faites bien mes compliments à madame Peinte de ma part. Dites-lui qu'elle est trop rare...

VIII

ROSENBLUTT

Maître Fleischmann, qui depuis huit jours soignait Rosenblutt sans le quitter d'une seconde, avait fait demander un médecin. Le médecin, après avoir étudié longtemps la physionomie de l'enfant et s'être fait raconter la scène qui avait déterminé la maladie, secoua la tête :

— C'est grave, dit-il au père... Il y a eu commotion

au cerveau... Nous verrons quand le délire sera passé ; mais ce sera long et il faudra des soins minutieux.

— Ah! monsieur, disait Fleischmann en joignant les mains, sauvez-la par grâce, ma pauvre Rosenblutt... Pensez donc, si je la perdais... Je ne peux pas, n'est-ce pas : elle ressemble tant à la pauvre Grete... Voyons, que faut-il faire pour la guérir ? je ferai tout... faut-il que je meure ?...

— Ce n'est pas désespéré, dit le médecin. J'ai vu des malades atteints bien plus fortement au cerveau... Elle n'a qu'une maladie morale, votre fille. Elle n'a pas souffert des coups qui lui ont été portés...

— Oh! pouvez-vous dire, s'écriait Fleischmann, qu'elle n'a pas souffert... Mais je la tuerai l'horrible femme qui est cause de mon malheur.

— Votre fille, dit le médecin, avait-elle des goûts très-prononcés pour quelque chose ? Elle a les organes tellement délicats que son système nerveux a dû s'affecter d'un rien.

— Oh! elle était si bonne musicienne.

— Bien, dit le médecin. Avait-elle quelques préférences pour certains morceaux ?

— Elle aimait la grande musique.

— Depuis quand a-t-elle chanté ?

— Rosenblutt chante dans son délire, mais des airs confus... Elle a perdu la mémoire musicale, elle mêle tout.

— Quand a-t-elle chanté étant en bonne santé ?

— Mon Dieu, monsieur, aux orgues, avec moi, un superbe morceau d'Holbrecht. C'était le jour où la vieille l'a si indignement martyrisée.

— Aime-t-elle à entendre l'orgue ?

— Ah ! Rosenblutt seule me comprend.

— Eh bien, demain je reviendrai... si votre fille a toujours le délire, nous la ferons transporter aux orgues et nous essayerons de la guérir par un moyen que je crois infaillible.

— Brave homme ! s'écria Fleischmann, comment reconnaîtrai-je jamais vos services !... je suis trop pauvre... il faudrait des millions ; non, ce ne serait pas encore assez, si vous sauvez Rosenblutt...

— Je ne veux rien, monsieur, dit le médecin.

— Ah ! dit Fleischmann, je vous dédierai une messe, une messe qui est là toute faite. Tenez, dit-il en lui montrant une énorme partition manuscrite, c'est une messe en *ut* mineur comme on n'en fait pas en France, je vous la dédie... Je voulais y mettre le nom de ma femme ; mais elle sera contente de voir le vôtre en tête, puisque vous me rendrez notre enfant.

— Merci, monsieur, je vous suis reconnaissant, dit le médecin en se retirant pour échapper aux remercîments de l'organiste.

Maître Fleischmann revint tout allègre. Il ôtait ses lunettes et se frottait les yeux. Il riait pour la première fois de sa vie en serrant son crâne dans ses mains, comme s'il eût craint que la joie ne le fît éclater.

— Mon enfant, s'écriait-il, ma Rosenblutt sauvée !... Ah ! le digne homme ! il me l'a promis... Je vais écrire un *Alleluia*... Ah ! quelle joie, quel bonheur !

Tout à coup sa figure se tendit, car l'enfant venait de remuer ; il sortait de sa léthargie et bégayait quelques paroles inintelligibles. Fleischmann courut au lit.

— C'est moi, Rosenblutt, c'est moi, ton père.

Rosenblutt murmurait des mots impossibles à rendre.

— Tu ne me reconnais pas, Rosenblutt, moi, ton papa? hein! me reconnais-tu?

— Je vois un chat noir, disait l'enfant, un gros chat... il vient à moi... oh! il m'étouffe... il court sur ma poitrine.

— Non, mon enfant, disait Fleischmann, il n'y a pas de chat.

Rosenblutt souriait.

— Les roses, les belles fleurs et des papillons de toutes couleurs.

Puis sa figure s'imprégnait de terreur :

— Oh! l'on me fouette! Plus de verges; assez, madame! je ne le ferai plus... Maman, à mon secours, on me bat!... La musique à l'eau... Charles, il m'a poussée, non, ce n'est pas moi! La méchante.

— Rosenblutt, me reconnais-tu? disait Fleischmann en lui prenant ses mains brûlantes; je suis là pour te défendre, on ne te battra plus.

— Vite, dit l'enfant, chasse-les vite les chats... Je te dis qu'ils sont trois cents, une armée; ils courent au galop. Ah! le fouet, toujours le fouet!

— Mon Dieu, mon Dieu! s'écriait Fleischmann en se tordant les mains de désespoir, il ne m'entend pas, mon enfant. Rosenblutt, s'écriait-il en sanglotant, reconnais-moi, je suis ton père; vois, je suis auprès de ton lit; reconnais-moi un peu, une minute seulement.

Rosenblutt chantait.

— Oh! disait l'organiste au désespoir, il n'y a pas de Dieu, il n'y a pas de ciel : mon enfant ne me reconnaît pas.

L'archidiacre entra comme il blasphémait, égaré par la douleur.

Le prêtre fut ému de ce profond désespoir. Il chercha à calmer maître Fleischmann par des paroles pleines de religion. L'organiste fut rafraîchi par cette rosée bienfaisante. Quand il eut repris du calme, l'archidiacre lui annonça avec tous les ménagements possibles qu'il venait de recevoir de l'évêque l'ordre de prendre un nouvel organiste.

— Que m'importe, dit Fleischmann, ma place! Que mon enfant recouvre la santé, et je m'en irai... Quand je devrais mendier, ne serai-je pas assez heureux de souffrir pour lui. S'il est fatigué, je le porterai sur mon dos... On est bon, monsieur le curé, dans votre pays, on ne nous refusera pas un morceau de pain et de la paille pour nous coucher.

— Je ne vous chasse pas, dit l'archidiacre qui compatissait à ces douleurs; votre successeur ne viendra que dans quinze jours. Si votre enfant est encore malade, je vous offre mon presbytère...

— Oh! que vous êtes bon, monsieur!

— Tenez, voici quelque argent...

— Je n'en veux pas, dit Fleischmann.

— Ce n'est pas à vous que je le donne, c'est à votre enfant malade.

L'archidiacre partit à la nuit. Le lendemain le médecin vint, suivi de son domestique. Rosenblutt avait passé une nuit plus calme. Le domestique voulut prendre l'enfant pour le porter aux orgues; mais Fleischmann déclara que lui seul se chargerait de ce soin.

Tous quatre montèrent à l'orgue. Un large fauteuil

avait été disposé pour Rosenblutt. Le domestique souffla. Fleischmann s'assit au clavier. Le médecin s'installa près de l'enfant.

Au premier accord, Rosenblutt ouvrit de grands yeux effrayés. Fleischmann chantait en s'accompagnant. Rosenblutt paraissait revenir à lui. L'organiste voulut quitter sa place pour l'embrasser. Le médecin lui fit signe :

— Continuez, ou je ne réponds de rien.

L'enfant, la bouche ouverte, semblait aspirer les mélodies qui s'échappaient de l'orgue : vers le milieu du morceau il sembla écouter avec plus d'attention et il chanta l'air qu'il avait répété le matin du fatal événement. Sa voix était plus pure que d'ordinaire : elle n'avait rien de terrestre.

Maître Fleischmann pleurait; de grosses larmes tombaient sur ses doigts et sur le clavier. A peine l'air était-il fini qu'il se précipita vers Rosenblutt.

— Me reconnais-tu, Rosenblutt? dit-il.

— Oui, père... Je t'aime.

Et l'enfant expira.

On parle encore dans la petite ville de la mort de Rosenblutt.

Maître Fleischmann monta aux orgues, pendant la messe des morts. On entendit une voix saccadée qui chantait le *Dies iræ*. L'accompagnement était plaintif et lugubre. Un moment les notes ressemblèrent à des sanglots.

Le lendemain, l'organiste disparut du pays.

4.

Trois ans après, passant sur le quai de la Ferraille, je trouvai à vendre une mauvaise serinette qui rendait à peine trois notes. Le couvercle était ouvert et je pus lire :

> *Ouverture de la Chasse du jeune Henri.*
> *Air de Philadelphie* (2 fois).
> *Le Point du Jour.*
> *La Monaco* (3 fois).
> *Air de la Flûte enchantée.*

25 novembre 1836.

CONFESSIONS DE SYLVIUS

I

SYLVIUS A TONY

« Tony, toi qui connais le cœur féminin pour en avoir souvent disséqué, réponds-moi vitement sur les matières que je soumets à ton jugement de carabin. Voilà ce qui arrive :

« Théodore est venu me chercher à midi. Il veut que je descende la montagne avec lui, sa maîtresse et une autre grisette. — Tu verras Clémence, m'a-t-il dit, c'est une brave personne. Son amant l'a quittée. Elle désire te connaître ; allons, ne te fais pas prier.

« Je ne sais pourquoi Clémence m'attire, je l'ai à peine entr'aperçue chez Théodore ; elle n'a rien de surprenant, mais elle rit et m'a paru un peu plus spirituelle que le commun des grisettes. — Nous partons. — J'ai mis, ce jour-là mon habit de velours neuf, mon pantalon de velours, un costume qui effraye les bourgeoises de L***.

« Nous descendons la montagne tout joyeusement. Les arbres se penchent sous la brise, ils ont l'air de nous saluer et de nous souhaiter grand plaisir. Je me suis rappelé cette *guitare :*

> Sur le gazon les ruisseaux
> Murmurent leurs amourettes,
> Et l'on voit jusqu'aux ormeaux,
> Pour embrasser les fleurettes,
> Pencher leurs jeunes rameaux.

« Les oiseaux chantent leurs plus beaux airs, le ciel est bleu. Au détour d'une petite gorge qu'on appelle dans le pays *la Grimpette*, à cause de son escarpement, nous apercevons nos amies. Elles marchent en avant, jusqu'à ce que nous arrivions en pleine campagne, de peur que les bourgeois de la ville ne nous aperçoivent ensemble. Quelle misérable existence que la vie de province! Si on nous voyait cueillir des bluets avec *elles*, tout L*** le saurait le lendemain. L'épicier, en nous apercevant, viendrait sur le pas de sa porte et ricanerait bêtement avec le coiffeur, son voisin; on en parlerait au café des Voyageurs, chez le receveur particulier et chez M. le juge de paix. — Elles sont charmantes de loin avec leurs robes exactement semblables, leurs mantilles noires et leur parasol gorge de pigeon. Elles se sont assises sur le sable en nous attendant; nous approchons, *j'ai peur*. Théodore embrasse sa maîtresse, et je reste en statue de sel. — Eh bien! tu ne dis rien, Sylvius, me dit Théodore. — Que veux-tu que je dise? lui ai-je répondu en prenant mes airs les plus farouches. — Allons, donne le bras à Clémence. — J'obéis; Théodore court en avant avec Adèle; ils rient, ils folâtrent, ils se lutinent tous les deux. Je continue à ne rien dire; je suis sûr que Clémence me trouve niais; mais il m'est impossible de parler, ma langue est liée. « Je vais tirer les cartes, dit Clémence, aimez-vous ça, monsieur? » Sans me donner le temps de répondre, elle prend dans sa poche un paquet de cartes qui paraissent avoir déjà beaucoup servi, et elle se met à les battre, à les retourner et, à l'inspection des figures, commence à me parler de femmes blondes, d'argent, de voyage, de réussite dans ses projets, et surtout d'un *homme brun*, — je suis brun ! — qui semble destiné à jouer un grand rôle. J'en ai ri et je me suis moqué de ses croyances, — grande maladresse. La conversation s'engage petit à petit, mais d'une façon déplorable comme galanterie. Je dépense tout mon esprit, toutes mes plaisanteries les plus neuves, rien ne porte. Clémence n'est pas assez lettrée !

« Nous arrivons à A***, qui est un bourg au pied de la montagne. Théodore nous rejoint. — Veux-tu dîner ici? dit-il; je connais un petit *bouchon* où nous serons mieux que des dieux; nous mangerons dans un bosquet. Comment trouves-tu Clémence? — Gentille. — Lui as-tu *parlé* ? — Mais... oui... beaucoup. — Bon ; je vais commander le festin.

« Je maudis Théodore; il me laisse avec *elles* seul. Elles, voyant que je ne leur parle pas, rient beaucoup. C'est peut-être de moi ! Je me sens devenir rouge ; mais je crois m'être trompé : elles se racontent des histoires de *couture*, et des histoires assez dégrafées. Heureusement Théodore revient. Il ne se gêne guère, lui : il les embrasse toutes deux à la fois, il connaît l'endroit faible de la grisette. Si je pouvais parler ainsi !

« La servante apporte des artichauts à la poivrade, *la gloire du pays*, dit-on. Théodore embrasse aussi la servante, une bonne grosse fille, rouge comme les pommes. On mange. Ceci me remet un peu et me donne le temps de préparer une conversation pour le retour. La paysanne revient avec des artichauts à la sauce blanche, la gloire du pays. *Elles* paraissent n'avoir pas mangé de huit jours; j'aime mieux cela, il n'est pas besoin de leur répondre. Troisième plat : des artichauts à la Barigoule, la gloire du pays. — Si nous mangions des fraises? dit Théodore. — Oui, c'est bon des fraises, dit Clémence. — Un immense plat de fraises ! commande Théodore. — Nous ferons un *fraisetival*, dis-je tout honteux de mon mauvais calembour. Hélas! Théodore seul a ri; Clémence, pour qui cette plaisanterie était évidemment destinée, n'en a pas compris le sel. — Sylvius, dit Théodore, tu es maussade comme un cercueil. On ne se conduit pas ainsi près d'une jolie fille, on l'embrasse. — Mais ses remontrances me rendent encore plus timide.

« Le repas achevé, nous remontons à L***; la nuit commence. Clémence s'appuie sur moi; son bras presse le mien. Je lui ai donné le bras *du côté du cœur*, c'est elle qui l'a voulu; je le sens battre. Elle ne dit rien. — A la porte de la ville nous nous séparons. Théodore embrasse son amie. Clémence reste devant moi. On me pousse, je l'ai embrassée. Mais quel courage il m'a fallu !

« Mon cher Tony, réponds-moi vite sur ces matières. Théodore est trop brutal; aussitôt ta réponse, je te donnerai la suite.

« SYLVIUS. »

II

RÉPONSE ORDINAIRE AUX LETTRES D'UN AMI

Tony était un carabin de troisième année. Il allait sortir lorsqu'on lui apporta la lettre de son ancien camarade.

— Trompette, dit-il à sa *femme*, tu liras cette lettre en mon absence et tu m'en feras un résumé clair et exact. Elle vient de L***; comme il n'y a pas de *fonds* dedans, je m'en moque. S'il arrivait quelqu'un, tu diras que je fais la poule à l'estaminet des Sept-Billards.

Le soir, Tony en rentrant : — As-tu lu le papier? dit-il à sa maîtresse. — Oui, c'est bête comme tout, répondit Trompette, j'ai allumé ma pipe avec. — De qui est-ce? — De Sylvius; c'est du sentiment; il y en avait cinq pages. — Ah! je n'ai pas le temps de m'occuper de ces choses-là; quand on n'a pas une minute à soi...

III

SYLVIUS A TONY

« Mon cher Tony, tu m'oublies. Je sais que Paris est autrement amusant que L***, mais tu as bien un quart d'heure à me donner. Le soir, ne pourrais-tu m'écrire un mot? Je crois que je deviens presque amoureux.

« En revenant par la promenade des Ormes, Théodore m'a accablé de reproches sur ma conduite pendant le dîner. Il se moque de moi; il se sert à mon égard des épigrammes les plus sanglantes; je lui ai répondu qu'il fallait que je connusse un peu plus Clémence. — Lui as-tu demandé un rendez-vous ? m'a-t-il dit. — Non, je n'y ai pas pensé. — Elle te l'aurait accordé de grand cœur. — Je ne sais. — Alors viens demain soir chez moi, elle s'y trouvera.

« Quelle nuit j'ai passée ! Je me suis couché, levé, recouché sans pouvoir dormir. Je ne pense qu'à elle, je ne vois plus qu'elle ! Ah ! Tony, si tu étais ici ! J'ai voulu lui écrire; mais demain n'est-il pas bien plus simple de lui parler? Cependant il faut préparer ce qu'on appelle une déclaration. Impossible de trouver le premier mot. J'ai pris pour confident mon oreiller et je lui ai récité les discours les plus extravagants. Enfin, j'ai allumé ma lampe et je t'écris à la hâte ce mot.

« SYLVIUS. »

IV

CE QUI PROUVE QUE LE ROMAN PAR LETTRES N'EST PAS DANS LA NATURE

Tony donnait un punch. — Je vais vous lire, dit-il à ses amis, quelque chose de fabuleux.

Et il lut la lettre de Sylvius.

— Je demande le premier numéro, dit l'un.

— Ça m'a servi à allumer ma *bouffarde*, dit Trompette.

— Ils sont bons dans ton pays! s'écria Schanne le peintre. J'ai envie de partir en poste pour faire le portrait de ce nouveau Joseph.

— Moi, dit une femme, j'aurais voulu avoir le commencement ; j'aime les amours.

— As-tu fini, Castorine?

— Si nous allumions le punch?

— Il n'y a plus d'allumettes?

— Et la lettre de ton ami? cria le rapin.

— Ce Sylvius, dit Tony, est un provincial, et le premier qui m'en parlera comme d'un ami aura affaire à moi !

— Allons, dit Trompette, ne te fâche pas.

— Alors, allumons le punch avec sa lettre, dit Tony.

Le punch flamba ; les pipes s'allumèrent à la flamme et la mansarde retentit de *lariflas*.

V

OU L'ON VOIT QUE L'HISTOIRE DE MADAME PUTIPHAR N'EST PAS UN CONTE

Le lendemain, Sylvius alla chez Théodore ; Clémence et Adèle s'y trouvaient.

— Si nous allions promener sous les Ormes? demanda Théodore.

— Oui, répondirent-elles.

La promenade des Ormes entoure d'une ceinture la petite ville de L***, perchée sur la montagne comme un nid d'aigle sur un rocher. De jour, on y rencontre quelques bourgeois qui s'inquiètent beaucoup si le vent vient de Saint-Quentin ou de Reims ; mais les soirs d'été, elle est beaucoup plus fréquentée. Des ombres doubles, parlant bas, errent vaguement, en s'attachant à ne pas rencontrer d'autres ombres. Ce soir-là, Sylvius était assis sur un banc de pierre, près de Clémence ; de cet endroit, qu'on appelle *la Pointe*, parce que la montagne forme là un angle et domine la vallée, on entend le bavardage des grenouilles, qui tiennent des conférences le long des marais avant de s'endormir. Sylvius s'inquiétait beaucoup plus de la campagne et des bruits vagues de la nature que de Clémence ; il lui parlait, mais sans essayer la moindre galanterie. Il eût préféré avaler des sabres! Clémence se montrait résignée à ces malencontreux discours, où elle ne trouvait pas le plus petit brin d'amour. Elle riait quand son *amant* disait quelque plaisanterie qu'elle ne comprenait pas.

Ces promenades continuèrent ainsi pendant trois semaines.

— Il faut en finir... dit un jour Théodore à son ami ; tu viendras demain chez moi avec Clémence. Elle se plaint à Adèle de ton peu de galanterie ; je n'ai jamais vu de garçon tel que toi.

— J'irai, dit Sylvius.

Le jeudi, Sylvius alla attendre Clémence à la porte de l'atelier de couture, et tous deux se rendirent au lieu indiqué. Théodore avait bien fait les choses. Un petit souper était préparé. Au dehors, la pluie battait les vitres et le feu rayonnait dans l'âtre.

Les deux *amants* se mirent à table avec les meilleures dispositions, — dans *un* fauteuil. En homme qui comprend les délicatesses de l'amour, Théodore n'avait servi qu'un verre, qu'un couvert et qu'un plat. Clémence, peu habituée à pareil festin, fut gourmande comme une chatte. Sylvius était *aimable !* — Il ouvrit les deux battants des portes de son esprit. Pour la première fois il osa tutoyer Clémence. Il était tout étonné de sa hardiesse, ne pensant plus aux bouteilles qui avaient le corps vide.

— M'aimes-tu, Clémence? dit-il tout à coup.

La conversation était montée à un diapason convenable, il n'y avait qu'à continuer; mais Sylvius fit comme les gens qui grimpent à une échelle très-élevée : il leur reste à monter deux ou trois échelons, ils vont arriver au but. Tout à coup le vertige les prend, ils tombent. Sylvius secoua ses cheveux, se dégagea de l'unique fauteuil, prit une chaise et se plongea la tête dans les mains. Clémence, tout habituée qu'elle était aux façons originales de son *amant*, se leva tout à coup :

— Minuit, dit-elle d'un ton vexé, il faut que je m'en aille. Tu as tant fait que ma mère va me donner un *galop*.

Elle remit son bonnet et pria Sylvius de la reconduire.

— Je ne t'aurais jamais cru comme ça, fit-elle d'un air boudeur.

— Comme quoi? demanda Sylvius.

Théodore, entendant parler, vint à leur rencontre.

— Eh bien? dit-il tout bas à Sylvius.

Sylvius fit entendre un grognement équivoque et emmena Clémence au plus vite. En se couchant, il se donna douze coups de poing sur la poitrine.

— Qu'ai-je fait? Comment oserai-je me présenter désormais devant elle? Non, on ne se conduit pas ainsi.

Le lendemain il courut chez son ami :

— Tu t'es conduit en enfant, dit Théodore.

— Ah bah !

— Clémence s'est plainte à Adèle.

— Mon cher Théodore, Crébillon fils a dit : L'amour languit dans les plaisirs, et quand les désirs ne sont pas de la partie, il lui reste bien peu de chose.

— Tu es bien heureux d'avoir lu cela cette nuit pour venir me le débiter.

— Je ne l'ai pas lu cette nuit.

— Je te demande compte de mon souper. A quoi a-t-il servi ?

— Clémence a beaucoup mangé.

— Je le sais bien. Il n'y a rien à faire de toi. Tu as dix ans, mets un bourrelet.

— Théodore, je me fâcherai.

— Non pas, je t'aime trop pour cela ; mais vois les conséquences de ta conduite. Clémence ne connaît pas les maximes de Crébillon fils ; tu l'ennuies, elle se raccommode aujourd'hui avec Renard qui commençait à devenir jaloux de toi.

— Au diable les femmes ! dit Sylvius en s'en allant tout furieux.

VI

FANTAISIES DE SYLVIUS

Sylvius avait vingt ans. Il était plutôt laid que beau ; mais ses lèvres pincées étaient remplies de railleries. Une physionomie très-mobile se moulait merveilleusement à chacune de ses plaisanteries. Dans sa petite ville, on le regardait comme excentrique; il est vrai que ses actions ne démentaient pas l'épithète. Une de ses grandes occupations était de préparer de la besogne au commissaire de police. Un jour, on avait trouvé un garde national hermétiquement enfermé dans sa guérite; le malheureux citoyen, qui s'était endormi, avait senti en se réveillant une porte close. On disait bien que le fait venait de Sylvius; mais personne ne l'avait vu. Une autre fois la diligence des Messageries royales, qui reste toute la nuit sur la place principale de L***, avait été perdue. C'était Sylvius qui l'avait traînée avec quelques-uns de ses amis dans une petite ruelle, juste assez large pour contenir la voiture. Le lendemain, les habitants ne purent sortir de leurs maisons, et on eut toutes sortes de peines à retirer cette diligence.

En outre, Sylvius s'avisa, l'été, de porter des pantalons collants et des bottes à l'écuyère, quoiqu'il ne montât jamais à cheval. Tous ses amis suivirent cette mode. Au jour de l'an, il alla rendre visite au commissaire de police dans une chaise à porteurs, vieille relique de famille, mangée aux vers, provenant d'un président au grenier à sel, son aïeul. Près de cent personnes, émerveillées de ce spectacle, suivaient la chaise. Sylvius se fit monter au premier, dans la chaise à porteurs, chez le commissaire; là, il lui fit un long discours par lequel il le remerciait de n'avoir pas été obligé de subir un de ces réquisitoires si terribles de justice de paix. L'officier ministériel ne put se fâcher, car il avait des rapports sans nombre contre Sylvius, rapports qui ne tendaient à rien moins qu'à le faire condamner à la prison et à l'amende, s'il n'y avait eu manque de preuves.

Cependant Sylvius, furieux d'avoir perdu Clémence, voulait se venger, et il écrivit à Renard :

« Monsieur, je pardonne à mes ennemis, et j'ai l'habitude d'avouer tous les dommages commis à leur préjudice. Donc je vous pardonne, monsieur, et j'avoue les dommages que je vous ai causés. En voici la relation exacte. Je l'ai arrangée en dialogue pour votre plus grande satisfaction. »

(*Le théâtre représente une chambre. — Une table; tout ce qu'il faut pour ne pas écrire; tout ce qu'il faut pour boire. — Dans une alcôve, un lit, instrument du crime. — Un fauteuil, autre criminel. — Sur la table, trois bouteilles que je recommanderais à votre rigueur, si elles n'étaient trépassées. — Du feu dans la cheminée. — La pendule marque onze heures du soir.*

Personnages dont j'ai changé les noms pour qu'on ne s'y trompe pas :

SYLVIUS, jeune premier ;
CLÉMENCE, forte-amoureuse;
LE FEU, utilité.

SCÈNE PREMIÈRE

CLÉMENCE ET SYLVIUS *arrivant tout mouillés.*

CLÉMENCE.

Mon ami, chauffons-nous, tu dois avoir froid.

SYLVIUS.

Oh! quand l'amour jaloux bouillonne dans nos têtes,
Quand notre cœur se gonfle et s'emplit de tempêtes,
Qu'importe ce que peut un nuage des airs
Nous jeter en passant de tempête et d'éclairs.

(*A part.*) Je n'ai pas besoin de lui dire que c'est de l'Hugo.

CLÉMENCE.

Tu parles bien, mon ami, mais dis-moi plutôt que tu m'aimes. (*Elle se pend à son cou.*)

SYLVIUS.

Viens plus près, Clémence. Tu as un nom comme toutes les femmes. Clémence ! c'est d'un trivial à faire vomir. Je t'appelle maintenant Vertu-des-Rois.

CLÉMENCE.

Pourquoi, mon Sylvius ?

SYLVIUS.

La clémence n'est-elle pas la vertu des rois ? Un polisson de classique l'a dit.

LE FEU.

Que voilà donc deux individus longs en affaires ! Regarde, Sylvius, comme ces deux tisons se serrent amoureusement. (*Le feu redouble de chaleur.*)

CLÉMENCE.

Mon ami, j'étouffe, ce feu est si vif. (*Elle ôte son bonnet.*)

SYLVIUS, *à part.*

Quelle bonne ménagère cette jeune fille fera dans dix ans ! elle craint d'abîmer son bonnet, — tout à l'heure. (*Haut.*) Dis, Vertu-des-Rois, comprends-tu l'amour féroce, échevelé, égratignant ?

CLÉMENCE.

Je ne suis qu'une faible femme, cher Sylvius. (*Elle l'étreint de ses bras et recule sa chaise.*)

SYLVIUS, *à part.*

Nous avançons.

CLÉMENCE.

Oh ! je suis malade, Sylvius.

LE FEU.

Allons, voilà qui va bien ; ce méchant barbouilleur de papier, qui me place ici comme *utilité*, me donnera au moins à la prochaine occasion un meilleur rôle.

CLÉMENCE.

Prends garde, mon ami, tu marches sur ma robe. (*Elle recule peu à peu.*)

SYLVIUS.

Veux-tu te reposer un peu ?

CLÉMENCE, *d'une voix faible.*

Oui.

LE FEU.

Je crois que je puis maintenant me coucher. Sapristi ! comme je vais dormir. (*Il s'éteint.*)

SCÈNE DEUXIÈME

. . . .

(*Musique à l'orchestre. On entend un solo de viole d'amour. Au fond du théâtre, onomatopées bizarres.*)

« Voici, monsieur Renard, tout ce que j'avais à vous narrer.

« Votre dévoué serviteur,

« SYLVIUS. »

— Il faut avouer, se dit Sylvius, que je suis un chien

de mécréant d'écrire de pareilles choses, moi qui ne pourrais pas dire si les jambes de Clémence sont droites ou torses. Renard va être très-jaloux. Quant à Clémence, elle ne peut nier; car dans cette soirée, j'ai vu son corset qui bâillait, et ce n'était pas l'effet du hasard; elle a ôté son bonnet, elle a reculé sa chaise. — Ce n'était pas sans intention. Mais pourquoi ai-je été aussi... Peuh! allons voir Théodore.

VII

BOITE AUX LETTRES

Renard, comme on le pense, se laissa prendre à ce traquenard de méchanceté. Sans explications, il cravacha indignement l'innocente Vertu-des-Rois. Mais celle-ci, après beaucoup de larmes et de sanglots, finit par lui prouver, — à la manière de toutes les femmes, — combien elle l'aimait; que le dépit, la *maladresse* et l'esprit vindicatif de Sylvius lui avaient seuls dicté cette épître; et elle montra à son amant une lettre qu'elle venait de recevoir de Sylvius.

« O Vertu-des-Rois,

« Tu m'as trompé, tu m'as trahi, malheur à toi!

« Le lendemain du jour où tu murmurais des notes d'amour à mon oreille, tu as murmuré les mêmes notes d'amour à l'oreille d'un autre. Honte à toi!

« Tu avais trouvé un cœur pur et vierge, un cœur de Sylvius, et tu vas quérir un cœur de renard. Raca!

« Un poète avait voulu de toi, et tu as fait fi de lui. Un

employé des contributions directes faisait fi de toi, et tu t'es tournée vers lui. Serpent !

« Tu veux manger du matérialisme quand tu avais à ta disposition le spiritualisme. Insensée ! qui préfères le hareng-saur à l'ananas.

« Ma vengeance te poursuivra partout, toujours, fine, aiguë et empoisonnée.

« Je te souhaite beaucoup d'enfants.

« Sylvius. »

— Il est fou à lier, dit Renard en lisant cette singularité.

— Tu vois bien, dit Clémence, qu'il n'est question de rien.

Renard fut content de ces explications. Clémence s'en alla et écrivit à Sylvius un mot, dans lequel elle engageait un duel terrible avec l'orthographe :

« *Mossieu, comme nous n'avon plu rien de quomun ancamble geu ne voa pas la naisécité que vou mescrivais pourre me fair batre par mosieu Reunart, ge ne crin pas votre vanjange, signai Claimanse.* »

VIII

RACCORD ENTRE MINEURS

Sylvius fut triste trois semaines. Il ne se promenait plus dans la ville, car il avait rencontré quelquefois le soir Clémence avec ses compagnes ; et elle avait rougi en l'apercevant. Cette rougeur, qu'il regardait comme un repentir, l'avait touché et rappelait sans cesse à son souvenir la jeune fille qu'il avait juré d'oublier. Un jour, Théodore lui dit :

— Clémence voudrait bien te revoir.

— Jamais ! C'est une coquine.

— N'importe, elle a planté pour de bon son Renard.

— Ah ! ah ! qu'est-ce qu'ils ont eu ?

— Renard ne l'a reprise qu'à cause de toi. Elle l'ennuyait. Mais comme il ne t'aime pas, il t'a joué le mauvais tour de te l'enlever.

— Je ne sais si c'est là un mauvais tour.

— Adèle amènera ce soir Clémence à la maison, si tu veux.

— Peuh ! dit Sylvius enchanté au fond.

— Allons, puisque tu n'en veux plus...

— Je t'ai déjà dit, reprit vivement Sylvius, que je réfléchirai. Cependant, fais-la toujours venir.

La soirée se passa sans que les deux amants se fussent adressé une parole. Si Clémence était toute troublée, Sylvius ne l'était guère moins.

— Allons, embrassez-vous, dit Théodore.

Sylvius resta à sa place ; Clémence s'avança et fit les premiers pas ; ils se jetèrent dans les bras l'un de l'autre. Sylvius, très-ému, la reconduisit à son domicile. Et les promenades continuèrent sous les Ormes, comme par le passé. Théodore, dont Adèle faisait la police secrète, très-inquiète de voir Sylvius suivre son ancien système, le réprimanda.

— Tiens, dit Sylvius, en montrant une bourse, vois-tu déjà les résultats ?

— Eh bien ! c'est une bourse.

— Oui, mais je l'ai obtenue de la Clémence,... de Titus.

— Qu'ai-je fait, Sylvius, pour me lancer sans cesse à la tête d'affreux calembours ? Ne suis-je pas ton ami ?

— Si tu savais, dit Sylvius, combien j'ai été heureux en recevant cette bourse brodée par les jolis doigts de Clémence ! J'ai pensé qu'elle s'était peut-être piqué le doigt en travaillant. Peut-être une goutte rosée de son sang est-elle emprisonnée dans la soie. Aussi, je l'ai baisée cette bourse ! Elle ne me quitte plus.

— Ah ! Sylvius, dit Théodore, tu as embrassé la trace des doigts secs de madame Babouillard, la mercière.

— Hein ! dit Sylvius.

— Oui, j'étais là quand Clémence l'achetait. C'est cruel de te désabuser. Mais s'il y a une goutte de sang emprisonnée, c'est du sang jaunâtre et vieilli de cette respectable mercière.

— Pourquoi diable me désenchanter ? dit Sylvius furieux. Ah ! la carogne, elle m'a dit qu'elle avait veillé toute la nuit sur cette bourse. Je me vengerai d'elle, je lui couperai les cheveux, ça fera la Titus de Clémence

— Encore ! s'écria Théodore. Adieu ! la colère t'égare.

IX

VERTU-DES-ROIS PROFITE DES CONSEILS MORAUX DE SYLVIUS

Le lendemain, Sylvius se promenait seul, à sept heures du soir, sous les Ormes. Clémence se fit un peu attendre. Sylvius était très-content, trouvant par là matière à discussion. Quand elle arriva :

— Pourquoi, lui dit-il, viens-tu si tard ?

— On ne fait que sortir de la couture, répondit-elle.

— Tu auras été sur le Bourg te faire faire la cour.

— Laisse-moi tranquille avec tes faiseurs de cour.

— Non pas, je sais beaucoup de choses.

— Bien des bêtises.

— Tu me trahis. On t'a vue avec...

— Sylvius, si tu crois que je viens ici pour t'entendre toujours *bougonner*, j'aime mieux ne plus revenir. Tu as un affreux caractère, tu tournes tout le monde en dérision, moi la première. Tu me donnes un tas de noms qu'on ne m'appelle plus que comme ça à l'atelier. Je fais tout pour te plaire, rien n'y fait; on n'a jamais vu d'homme comme toi.

— Allons, dit Sylvius, tout cela est très-adroit de ta part. J'ai des reproches à te faire, je crois que tu vas te repentir; et c'est moi qui suis l'accusé, tu me mets sur la sellette. Oh! les femmes!

— Certainement que je suis malheureuse; toutes mes amies le disent bien.

— Clémence, venons au fond des choses. Tu m'as donné une bourse.

— Oui; après?

— C'est bien toi qui l'as brodée, au prix de nuits passées et de veilles?

— Il y a longtemps que je l'ai dit.

— Pourquoi mens-tu sans rougir; tu as acheté cette bourse chez madame Babouillard, la mercière.

— Oh! dit Clémence indignée, qui est-ce qui peut faire des inventions pareilles?

— Ces inventions sont des réalités. On t'a vue l'acheter. Je me soucie bien d'une bourse de marchand;

ce que j'aimais, c'était la bourse confectionnée par tes mains. Tiens, la voilà, je n'en veux plus.

Clémence prit la bourse et la déchira en mille morceaux. Puis la colère fit place aux larmes; elle sanglota en marchant seule en avant. Sylvius, ému, réfléchissait, ne sachant comment arrêter une douleur aussi impétueuse. Il voulait aller demander pardon à son amie; mais l'amour-propre le retenait. Enfin, faisant un grand effort sur lui-même :

— Clémence, lui-dit-il, c'est aujourd'hui la dernière fois que nous nous voyons, — mon parti est tout pris, — à moins que tu ne consentes à ce que je vais te proposer. J'admets que j'ai été quelquefois d'une humeur assez désagréable à ton égard; mais toi, es-tu sans reproches? J'ai oublié que tu étais retournée avec Renard, mais je n'oublierai pas la bourse. Je te laisse deux jours de réflexion...

— Comment veux-tu que je te prouve mon amour? dit Clémence.

— Attends un peu. Tu iras d'ici à la butte de Gargantua à pied, sans souliers et sans bas, en manière de pénitence; je te suivrai aussi pieds nus, à vingt pas de distance. Il n'y a qu'une petite lieue et demie. Nous ne devrons, sous aucun prétexte, nous adresser la parole. Si nous rencontrons des tas de grès sur la route, nous devrons monter dessus afin de faire pénitence plus complète. Alors je te pardonnerai.

— Mais, Sylvius, tu es fou! Il y a longtemps qu'on le dit; je commence à le croire aujourd'hui.

— Tu diras pendant deux jours que je suis fou, Clémence; mais le troisième, si tu m'aimes, tu viendras en pèlerinage.

— Oh ! non, jamais !

— Je t'assure que tu iras. Viens m'embrasser, et dans deux jours, — je ne te verrai pas avant, — rends-moi réponse.

Les deux amants se séparèrent.

Deux jours après, Théodore vint trouver Sylvius et lui dit :

— Clémence est partie avec un capitaine d'artillerie pour Paris.

— Grand Dieu ! il l'aura enlevée, dit Sylvius en pâlissant.

— Non pas, c'est elle qui enlève le capitaine ; elle a dit à Adèle de te souhaiter le bonjour.

X

LES TREIZE

Vers l'année 1840, il existait à Paris une société unique, composée de treize individus, peintres, musiciens, sculpteurs, romanciers, poètes, — tous en herbe.

Ils étaient treize pour imiter le roman des *Treize* de M. de Balzac. Leur chef, en mémoire de Ferragus, s'appelait Cinabrius. Cinabrius ! c'est-à-dire homme d'un caractère de cinabre, la couleur terrible.

Cette société dura neuf ans; au bout de ce temps, les uns moururent, les autres se firent bonnetiers ; certains arrivèrent à la position qu'ils avaient rêvée si longtemps. Tous les treize menèrent une vie incroyable de gueuserie, de joie et de splendeurs déguenillées à côté desquelles les exploits des don César de Bazan, des Gusman d'Alfarache, des Gil Blas et des Ragotin ne sont rien. Deux fois par semaine on se réunissait dans le seul local possible, l'atelier de Cinabrius qui demeurait dans la maison de M. Victor Adam, rue Hautefeuille. Or, le 4 du mois d'octobre, une circulaire ainsi conçue avait été adressée à chacun des membres :

ÉLYSÉE CINABRIUS.

« Mardi, 7 du courant, 8 heures du soir, grande soirée villageoise, composée de tir à l'arbalète, d'auto-da-fé mobilier et de surprises.

« Sur le coup de minuit, bal paré. Les dames en bonnet seront reçues. L'orchestre, conduit par Schanne, exécutera les quadrilles les plus gracieux, entre autres celui connu sous le titre de : *Si les voisins ne sont pas contents.*

« Toute poésie est rigoureusement interdite.

« De neuf à neuf heures et demie, les célèbres auteurs de la *Nonne en cage*, — ce drame si puissant, en répétition au théâtre du Panthéon, — feront un tour dans les salons.

« Miette, le même qui travaille depuis vingt-cinq ans au bas du Pont-Neuf, a bien voulu nous assurer son aimable concours.

« A onze heures, grande discussion littéraire ; les fouriéristes ne devront, sous aucun prétexte, y prendre part.

« A une heure et un quart, les célèbres auteurs de la *Nonne en cage* mangeront un fruit, un morceau sur le pouce, peu de chose.

« M. Victor Adam sera des nôtres.

« Chacun des membres est prié d'amener quelques amis.

« Un municipal placé à la porte veillera constamment au bon ordre. »

Tel était le programme de la fête annoncée par Cinabrius et complotée quelques jours à l'avance par les Treize, à cause du 7 octobre, la veille du 8, jour néfaste pour toute la bohême en général.

Cinabrius devait trois termes à son propriétaire, Victor Adam, qu'il appelait pour cette raison le dieu *Terme*; M. Adam lui avait signifié son congé, et Cinabrius voulait se venger. D'ailleurs, les statuts portaient :

« Les membres de la Société ne devront jamais dépasser le nombre treize. Les Treize devront avoir fait preuve d'un grand courage dans les diverses épreuves d'admission. Parmi les peintres, il ne sera admis que des coloristes, les dessinateurs étant plus crétins que des architectes. Les Treize devront rendre la vie dure aux peintres qui ont fait des tableaux de genre destinés aux bourgeois, etc., etc. »

Sylvius, ayant quitté sa petite ville après la fuite de Clémence, vint étudier à Paris la peinture, et fut reçu à l'association des Treize; il assista à l'assemblée préparatoire, dans laquelle Cinabrius, en vareuse rouge, dit :

— Frères, l'influence de ces peintres a été terrible. Nous les avons laissés, jusqu'à ce jour, trop tranquilles ; nous avons manqué à nos règlements. Ce sont ces peintres qui tuent l'art et pervertissent le goût dans les masses. Puisque le gouvernement laisse se propager les figures de cire chez les coiffeurs, la gravure à la manière noire, la peinture sur porcelaine et les paysages de M. Bidault, il faut que nous sapions ces mauvaises tendances. Serons-nous obligés, pour vivre, de faire de la miniature ?

— Plutôt mourir ! s'écrièrent les Douze.

— Eh bien ! dit Cinabrius inspiré, allons aux voix pour décider de quels peintres nous avons à nous occuper. Nous avons le choix : MM. Biard, Victor Adam, Destouches, Pingret. Songez, messieurs, que votre choix doit être motivé.

Sylvius tira les bulletins et lut les noms des peintres voués aux châtiments.

— Messieurs, dit Cinabrius, M. Pingret a réuni cinq voix, et M. Victor Adam quatre. Ainsi, ce sont eux qui devront comparaître devant votre tribunal.

— Oui, avaient répondu d'une seule voix les Douze.

— Ainsi, la grande séance, le 7 de ce mois. N'y manquez pas.

Or, le lendemain, l'atelier prit une physionomie de circonstance. Canonnier, le rapin de Cinabrius (un rapin de trente-cinq ans), fut chargé de ranger par extraordinaire l'atelier, de le nettoyer, de badigeonner les murs :

— Aie surtout soin, lui avait dit son patron, de ne pas effacer les maximes. Les maximes formaient une espèce d'album mural, où chaque visiteur avait le droit d'écrire ses pensées à la craie ou au fusin ; on lisait des apophthegmes dans ce goût :

« Montre-moi tes bottes, je te dirai qui tu es. » (Un Bohème.)

« La pomme de terre est la salade de homards des malheureux. »

« Le mariage est la guillotine de l'amour. »

Enfin, le jour de la grande soirée, cinquante jeunes gens arrivèrent ; le rapin les invita à s'asseoir. Au fond de l'atelier était une table autour de laquelle les Treize prirent place ; deux chevalets, figurant des ifs, portaient des lampions.

Canonnier, de garde à la porte, entra :

— M. Victor Adam, le dieu Terme.

— Hou ! hou ! firent les cinquante voix.

— Bonjour, Victor, dit Cinabrius... — ou l'*Enfant de la Forêt*, dit un autre. — 4 volumes in-12, ajouta un troisième, — par Ducray-Duménil.

— Messieurs !... dit M. Victor Adam stupéfait.

— O Adam ! dit Cinabrius, — le mari d'Ève, — notre père à tous, — pourquoi as-tu mangé de la pomme ? — Dieu t'a chassé du paradis, et te voilà en enfer, riposta dit Cinabrius.

— M. Cinabrius, dit le propriétaire, est-ce dans l'intention de m'humilier que... ?

— Krrr. — Ah ! — Pssscht ! — boung ! — oh ! — brring ! hurlèrent les cinquante voix.

— Pardon de vous interrompre, messieurs, dit Cinabrius ; l'accusé a le droit de se défendre. Allons, Victor, je veux y mettre de la douceur, qu'avez-vous à dire pour votre défense ?

— Monsieur Cinabrius, vous m'aviez fait demander pour parler d'affaires...

Ici un immense éclat de rire terrifia l'accusé.

— Victor, dit Cinabrius, si je vous avais dit que je vous faisais demander comme accusé, vous ne seriez pas venu, n'est-il pas vrai, ô Victor !

— Mais de quoi m'accusez-vous? dit le malheureux propriétaire.

— Victor, dit Cinabrius, je vous accuse : 1° de m'avoir demandé les termes échus.

— Oh! fit l'assemblée avec indignation.

— Vous entendez, Victor, le noble courroux qui s'empare de ces jeunes cœurs. Mais ceci n'est rien...

— Messieurs, songez que je suis artiste.

— Il ose s'intituler artiste! dit le chœur.

— Silence, dit Cinabrius. En qualité de dieu Terme, vous vous êtes conduit d'une façon déplorable. Répondez à mes questions et songez que votre franchise pourra contribuer à vous rendre le tribunal plus favorable. Combien avez-vous à peu près fait de croquis dans votre vie?

— Mon Dieu! dit le propriétaire, je n'en sais pas le nombre.

— Enfin, Victor, est-ce avec le produit de vos croquis que vous avez acheté cette maison?

— Oui, dit M. Adam.

— Il doit falloir bien des croquis pour acheter une maison. Nous allons déléguer à cet effet un expert. Canonnier, vous qui faites des croquis depuis vingt-cinq ans, combien faut-il en avoir vendu pour acheter une maison sise rue Hautefeuille?

— Maître, dit Canonnier, j'ai fait, il est vrai, beaucoup de croquis, mais personne n'a jamais voulu m'en acheter un seul.

— Alors, vous n'avez jamais acheté de maison avec le produit de vos croquis?

— Non, maître.

— Allez à votre poste.

A peine Canonnier était-il sorti qu'il rentra précipitamment et vint dire bas à l'oreille de Cinabrius :

— M. Pingret est là; il demande après le dieu Terme.

— C'est bon, Canonnier, dit Cinabrius; faites passer l'accusé dans une autre pièce.

— Nous n'avons pas d'autre pièce, maître.

— J'entends le petit cabinet.

— Le cabinet, dit Canonnier; mais le dieu Terme étouffera.

— C'est égal. Qu'on exécute mes ordres !

Canonnier et Sylvius entraînèrent M. Victor Adam, qui se croyait à sa dernière heure.

— Messieurs, dit Cinabrius, vous allez entendre le second accusé; il est encore plus répréhensible que le premier. Canonnier, faites entrer.

M. Pingret entra tout vêtu de noir, et sembla fort étonné de se trouver à pareille réunion.

— Donnez un siége à l'accusé, dit Cinabrius.

M. Pingret chercha l'accusé, ne s'expliquant pas à qui pouvait s'adresser cette désignation.

— Édouard Pingret, élève de David, vous vous reconnaissez coupable d'avoir mis en circulation ces affreux petits tableaux de genre?...

— Que signifient ces mauvaises plaisanteries? dit le peintre tout rouge.

— Accusé, la violence ne mène à rien; prenez garde d'aggraver votre position.

— Messieurs, dit M. Pingret, en se levant, où suis-je?

— Vous êtes devant le tribunal des Treize.

— Je me soucie bien des Treize Je demande Adam.

— Messieurs, dit Cinabrius, l'accusé avoue déjà sa complicité. Vous connaissez donc Victor Adam?

— Si je le connais!

— Que pensez-vous de ses dessins?

— Ils sont ravissants.

— Oh! fit le chœur.

En ce moment on entendit un gémissement poussé par le dieu Terme.

— Messieurs, dit le peintre en fureur, savez-vous à qui vous vous adressez? A un artiste que ses tableaux ont mené à une grande fortune, à un homme qui a trois maisons sur le pavé de Paris.

— Couvrons-nous de cilices, dit le chœur.

On entendit un second gémissement.

— Canonnier, dit Cinabrius, allez chercher l'autre accusé.

Le dieu Terme apparut, pâle et défait. M. Pingret, à sa vue, courut à lui.

— Gardes, s'écria Cinabrius, empêchez la communication des accusés. Messieurs, après les crimes dont nous venons d'entendre l'aveu le plus complet, la société doit-elle rester calme? Non, puisqu'il n'y a pas de tribunaux destinés à garder le sanctuaire de l'art. Quel châtiment vous plaît-il d'infliger à ces deux coupables?

— La mort! dit le chœur.

— Ce châtiment est dur, il est vrai, mais il est rationnel. J'ai le droit, par mes statuts, de choisir le genre de mort. Donc je propose de scier les deux accusés.

— Oui, la scie! fit le chœur.

Les accusés devinrent pâles.

— Canonnier, allez chercher la scie.

Le rapin rapporta une énorme scie.

— Grâce ! dit le malheureux Adam, je vous fais remise des termes.

— Non, cria l'assemblée, la scie ! — Allons, Canonnier, tenez les deux accusés.

Les treize voix entonnèrent :

> O rapins de Damiette!
> De Constantinople aussi,
> Pour vous chanter une si
> Déplorable historiette,
> Faudrait une clef de *si;*
> Y en n'a pas, c'est une scie !

Cette *scie* en couplets dura une heure.

— Messieurs, dit Cinabrius, ce châtiment est-il suffisant?

— Non, dit l'assemblée.

— Je vous proposerai donc de faire subir aux accusés la question au plâtre.

— Ciel ! s'écria Pingret.

— Canonnier, préparez les instruments du supplice.

— Voilà maître, dit le vieux rapin en apportant une énorme terrine de bois remplie d'eau et de plâtre.

— Frères, dit Cinabrius, qu'allons-nous mouler chez les accusés?

— La tête ! brama le chœur.

— Par pitié, messieurs !... dirent les accusés.

— Non, point de quartier ! fit le chœur.

— Accusés, dit Cinabrius, le tribunal comprend la sévérité juste, mais tempérée ; on vous laisse le choix du moulage. Vous avez à choisir entre les jambes, les bras, le torse ou la tête.

— Je choisis les jambes, dit le dieu Terme.

— Et moi les bras, répondit son co-accusé.

— Accusés, dépouillez-vous de vos habillements, on doit mouler à nu.

— M. Cinabrius, ayez pitié de nous.

— A nu ! dit le chœur impitoyable.

Les deux malheureux peintres procédèrent à leur déshabillement. Quand ils furent arrivés à la chemise, ils se regardèrent et restèrent immobiles.

— A nu ! dit le chœur.

Les deux chemises tombèrent. Ce fut alors un tapage, des hurlements à effrayer les damnés du Dante. Canonnier procéda au moulage des jambes de Victor Adam et des bras de Pingret.

— Messieurs, dit Cinabrius, en attendant la siccation du plâtre, recommençons la scie.

La scie, de soixante-dix couplets, fut entonnée par l'assemblée ; le plâtre était sec au dernier couplet.

— Accusés, votre châtiment va finir bientôt. Il ne vous reste plus que le baptême à subir pour effacer vos crimes. Canonnier, dit Cinabrius, apportez-moi une vessie de bleu de Prusse et une de vermillon. Prenez un pinceau et donnez le baptême bleu à M. Pingret, le baptême vermillon au dieu Terme.

Canonnier exécuta les ordres. Les deux accusés se tenaient tranquilles, subissant leur peine en martyrs.

— Vous allez passer la nuit ici, accusés ; demain je viendrai vous délivrer. La justice sera faite. Si un mot de ces événements transpirait, songez que les Treize sont toujours là... Bonsoir, Victor et Édouard! Soyez toujours unis.

— Soyez unis! dit le chœur en hurlant.

C'est ainsi que commença l'éducation picturale de Sylvius.

XI

AMOURS DE PORTIÈRE.

Jusqu'alors, la portière a été dépeinte par tous les écrivains comme l'animal le plus terrible de la création. La portière est arrivée à l'état de *monstrum horrendum!* Tous les prétendus supplices qu'un écrivain, — race irritable s'il en fut, — a éprouvés dans dix logements de la part de dix portières, il les groupe sur une seule tête et se venge en peignant la portière. Qui ouvre les journaux? la portière. — Qui fait monter les créanciers le matin? la portière. — Qui dit à une maîtresse que Monsieur est avec *quelqu'un,* en souriant malignement? la portière. — Qui fait des cancans dans la maison? la portière.

Lui en aura-t-on jeté des accusations à cette infortunée qui ne peut se défendre? La littérature contemporaine aura à répondre un jour d'avoir condamné iniquement deux innocentes : la portière et la belle-mère. — Le temps est venu de les réhabiliter toutes deux. Aujourd'hui la portière, demain la belle-mère.

— Pardon, Sylvius, si je *trahis l'amitié* en racontant les douces journées que tu passas rue de Vaugirard; mais à toute défense, il faut des preuves. D'un autre côté, j'ai songé qu'il était difficile de trahir l'amitié, plusieurs philosophes ayant déclaré que l'amitié n'existait pas.

Il y avait trois semaines que Sylvius était allé installer sa misère joyeuse et ses meubles *meublants* dans le quartier Vaugirard. Pour une modeste somme, il avait trouvé un appartement composé de deux mansardes, où il était bien difficile de rester debout. A part ce léger défaut, blanches, gaies, petit papier à fleurs, croisées à tabatière, pas de cheminée, le plus charmant logement du monde. Une vraie mansarde de poëte. Quelque chose de très-rare aujourd'hui, où il y a tant de poëtes et si peu de mansardes. — Comme Sylvius avait bonne mine, on lui avait loué sans aller aux renseignements. La voiture de déménagement arriva le 8 au soir; ce fut un coup de foudre pour la portière, une impression d'emménagement qui se traduit par ces mots : « Un locataire qui ne payera pas. »

En effet, la voiture (c'était une voiture à bras) avait un aspect mélancolique. On y voyait :

Un fauteuil Louis XV en tapisserie,
Un cruche à eau,
Un lit de sangle et deux chaises dépaillées,
Des paquets de livres,
Une table piquée des vers,
Un matelas à laine dubitative,
Une tête de mort au bout d'un balai,

et encore quelques autres objets, dits de curiosité, qui ne suffisaient pas à compléter un mobilier. Sylvius suivait la charrette avec deux de ses amis, veillant à ce que rien ne se perdît. Le soir, Sylvius accrochant la clef dans la loge, la portière lui dit :

— Vous êtes seul, monsieur?

La portière voulait savoir par là si quelqu'un faisait le ménage du nouveau locataire. Sylvius s'étonna d'abord de cette question, personne, excepté lui, n'ayant jamais fait son ménage. Pendant les trois premiers mois, il remit sa clef dans la loge, ne disant mot, et ôtant simplement son chapeau comme il convient. Les voisins dirent que c'était un jeune homme étrange, qui avait certainement des chagrins.

Sylvius, qui était parti en voyage, reçut cette lettre de son ami Georges, le paysagiste :

« Mon cher, je viens de passer chez toi. J'ai causé deux heures avec ta portière. Ah! quelle portière! une perle dans une loge! un ange, enfin! Tu connais mon amour pour les châtaigniers, je préfère ta portière. Je comprends que tu caches un pareil trésor. Jaloux! Elle m'a parlé longuement de toi; cette femme t'adore. Elle s'étonne de tes façons mélancoliques. Les *façons mélancoliques* m'ont beaucoup diverti. Jouerais-tu le spleen dans cette maison, toi qui est si fou et si gai? Elle m'a dit que, pensant que j'étais ton meilleur ami, je pourrais parler en sa faveur. Sais-tu ce qu'elle veut? elle veut faire ton ménage. Pourquoi veut-elle faire ton ménage?... »

Quelques jours après, Sylvius arriva et dit à la portière :

— Madame, quand vous voudrez faire mon ménage, faites-le! Je ne vous demande qu'une chose; ne rangez rien!

— Mais, monsieur, dit-elle en souriant, il est bien difficile de ne pas ranger.

— Pardon, madame. J'aime le désordre et je trouverais insensé de vivre dans une chambre balayée, lavée et appropriée tous les jours. De grâce, ne rangez pas !

— Comme il plaira à monsieur.

— Je ne reviendrai guère avant minuit ; ayez la complaisance de mettre la clef en dehors, afin de ne pas vous déranger.

Sylvius courut chez son ami Georges, et tous deux s'en allèrent chez Katcomb, un trou anglais, le seul endroit de Paris où l'on mange du véritable *roast-beef*, et où l'on boit du *grog* réel.

— Georges, quelles sont ces histoires de portière que tu m'as écrites ?

— Je t'ai dit la vérité : cette femme t'aime.

— Ah ! Seigneur, détournez de moi ce calice.

— Peut-être pas si amer que tu le crois.

— Crois-tu que je puisse aimer une femme de quarante ans ?

— Mais, Sylvius, elle ne t'aime peut-être pas.

— Pourquoi demande-t-elle à faire mon ménage, sinon pour pénétrer à toute heure dans *mes* appartements.

— Serait-elle entraînée par la soif de l'or ?

— Bah ! sept francs par mois ne constituent pas la soif de l'or, ce serait une bassesse.

— J'ai remarqué, continua Georges, qu'elle lisait un roman de M. de Balzac.

— Ah ! dit Sylvius, je suis perdu. Elle lit Balzac, ceci est grave ; cette femme m'aime. Je ne rentrerai pas chez moi, je veux déménager.

— Allons, rentre, je vais te reconduire.

Sylvius se laissa persuader, et minuit sonnait lorsqu'il frappa à sa porte; on fut assez long à ouvrir. Enfin, il put entrer dans la loge qui était éclairée; la portière, dans un fauteuil, tenait un livre. Elle avait un peignoir indiscret qui montrait à des yeux curieux une poitrine blanche et bien meublée. Sa bouche souriante laissait admirer des dents blanches. Elle avait de grands yeux bleus humides; Sylvius la regardait; elle lisait tranquillement...

— Vous rentrez bien tard, monsieur, dit-elle gracieusement.

— Oui; je vous dérange?

— *Au contraire*, je lisais. Voilà votre clef, monsieur, dit-elle en la présentant à Sylvius.

— Georges a raison, pensa Sylvius. Moi qui prenais cette femme pour une portière, je m'aperçois que cette portière est une femme. Quant à l'amour, je serai trop heureux si elle y songeait. Elle n'a pas quarante ans, tout au plus trente-quatre à trente-cinq. Elle a dû éprouver réellement des malheurs; sa voix est d'une grande douceur. On dirait presque une princesse déguisée ou une bâtarde de grand seigneur, je lui trouve le nez bourbonien. Dois-je l'aimer ou ne l'aimer pas?

Le lendemain matin de bonne heure, on frappa à la porte de Sylvius :

— C'est moi : Mélanie.

Mélanie était une petite ouvrière que Sylvius avait rencontrée au bal.

— Il faut la sacrifier, pensa-t-il, je n'ouvrirai pas.

— Sylvius, Sylvius! criait la petite Mélanie, ouvre donc!

6.

Mais il ne répondait pas, et pendant que ces dix-huit ans frappaient à sa porte, il songeait à l'amour de quarante ans, amour pour lui inconnu jusque-là. La femme qui met en jeu ses dernières années doit chercher à les dorer d'amour. La femme de quarante ans qui aime, aime violemment. Elle en est au chant du cygne. Si jusque-là elle a placé son amour à la légère, elle veut à quarante ans le placer à gros intérêts. Elle a alors quelques points de ressemblance avec l'usurier. Ce qu'elle déploie de coquetteries pour faire oublier la patte d'oie accusatrice doit être immense. A la patte d'oie, baromètre des années, elle préférerait des cheveux blancs.

— J'ai vu des femmes en cheveux blancs très-jeunes, s'écria Sylvius en coupant court à ses pensées.

— Sylvius, Sylvius, dit une dernière fois Mélanie en meurtrissant son joli poing contre la porte.

Et elle s'en alla, en faisant résonner avec colère les marches de l'escalier. Quelques minutes après, Sylvius reconnut la voix de la portière : il se leva, passa un pantalon à pied et courut ouvrir :

— Monsieur, une petite demoiselle est venue vous demander.

— Avez-vous dit que j'y étais ?

— Oui... je ne sais pas si j'ai bien fait.

— Très-bien ! Ne laissez plus monter cette petite.

La figure de la portière s'illumina.

— Elle me dérange ! continua Sylvius ; il faut la promener, l'avoir partout avec moi. Et puis, je ne l'aime pas.

— Elle a l'air... commun, n'est-ce pas, monsieur ? ces femmes-là compromettent toujours. Ainsi je ne la laisserai plus monter.

— Jamais ; vous lui direz que je n'y suis pas.

— Vous devriez, monsieur, puisque vous sortez très-tard, déjeuner chez vous. Je pourrais vous faire du chocolat tous les matins ou du café...

— Vous êtes trop bonne... j'accepte... Je suis très-heureux d'avoir rencontré une femme aussi... aim... aussi serviable que vous. Il y a trois mois que je vous connais, et cependant je ne vous ai *vue* qu'hier.

Sylvius avait une certaine manière de prononciation, qu'on pourrait appeler l'*italique* de la conversation, qui donna à ce mot *vue* un sens tout particulier. La portière fixa ses grands yeux bleus sur Sylvius, lesquels yeux renfermaient autant de flèches que tout le carquois de Cupidon. Et elle descendit.

— Elle a, se dit-il, quelque jalousie à propos de Mélanie ; tant mieux.

Sur quoi il s'habilla radieux, descendit les escaliers en chantant, et trouva le moyen de caqueter une heure dans la loge en prenant ses lettres.

— Eh ! que tu as l'air radieux ! dit Georges en le voyant arriver ; aurais-tu hérité ?

— Ma portière ! ma portière ! ma portière !

— Eh bien ! qu'y a-t-il ?

— Tu avais raison, Georges ; j'ai vu cela dans ses yeux bleus. Les beaux yeux ! les belles dents ! les beaux...

— En es-tu déjà à la cataloguer ?

— Non... Je lui ai sacrifié Mélanie.

— Tu as eu tort.

— Elle m'aime ; j'en suis sûr. Mais, Georges, je suis embarrassé. Je ne peux pas décemment *déclarer ma flamme* à une portière de trente-cinq ans.

— Hier tu me disais quarante.

— J'avais tort; elle n'a que trente-cinq ans, mais il n'est pas question de l'âge...

— C'est facile. Reste chez toi quatre jours. Sois malade, — dans ton lit. — Une indisposition... Elle te soignera. Tu parleras beaucoup de l'amour. Un peu de *byronisme* ne fera pas de mal. On ne t'aura jamais aimé réellement et pour toi ; avec cette tartine on peut parler pendant trois jours. Tu mêleras un peu de jeune fille légère et aimant le plaisir, etc., etc. Ce que je te dis là, Sylvius, doit servir de *cliché* pour toutes les femmes de trente à soixante.

— Certainement, mais je vais beaucoup m'ennuyer. Pense donc ! quatre jours couché !...

— Si tu te conduis bien, ma médecine peut faire son effet le premier jour. Cela dépend de toi.

Sylvius rentra dans sa mansarde et prépara tout ce qui lui était nécessaire pendant sa maladie. Il se coucha, prit un livre, et plaça sur son lit la tête de mort, en songeant que cette tête pouvait jouer un grand rôle et servir au besoin à des déclamations de mélodrame. Dans la soirée, Georges vint le voir et lui donner du courage.

— Crois-tu, dit Sylvius, qu'il ne serait pas plus raisonnable de lui écrire mon amour?

— Non, cela n'avance à rien. Après la lettre, il y aura une entrevue, et tu seras mille fois plus embarrassé qu'avant. Puisqu'elle n'est pas encore montée, je vais lui parler en descendant. Rappelle-toi bien les conseils que je t'ai donnés. Adieu

Cinq minutes après, la portière montait.

— Votre ami m'a dit, monsieur Sylvius, que vous étiez malade.

— Oh! malade, non; je suis malheureux, ennuyé, dit-il de l'air le plus mélancolique.

— Désirez-vous que je vous tienne compagnie?

— Cela ne sera guère divertissant pour vous, madame.

La portière s'assit sur un fauteuil près du lit.

— Oh! dit-elle tout à coup, une tête de mort! La vilaine chose!...

— C'est pourtant l'image du bonheur... quand on est malheureux... Pourquoi est-on si lâche... Il faut si peu de temps pour mourir...

— Eh bien! Sylvius, dit-elle en lui prenant la main, voulez-vous chasser bien loin ces vilaines idées?... Mais vous avez la fièvre, votre main est brûlante?... Pauvre jeune homme!...

— Avoir été trompé... reprit Sylvius qui jugea convenable de se donner le délire, ma poitrine brûle!... mon front est ardent... J'aime, hélas! une femme qui l'ignore.

Il saisit en même temps l'autre main de sa garde-malade et il la regarda fixement : — Elle ne m'aimera jamais, n'est-ce pas?

— Pourquoi! il faut le lui dire... Oh! vous me serrez trop les mains... Pauvre jeune homme, il délire...

— C'est que mon amour est violent, et que si cette femme veut le partager, il faudra qu'elle le jure sur cette tête de morte chérie... c'est la tête d'une de mes cousines... Pauvre enfant!...

Le délire de Sylvius augmentait.

— Jurez-le, s'écria-t-il en amenant de force les mains de la portière sur le crâne, jurez que vous m'aimerez pour la vie.

— Il faut vous satisfaire, dit-elle.

Et comme elle se penchait au-dessus du lit pour accomplir le serment, Sylvius se leva d'un bond, la saisit par la taille... (. . . . . .)

— Y pensez-vous, Sylvius ?

XII

SYLVIUS A THÉODORE

« Quelquefois, il me prend de violentes envies de retourner dans notre petite ville, surtout les soirs où je traverse le pont des Arts. Le vent de ce pont me rappelle le vent de notre montagne de L***. Alors, je songe à vous tous qui m'aimiez, je songe à la promenade des Ormes, je songe à M. le commissaire de police, notre victime. Heureusement, cet accès de nostalgie ne dure que cinq minutes.

« Mes souvenirs heureux ne peuvent guère lutter avec mes souvenirs malheureux. Je ne sais comment tu peux rester en province, avec ces gens étroits de cœur et d'imagination, qui passent leur vie à peser des riens et à discuter des moins que rien. L'individu le plus heureusement organisé, demeurant en province jusqu'à l'âge de vingt-cinq ans, sentira un jour assoupies ses facultés. L'air de la province est un poison lent, qui endort pour la vie les plus vives intelligences. Aussi, si je me suis conservé jeune dans ta petite ville, le dois-je à cette vie délurée et excentrique dont personne ne comprenait le but.

« J'ai appris par Vertu-des-Rois que tu te rangeais. Tant pis. Ce sont les premiers symptômes du poison. Donc, j'ai revu Vertu-des-Rois. La première fois, j'étais presque ému. On ne revoit jamais sans émotion sa première maîtresse. Elle fut très-aimable pour moi, et rien n'eût été plus facile que de renouer ces anciennes amours ; mais je voulus attendre... A notre seconde entrevue, je la vis si indifféremment que je ne retournai plus chez elle. Ce n'est pas en amour que la queue coupée du serpent se rattache au corps.

« Aussi bien, d'autres liaisons se préparaient. Il est présumable que le cœur a une seconde vue, et qu'il devine longtemps à l'avance qu'il va avoir force occupations. Comme le cœur est un grand tyran et qu'il est le maître absolu de toute notre machine, il agit à sa guise, chasse les anciens souvenirs, évoque des pensées nouvelles; enfin, mon cœur a rejeté violemment Vertu-des-Rois. L'ingrat, en tout ceci, est mon cœur.

« J'ai pu être aimé décemment d'une femme de peu, et l'avouer comme on avoue une bourgeoise. D'ailleurs, elle avait les mains blanches, ce qui est un grand point dans le code amoureux, et elle lisait couramment Balzac et madame Sand. J'entends par *couramment* qu'elle les comprenait.

« Nous en sommes arrivés tout de suite à l'amour *plastique*, la meilleure preuve que j'ai renoncé à mes idées platonico-provinciales qui te faisaient rager si fort. Cette femme méritait presque d'être une femme supérieure. Elle me disait : « Mon ami, j'ai trente-cinq ans,

« vous m'aimerez huit jours. Je ne m'en plains pas,
« c'est huit jours que j'ajouterai à la maigre addition de
« mes jours heureux. J'ai trente-cinq ans et vous en avez
« vingt-deux. Mes cheveux sont toujours mes cheveux
« noirs d'il y a quinze ans ; mais un matin, ils seront
« gris pour vous. Mon front est toujours blanc et vierge
« de rides; mais un soir, vous les chercherez, ces rides
« terribles et vous en trouverez. Mon ami, trente-cinq
« ans sont un prisme menteur qui nous vieillit tou-
« jours. »

« Je n'en écoutai pas davantage, Théodore. La charmante femme ! Je baisai son front pur, en passant ma main dans ses cheveux. Dis-moi si c'est là une portière... qui me dit *vous*, — une délicatesse inconnue aux femmes de notre pays. J'ai vécu cinq mois de cette vie heureuse; lorsque j'ai appris par hasard que cette femme si aimante, si dévouée, qui avait tant d'imprévu en amour, était la maîtresse de mon propriétaire. Ah! mon ami, j'ai pleuré d'abord, et puis la colère est venue... Je cours à sa loge, je l'insulte, l'ingrate, je crie, elle se trouve mal, les voisins accourent, je raconte mes aventures ; j'étais si malheureux... La douleur est aussi indiscrète que le vin... Toute la maison sait mes amours.

« Je remonte chez moi avec des trésors de rage. Je pense à aller trouver le propriétaire, mon rival, à lui dire tout... Les mains blanches de la portière étaient expliquées! Mais, abattu, je me jette sur mon lit, et deux jours se passent sans que je descende. Je craignais de la revoir... Le gros de la douleur passé, je me sens faim. — Elle n'y est plus, me dit une vieille voisine qui savait à peu près officiellement notre commerce. — Ah! tant mieux. — Le propriétaire l'a chassée à la minute; quelqu'un aura été bavarder chez lui. Dame! c'est un peu votre faute. — Pauvre femme! dis-je en me surprenant quelques traces de pitié. — Elle voulait vous revoir, elle n'a pas osé. — Et elle a bien fait, répondis-je en me rappelant les blessures de mon cœur.

« Dans la loge étaient déjà installés un cordonnier et sa femme. Cela me serra le cœur. Je l'avais vue là la première fois, et quand elle y habitait encore, cette loge était un petit logis parfumé. Aujourd'hui, ce drôle qui raccommode des bottes, cette créature qu'on ose appeler femme, et cette odeur de poix et de cuir me font voir la loge dans son odieuse réalité. — C'est vous qui êtes le jeune homme du second, me dit le portier. — Oui. — C'est que le propriétaire a bien recommandé qu'on n'oublie pas de vous donner ce papier.

« Je pris le papier. C'était un congé par huissier. Le propriétaire se vengeait : il avait été aussi cruellement blessé que moi de l'infidélité de cette femme. Sa colère fut terrible : dans six semaines il fallait déménager. Et je devais trois termes. Le 8 arriva. Vous autres provinciaux, vous n'avez pas la moindre idée du 8, chiffre terrible qui se représente tous les trois mois. Les braves femmes parlent du 13, comme du plus néfaste des nombres. Mais le 13 ne s'empare que des esprits faibles et crédules, tandis que le 8 est réel, sérieux et brutal comme un coup de canon. Lorsque midi sonne, le 8 vous crie : De l'argent! de l'argent! de l'argent!

« Après toutes sortes d'emprunts, j'avais trouvé de quoi payer deux termes. Le propriétaire fut inflexible. Sa vengeance était impitoyable. On garda mes meubles.

7

Mes pauvres meubles ! J'ai laissé là, pour trente francs, mes vieilles gravures, mes vieux livres, une commode ébréchée, une table boiteuse, trois ou quatre chaises dépaillées. Un mobilier abandonné... ce fut là une douleur terrible pour moi. Tu ne sais pas comme on tient à mille babioles accoutumées. Ce sont de vieux fauteuils qui ont été les confidents de vos joies et de vos peines, sur lesquels on s'est assis, et qui vous ont toujours fait le même accueil. L'accueil de mes chaises était un peu dur, il est vrai ! Si bien que j'ai emporté mon lit et une chaise, ainsi le veut la loi.

« Je t'ai écrit un peu pour te donner ma nouvelle adresse, un peu pour te conter toutes ces choses dont je te laisse la qualification. Adieu. Songe un peu à ton ami,

« SYLVIUS. »

XIII

POURQUOI LES FEMMES DOIVENT TOUJOURS SE GARDER D'UN AMOUR D'ARTISTE

Sylvius prit un nouveau logement et acheta quelques meubles. Un soir qu'il traversait la cour, il aperçut devant lui une femme tenant une chandelle. Il marcha rapidement et arriva en même temps qu'elle au pied de l'escalier.

La jeune fille était court vêtue : un simple jupon par-dessus la chemise, un fichu autour du cou. Elle s'arrêta au bas de l'escalier comme pour laisser passer Sylvius qui, pour ne pas manquer aux lois de la politesse, montra l'escalier d'un geste La jeune fille attendait... Sylvius renouvela son geste sans plus de succès... Tous deux étaient à peu près dans la critique situation des personnes qui, sur un trottoir, cherchant à passer outre, se rencontrent toujours.

La jeune fille partit alors d'un éclat de rire si franc, que Sylvius comprit alors pourquoi elle ne montait pas la première. Elle craignait les indiscrétions de son costume de nuit. Sylvius grimpa l'escalier suivi de la jeune fille ; et, en se retournant plus d'une fois, il vit qu'il avait affaire à une femme jeune et robuste, dans tout l'épanouissement de la santé.

La position de Sylvius était aussi favorable pour lui que celle crainte d'abord par la jeune fille. Trois marches à peine les séparaient... Le fichu qu'elle avait jeté, pour la forme, sur ses épaules, avait trop envie de former une solution de continuité avec la chemise, et Sylvius pouvait admirer sans entraves ce que la voisine croyait si bien caché. Jamais Sylvius n'avait vu pareille profusion de cheveux, qui semblaient un torrent essayant de briser le peigne qui leur servait de digue.

— Bonsoir, monsieur ! dit-elle en entrant dans un petit corridor situé à l'étage au-dessous du logement de Sylvius.

— Bonsoir, mademoiselle.

Sylvius rentra chez lui, se mit à son bureau, pensa longuement et prit une carte de visite. A la suite de son nom, il écrivit : « Deux heures du matin. — Je ne dors pas. Votre costume léger m'inquiète et me met la cervelle à l'envers. Je pense à vos beaux cheveux noirs. »

Ce billet avait coûté deux heures de réflexion. Après l'avoir écrit, Sylvius ouvrit sa porte avec autant de prudence qu'un voleur, et ce ne fut qu'après s'être heurté maintes fois contre les murs, que Sylvius crut reconnaître la porte de sa voisine. Il découvrit une légère fente au bas, et put glisser sa carte de visite.

XIV

D'UN BOUQUET QUI FIT MERVEILLES

Pendant huit jours, les cartes de visite se succédèrent quotidiennement. Elles ne variaient guère comme rédaction. Sylvius pensant cyniquement qu'en matières amoureuses *bis repetita placent*.

Un soir qu'il revenait du Luxembourg, il s'aperçut pour la première fois que la place Saint-Sulpice était transformée en marché aux fleurs. Il revint chez lui avec un énorme bouquet ; et comme un bouquet est un grand seigneur qui se présente rarement sans se faire annoncer, il l'accompagna d'une page présumée incendiaire, dont voici un fragment :

« Ma belle voisine,

« Qui avez des cheveux noirs, pourquoi faut-il que je vous aie rencontrée? Vous m'avez volé le sommeil... *Je vous aime*. On a dû vous dire bien des fois ces trois mots si beaux et si communs. Laissez-moi vous les redire de vive voix ; assurément, vous ne les aurez jamais entendus aussi beaux. Ils sont plus harmonieux que toutes les musiques du monde, et ceux-là seuls qui ne sont pas amoureux s'en servent à faux. »

— Je ne crois pas, se dit Sylvius après avoir relu ce paragraphe, que M. de Voiture et M. de Benserade aient jamais produit pareil galimatias. Maintenant, il s'agit de terminer par une finesse amoureuse de la même école.— Et il continua :

« Ma belle voisine, j'attends votre réponse. Sur ma foi, j'ai l'espérance, car vous avez sans doute la charité.

« SYLVIUS. »

L'épître terminée, il descendit à pas de loup son escalier, mit le bouquet dans le trou de la serrure de la voisine et jeta le billet sous la porte.

Il était dix heures du soir. Sylvius, certain que la jeune fille n'était pas rentrée, laissa sa porte entr'ouverte, s'établit dans son fauteuil et lut. Une demi-heure après, il dressa l'oreille ; il avait entendu un bruit de pas à l'étage au-dessous. C'était bien *elle!* il se mit derrière sa porte, placé de manière à entendre le moindre bruit.

La voisine aperçut tout d'abord le bouquet ; elle le prit en froissant le papier, ce qui donna à croire à l'écouteur qu'elle était formalisée. Sylvius, n'entendant plus aucun bruit, pensa que sa conduite avait été un peu hasardée.

Tout à coup la voisine ouvrit sa porte, et se prit à chanter de sa voix la plus joyeuse.

— Hein! qu'est-ce que cela? se dit Sylvius. Que veulent dire ces *rossignolades?*

A travers une fente de la porte, Sylvius put apercevoir la voisine sortant prudemment du corridor et regardant dans la direction du second étage. La chanson continuait avec une telle ardeur, qu'une vieille femme, dont la porte faisait face à celle de Sylvius, se montra en criant :

— Hé ! la folle qui s'avise de chanter à des onze heures trois quarts du soir. Tiens, dit-elle en voyant la porte entr'ouverte d'où s'échappait de la lumière, vous êtes encore sur pied, monsieur Sylvius ?

— Mais cela n'a rien de bien extraordinaire, répondit-il en paraissant.

— Ça n'a pas d'égard pour les personnes âgées, ces filles-là ?

— Quelles filles ? demanda Sylvius.

— La blanchisseuse, j'imagine.

— Ne serait-ce qu'une blanchisseuse ? fit Sylvius en se retirant, désappointé.

Quelques minutes après on montait les escaliers.—Oh ! se dit Sylvius, elle a l'audace de venir chez moi.—Mais il se trompait, la jeune fille venait tout simplement jeter sur le carré un tas de papiers et de morceaux d'étoffe ; ou plutôt c'était un prétexte à rencontrer le voisin. En l'entendant, la vieille femme sortit de son logis.

— Ah ! çà, la belle, quelle conduite menez-vous ?

— Vous voyez, je jette des loques au tas.

— Couchez-vous tranquillement, ou je me plains au propriétaire.

La jeune fille descendit précipitamment, fort contrariée de n'avoir pu rencontrer Sylvius. Malgré tout, elle tint sa porte ouverte.

— J'ai commencé, se dit Sylvius, je ne puis en rester là. Elle est blanchisseuse, mais on a vu des blanchisseuses qui...

Comme il allait sortir, il remarqua avec colère que la

vieille voisine veillait encore et qu'elle allait l'entendre descendre les escaliers. — Ah! la sorcière! s'écria-t-il, elle se doute de quelque chose.—Il rentra chez lui, passa un pantalon à pied propre à marcher plus mystérieusement, et s'enveloppa d'une façon de robe de chambre monacale, couleur de mystère.

Il était en train de terminer ces préparatifs, lorsque la porte de la blanchisseuse se ferma violemment. — Allons, la voilà furieuse de m'avoir trop longtemps attendu. Descendons, malgré tout!

Heureusement, la voisine âgée, fatiguée de veiller inutilement, s'était renfermée. Sylvius arriva sans avoir éveillé l'attention de personne à la porte de la jeune fille. Nul bruit ne se faisait entendre à l'intérieur; et la serrure ne laissait échapper aucune trace de lumière. — Elle dort, pensa-t-il.

Il gratta mystérieusement à la porte.

On ne répondit pas.

Il gratta plusieurs fois.

— Qui est là? fit une voix féminine.

Sylvius, pour ne pas compromettre la jeune fille auprès des locataires, répondit : *moi*, par le trou de la serrure.

— Qui, vous?

— Si elle croit que je vais entamer un dialogue séparé d'elle par une porte! pensa Sylvius.

Au même instant, il entendit le craquement d'une allumette chimique, sans nul doute destinée à allumer la chandelle et à reconnaître le mystérieux visiteur. On ne sait encore quelle idée passa par la tête de Sylvius; mais il se retira doucement en descendant les escaliers. La blanchisseuse fut fort étonnée de ne trouver personne. Elle sortit du petit corridor, et, guidée par un rire qu'elle entendit à l'étage au-dessous, elle descendit courageusement. Sylvius descendait aussi.

Arrivé dans la cour : — C'est assez, se dit-il, remontons. Et il grimpa les escaliers, toujours sans bruit, mais voyant avec surprise devant lui une ombre qui semblait guider ses pas sur les siens, c'est-à-dire qui franchissait une marche à mesure qu'il en franchissait une autre. La distance était toujours égale.

Au milieu de l'escalier, Sylvius s'arrêta, et l'ombre s'arrêta.

— *Elle* a du courage, dit-il.

Et il monta. L'ombre monta, jusqu'à ce qu'elle disparût dans le petit corridor, Sylvius la suivit, et, voyant un rayon de lumière qui sortait d'une porte, il arriva jusqu'au seuil.

— Entrez donc, dit la blanchisseuse en voyant Sylvius la tête encapuchonnée, et qui, restant immobile sur le seuil de la porte, cherchait évidemment à produire de l'effet.

Sylvius ne se fit pas prier, et, d'un bond, il s'élança sur le lit...

On va crier au scandale, à l'impudeur et à mille autres billevesées que les gens dits moraux et sérieux ont constamment dans la bouche. Mais le romancier, fort de son innocence, poursuit sa route sans s'inquiéter de ces clameurs.

Sylvius sauta sur le lit, par la seule raison qu'il n'y avait pas de chaises. Il y en avait une, mais elle était occupée par la jeune fille.

— Votre nom, ma belle voisine? demanda Sylvius.

— Je m'appelle Eugénie.

— Je l'ai demandé plus d'une fois *aux échos d'alentour*. Malheureusement cette maison ne possède pas d'échos d'alentour.

— Je vous remercie, mon voisin, de votre charmant bouquet.

— Oh! pourquoi en parler? Je vous remercie bien plus, ma chère Eugénie, d'avoir conservé le galant costume qui vous couvrait le jour où je vous aperçus pour la première fois. Avez-vous lu tous mes billets?

— Oui. Vous êtes un moqueur.

— Vous voyez bien dans mes yeux que je ne me moque pas et que je vous aime...

— Tout le monde dit ça.

— Ah! Eugénie, pourquoi me confondez-vous avec tout le monde? Tout le monde, c'est les gens qui n'aiment pas, qui ne sentent pas, qui ont l'air de chanter auprès des femmes un air convenu, en changeant la ritournelle... Ceux-là ont beaucoup de succès; les femmes sont si niaises!...

— Eh! mais, ce n'est guère galant, ce que vous me dites là, répondit Eugénie.

Est-il besoin d'indiquer que Sylvius, étendu sur le lit, tenait dans ses mains les mains d'Eugénie, assise sur une chaise? Si cela est inutile, il sera bienséant d'ajouter que certains nuages passaient de temps en temps sur le front de Sylvius. Eugénie *avait les bras rouges*. Cette abondance de santé peut plaire à quelques-uns; mais Sylvius avait d'autres idées, la *femme maigre* était son rêve et chatoyait fréquemment dans ses pensées. Les

7.

bras d'Eugénie apportaient une fatale influence dans la conversation. Aussi dit-elle :

— Il est temps de vous retirer, Sylvius. Je suis fatiguée... Et les voisins !...

— Je vais m'en aller, répondit Sylvius.

Il resta, à la faveur d'une longue histoire. Au bout d'une demi-heure :

— Je vous en prie, Sylvius, il est trois heures, je voudrais dormir.

— Allons, Eugénie, je vous obéis... Adieu, dit-il en allant vers la porte. — Ah ! j'ai laissé ma clef en dedans...

— Est-ce bien vrai ? dit-elle en riant.

— Aussi vrai que je vous aime.

— Ce n'est pas vrai, alors.

— Eugénie, allez voir ; et si la clef n'y est pas, croirez-vous à mon amour ?...

— Peut-être.

Elle sortit et revint en toute hâte.

— Je crois à la clef, mais pas à votre amour. Il faut vous en aller, malgré tout.

— Oh ! l'inhumaine ! vous me laisseriez mourir de froid dans les escaliers ?

— Pensez donc aux voisins, et puis je suis fatiguée. Il faut que je me lève de bonne heure.

— Couchez-vous, Eugénie, je resterai sur le plancher ; je suis accoutumé à la dure.

Eugénie se coucha. Sylvius éteignit la chandelle, et, suivant ses promesses, s'étendit sur le parquet. Après cinq minutes :

— Dormez-vous, Eugénie ?

— Ce ne sera pas long.

— Votre parquet est très-dur...

— Eh bien, asseyez-vous sur la chaise...

Sylvius s'assit sur la chaise contre le lit. Eugénie s'était retirée dans la ruelle.

— Eugénie !

— Quoi encore ! vous êtes impatientant...

— Je vous souhaite le bonsoir...

— Ah ! dit-elle d'un accent étonné.

Sylvius sortit. Le souvenir des bras rouges était trop poignant.

XV

REPRISES PERDUES

Quelques jours après, Sylvius jugea qu'il avait été trop cruel et qu'il s'était conduit d'une façon trop spartiate. Et pour se réconcilier avec Eugénie, il lui écrivit :

« Peut-être me traitez-vous d'extravagant, de fou... mais vous m'avez chassé si impitoyablement de chez vous, l'autre soir, à quatre heures du matin... j'étais si heureux dans votre petite chambre, près de vous... Je ne pense plus qu'à vous... J'ai voulu lire depuis ce temps, et je lis votre nom à chaque mot.

« Comme je songeais à ces trois heures délicieuses que nous passâmes ensemble, il est venu dans la cour un orgue qui a joué une valse de Strauss. Je ne sais si votre souvenir lui donnait du charme, mais j'ai retenu cette valse tout entière. Je m'en souviendrai toute la vie, et chaque fois que je la chanterai, je penserai à vous. Cette valse et vous, Eugénie, sont inséparables.

« Je vous ai sans doute paru bizarre... J'espère toujours... Tâchez de m'aimer un peu...

　　　　　　　　　　« SYLVIUS. »

Le soir arrivé, il alla porter cette lettre à la place accoutumée. Mais la vieille voisine, qui se doutait de quelque mystère, l'observait. Tout aussitôt, elle descendit chez le portier :

— Le logement de mademoiselle Eugénie n'est-il pas à louer?

— A preuve qu'elle déménage dans huit jours, répondit le portier.

— C'est que j'ai une de mes connaissance qui cherche un logement. Pourrait-on le voir?

— A la minute, ma bonne dame.

On alla voir le logement. En entrant, la vieille voisine de Sylvius aperçut une feuille de papier à terre. Elle mit le pied dessus ; et pendant que le portier énumérait les nombreux agréments de *cette petite local*, elle fourra adroitement le papier dans sa poche. Après quoi elle ajouta que *cette* local était bien, mais un peu *petite* pour son amie.

XVI

OU PEUT ALLER UNE ÉPITRE GALANTE

Le portier était en train de raccommoder le soir une paire de bottes ; la portière, madame Mangin, écumait la soupe, lorsqu'on frappa aux carreaux de la loge :

— Peut-on entrer, madame Mangin?

— Comment, donc, mademoiselle, tout à votre service.

— Je voulais vous emprunter quelques allumettes... Les débitants sont si loin, et puis je n'aime pas à sortir seule le soir.... on est exposé à rencontrer de malhonnêtes gens...

— Paris en est peuplé, dit la portière.

— Il y en plus qu'on ne pense, allez, madame, dans les maisons les plus honnêtes...

— Pour ça, je réponds bien de cette maison ici.

— Oh! vous ne savez guère ce qui s'y passe...

— Est-ce qu'il se passerait des choses défendues?

— Ah! dit la vieille fille en prenant un air mystérieux.

— Mon Dieu Seigneur! moi qui disais encore au propriétaire d'à ce matin que *toutes* ses locataires étaient de petits Saint-Jean. Mademoiselle, contez-nous ça.

— Attendez, que je me rappelle bien toutes les circonstances.

La vieille fille sembla réfléchir. C'était une femme de quarante-cinq ans, rose, grêlée et coquette. Elle tenait un pensionnat de jeunes filles externes.

Tout ce qui est maîtresse ou sous-maîtresse de pension a des rages artistiques. La vieille fille, ayant ouï dire que Sylvius faisait de la peinture, avait tenté sans succès d'entamer avec lui quelques discussions. Elle revint à la charge, et lui fit demander s'il pouvait lui prêter quelques livres; mais Sylvius avait en haine profonde les maîtresses de pension, et il lui avait fait répondre assez insolemment que les femmes grêlées ne doivent pas lire. On peut juger quelle haine profonde la maîtresse de pension avait pour lui; aussi l'espionnaitelle et cherchait-elle à surprendre quelques-uns de ses secrets.

— Figurez-vous, dit-elle, qu'il y a cinq jours, j'entendis un peu de bruit dans l'escalier. Je ne dors pas, ma poitrine est si faible... je regarde bien vite, et j'aperçois dans la cour un homme enveloppé dans un manteau, qui marchait avec précaution...

— Un voleur!... s'écria la portière.

— Non. Pour ne pas vous effrayer, j'en parlai à la dame du second...

— Madame Chénard?...

— Précisément..... Vous ne devineriez jamais qui c'était... Le mauvais sujet qui m'a traitée comme la dernière des dernières... M. Sylvius.

— Pas possible!...

— Il a des intrigues dans la maison, reprit à voix basse la vieille fille ; il se lève toutes les nuits pour aller voir sa belle ; il s'y passe des choses...

— Ah! s'écria la portière, qu'est-ce que vous me dites là. Ça fait frémir la nature... Une maison si honnête, si bien tenue...

— Je n'y resterai pas davantage, continua la vieille fille ; vous comprenez, ma chère madame Mangin, j'ai des jeunes filles chez moi ; il y en a qui vont sur leurs quinze ans... Il faut s'attendre à tout d'un pareil garnement... Et les parents, s'ils savaient seulement le plus petit mot, retireraient leurs enfants, et ils auraient raison...

— Avec tout ça, reprit la portière, vous ne me dites pas chez qui il va commettre ses horreurs...

— Tenez, justement, voilà madame Chénard... Elle en sait plus long que moi là-dessus.

— Ah! bonsoir, madame Chénard; nous vous attendons... Eh bien! le scélérat, le débauché du second, il paraît qu'il en fait de belles?

— Jésus! je voudrais pouvoir oublier tout ce que j'ai entendu... Mon Dieu, ce n'est pas lui le plus coupable, c'est la blanchisseuse...

— Quoi! mademoiselle Eugénie! s'écria-t-on en chœur.

— Je le verrais que je ne l'aurais pas cru, dit la portière... Ah! la sainte nitouche, qu'elle n'a l'air de rien... On lui donnerait le bon Dieu sans *bénédiction*...

— J'ai été écouter à la porte, dit madame Chénard, ils disaient des choses à renverser des maisons... Ça me révoltait trop, je me suis en allée...

— Ça suffit bien, dit mademoiselle.

— On a des preuves du tout, s'écria triomphalement madame Chénard en brandissant la lettre volée.

Il y eut un cri d'étonnement et de curiosité...

— Il avoue tout, dit mademoiselle, il dit : *Je suis fou...*

— Ah! c'est bien vrai, dit le chœur des commères.

— Voilà qui est clair, il marque : *Comme je songeais à certaines heures délicieuses que nous passâmes ensemble...* Je ne peux pas continuer, c'est d'une immoralité vraiment...

— Allez toujours, il parle d'*une* orgue, après ça d'une valse... Qu'est-ce que les orgues font là-dedans?

On entendit un coup de sonnette.

— C'est lui, dit le chœur.

Sylvius rentrait en effet, joyeux comme à l'ordinaire, et ne se doutant pas qu'il servait d'occupation à toute la maison. Il prit sa clef et ne remarqua rien d'extraordinaire dans la mine des vieilles femmes.

En montant les escaliers, il glissa un billet sous la porte d'Eugénie.

Mais ce soir-là et les suivants, Eugénie ne rentra pas. Les billets allaient toujours leur train; ils ne servaient qu'à faire l'ornement des soirées du portier. Tous les jours on se réunissait en comité et on les commentait.

Un matin, Sylvius, s'étonnant de ne jamais rencontrer Eugénie et de ne pas recevoir de réponse à ses billets, demanda, après toutes sortes de détours, des renseignements à madame Mangin, qu'il ne soupçonnait pas avoir pour ennemie.

— C'est la blanchisseuse que vous voulez dire? répondit la vieille femme. Il y a deux mois qu'elle a déménagé.

— Ah! dit Sylvius de la voix d'un homme qui reçoit une tuile sur la tête.

Six mois après ces aventures, Sylvius, passant sur le boulevard, reconnut, en équipage, Eugénie qui réalisait alors les rêves de son ancien amant : elle était arrivée à l'état distingué de *femme maigre;* elle lança à Sylvius un de ces regards de mépris terribles, particuliers aux filles entretenues.

XVII

LA PROVINCE A L'ATELIER

« Mon cher Sylvius,

« Tu recevras peu après cette lettre un lourd paquet franc de port que je t'envoie par les Messageries royales.

Ce paquet est un naturel de Soissons avec lequel je me suis lié au café, et qui vient à Paris *faire le garçon*, c'est-à-dire dépenser ses économies de clerc de notaire. Le jeune *épicemar*, prends-y garde, a le plus grand désir de *connaître des artistes*, la faiblesse du provincial. Il m'a vu, mais je ne suis plus pour lui un artiste ; il veut connaître des artistes plus artistes. Ces drôles-là croient que nous marchons sur la tête, que nous nous habillons en sauvages, et que notre vie est une source de délices. Hélas ! nous qui ne mangeons pas tous les jours et qui n'avons pas même de tabac à discrétion !

« Il répond au nom de Dréchot en public, et à celui de Gustave dans l'intimité. Tu le flatteras beaucoup en l'appelant Gustave. Signes particuliers : élevé dans les principes économes, farceur—comme un clerc de notaire.

« Mon cher Sylvius, morts sont les arts, morte est la peinture, mort est le portrait dans cette capitale du Soissonnais. J'ai été obligé de descendre au portrait *à cinq*, et je n'en ai fait que trois, total net : quinze *balles*... en huit jours ! Et tu me permettras de placer le seul mot latin de ma connaissance, *horrendum !* — N'était ma maîtresse d'hôtel, grande brune, qui s'amuse de mes plaisanteries et qui me nourrit quinze jours contre un portrait, j'ignore ce que serait devenu ton ami Schanne.

« Nous qui comptions sur les récoltes de la province ! Hélas ! hélas ! il n'y a plus de province, il n'y a plus de provinciaux. Mon habit noir, l'habit de cérémonie, se porte toujours bien. Je ne le mets pas pour les pratiques à cinq francs la boule ; je le garde pour messieurs les sous-préfets. Malheureusement, je crois qu'il n'y a plus de sous-préfets. Où allons-nous, mon Dieu !

« S'il y avait du nouveau par trop extraordinaire, je t'écrirais.

« SCHANNE. »

— Diable, se dit Sylvius qui était couché sur un hamac, ça va mal. Schanne aurait mieux fait de rester ici. Et puis m'écrire des lettres ! S'il croit que ça ne coûte rien ! — Eh ! Cartilagineux !

Personne ne répondit à ce prénom.

— Cartilagineux, moutard, rapin, vas-tu venir ?

— De quoi? dit un enfant étendu sur un matelas en se détirant les membres ensommeillés.

— As-tu payé la lettre ?

— Avec quoi, m'sieur Sylvius ?

— Avec quoi... tu as raison. Qu'a dit le vil cloporte ?

— Le cloporte a dit : c'est huit sous.

— Et tu as répondu à cette insidieuse demande ?

— J'ai dit : on vous les descendra.

— Cartilagineux, tu es plus bête qu'un graveur sur bois. Tu sais bien qu'il n'y a pas de huit sous à l'atelier, et qu'on ne peut pas les descendre. Tu vois la faiblesse de tes raisonnements et ton peu de logique... Va éveiller Loth.

— M'sieur Loth ! m'sieur Loth ! cria l'enfant.

— Hein? fit une voix sortant d'un paravent.

— Allons, Loth, lève-toi, dit Sylvius, il est temps.

— Cartilagineux, dit la voix, apporte-moi une pipe.

Le rapin alla quérir une pipe et il ouvrit les deux battants d'un paravent qu'on appelait alcôve, ce qui permit de voir alors celui qu'on venait d'appeler du nom de Loth. Il était étendu sur une planche recouverte d'un matelas aussi maigre qu'un poitrinaire. Un rideau de calicot rouge servait de couverture.

— Bien, dit Loth en s'asseyant sur le lit à la façon des Turcs et des tailleurs ; maintenant il me faut du tabac.

— Je crois bien, dit Cartilagineux, qu'il n'y a plus de tabac.

— Comment, plus de tabac ! Tu dois en avoir, Sylvius ?

— Pas une larme.

— Vous n'avez pas de tabac, je me recouche. Cartilaneux, ferme les portes de l'*alcôve* et veille à ce qu'aucun moustique ne vienne troubler le sommeil de ton patron.

— Loth ! Loth ! lis plutôt la lettre de Schanne.

Loth lut la lettre en fronçant les sourcils.

— Schanne nous compromet toujours. Cartilagineux, passe-moi les culottes à peindre.

Le rapin apporta les culottes dites *à peindre*. Ces culottes étaient quelque chose de monstrueux par l'assemblage des couleurs qui y régnaient et qui faisaient de ce pantalon une véritable palette. Loth, une fois dans les culottes à peindre, alla visiter les pipes accrochées au râtelier. L'examen fut satisfaisant.

— Cartilagineux, dit Sylvius, comment sommes-nous avec le boulanger ?

— M'sieur, le boulanger est *brûlé*, il demande un à-compte.

— Ceci est grave, le pain et les spectacles étant la base de la nourriture des inventeurs du vaudeville. Et l'épicier ?

— L'épicier est *brûlé*, dit le rapin, mais il reste des provisions.

— Où vois-tu des provisions ? dit Sylvius.

— Nous avons une demi-bouteille d'huile et de vinaigre, du sel et du poivre.

— Tout ça n'est pas nourrissant. Et la fruitière ?

— La fruitière n'a jamais voulu ouvrir d'*œil ;* elle a dit qu'elle avait déjà perdu avec des artistes.

— Ah ! l'infâme sapajou de Cartilagineux, qui nous humilie partout. Avais-tu besoin de dire que nous étions artistes ?

— M'sieur Sylvius, elle ne voulait pas faire crédit, je lui ai demandé si elle désirait sa ressemblance.

— Qui t'a prié d'offrir des portraits ? Regardez un peu ce peintre, qui n'est pas digne de râcler ma palette et de nettoyer mes pinceaux !

Loth, qui voyait son ami en fureur, détourna l'orage.

— Peut-être ce monsieur de Soissons viendra-t-il aujourd'hui. Schanne écrit : « Peu après ma lettre tu recevras, etc. » M. Gustave offrira sans doute à déjeuner. Cartilagineux, au premier mot de déjeuner, file et va chercher Barryas ; tu lui diras qu'il y a en la demeure une forte nourriture. Surtout qu'il arrive par hasard.

— Silence, dit Loth, j'entends du bruit dans nos murs.

La personne qui montait les escaliers s'arrêta tout court sans frapper.

— Il lit les explications, souffla le rapin en vedette

La porte présentait au dehors un aspect hiéroglyphique assez curieux. Dans un caisson, peint en forme de cœur, un génie tenait dans sa main ces indications :

« 1° Frappe discrètement deux ou trois coups au plus ;

2° nomme-toi, après avoir frappé les deux ou trois coups; 3° lance ton nom d'une voix claire et nette; 4° faute de quoi il ne te sera pas ouvert; 5° les visiteurs qui ne trouveraient personne sont invités à laisser leur nom, leur adresse, leur profession et l'objet de leur visite sur l'ardoise destinée à ce. Signé : Schanne, Sylvius, Loth. »

— Il lit, dit Cartilagineux.

— C'est un nouveau, dit Loth.

Sans doute le nouveau, tout à fait étranger aux mœurs artistiques, relisait-il les instructions avant de se déterminer. On frappa et le vent apporta le nom de Dréchot.

— Ouvre, dit Sylvius. Ah! c'est vous, Gustave, dit-il au jeune homme étonné de se voir tendre la main par un personnage de lui inconnu jusqu'alors. Schanne nous a beaucoup parlé de vous dans ses lettres, et nous sommes enchantés de faire votre connaissance.

— Monsieur... messieurs... dit le clerc de notaire, visiblement embarrassé.

Et il y avait de quoi; l'atelier présentait un fouillis, un entassement de choses étranges. Une ménagère flamande eût frémit à l'idée de mettre en ordre ce capharnaüm. Des chevalets, des livres, des têtes de mort, une selle à sculpteur, des gravures, des pipes, des plâtres, le hamac, les matelas, des ossements, un cochon d'Inde vivant, des habits, des esquisses, tout cela s'embrassait, se heurtait, se coudoyait, traînait et grouillait.

— Vous arrivez à l'instant, Gustave ? dit Loth.

— Oui, monsieur, dit le clerc de notaire; et je suis descendu chez vous aussitôt.

— C'est très-bien de votre part. Est-ce que vous ne prendriez pas quelque chose?

— Vous êtes vraiment trop bon, monsieur.

— Et qu'est-ce que vous en avez fait, là-bas, de Schanne?

— Je l'ai quitté au café; il jouait au billard.

— Ah! le joueur! Avez-vous déjeuné?

— Non, pas encore, et même je voulais vous inviter à le partager avec moi.

— C'est à nous, dit Loth, à vous offrir votre premier repas dans la capitale.

— Je ne le souffrirai pas, messieurs.

— Cartilagineux, dit Loth, en lui faisant des signes, va quérir le déjeuner.

Cartilagineux avait l'air d'un homme qui tombe du haut d'une cathédrale. Son nez était effrayé.

— Vous m'invitez de si bon cœur, dit le provincial, qu'il faut bien accepter.

— Diable! se dit Sylvius, nous avons été un peu loin. Nous déjeunerons ici, alors.

— Comme il vous plaira, messieurs.

— Cartilagineux, dit Loth, que vas-tu nous servir à déjeuner?

Le rapin resta muet comme la tombe. L'aplomb de ses maîtres le terrifiait; il bégaya : — Ce... que... vous voudrez...

— Aimez-vous les côtelettes, Gustave? dit Loth.

— Je mange de tout; je ne suis guère difficile.

— Du reste, Paris offre tant de ressources pour la cuisine; et vous seriez habitué à vivre délicatement que nous n'en serions guère plus embarrassés. Que mangeons-nous avec les côtelettes? Des sardines, du beurre, du fromage pour terminer ?

—Très-bien, dit le jeune Soissonnais.

—Préférez-vous le vin blanc ?

—Oui, le matin.

—Allons, Cartilagineux, mets-toi en course, et rapidement.

Cartilagineux fit mine de trotter, mais en restant à la même place et en tendant la main.

—Ah ! tu me demandes de l'argent? N'en as-tu pas? Le rapin secoua la tête.

—Comment, les 600 francs du tableau commandé sont déjà mangés? Diable, tu vas vite. Montre-moi tes livres de comptes, car je crois que tu fais danser l'anse du panier.

Cartilagineux chercha vainement un livre de comptes quelconque.

—Je crois, dit Loth, que tu serais bien embarrassé de me montrer ton livre de comptes. Mais nous n'avons pas le temps en ce moment d'examiner si tu as été infidèle envers tes maîtres. Sylvius, va chercher de l'argent.

—C'est bien loin ; cependant je vais m'habiller.

—Non, non, dit Gustave, pris dans les *ficelles*, je vous offre aujourd'hui à déjeuner.

—Et ce sera notre tour demain, dit Loth. Cartilagineux, crois-tu que dix francs soient suffisants?

—C'est assez, m'sieur Loth.

—Alors cours vite, et surtout n'oublie rien, lui dit-il en appuyant sur ces derniers mots.

Le rapin, enchanté d'échapper à tous ces interrogatoires qui le déroutaient, prit les dix francs, un panier et partit.

— Si nous mettions le couvert? dit Sylvius.

Le provincial regardait avec surprise deux planches de bois posées par terre, formant un boyau. Une tortue se promenait lentement dans ce boyau. Il prit la tortue pour l'examiner :

— Oh! dit Loth, vous dérangez l'horloge.

— Comment, l'horloge?

— Certainement ; cette tortue est une pendule.

— Hé, hé! moqueur, dit Gustave.

— Pas du tout. Cette tortue est mon élève, et je puis dire avec fierté que personne n'a rien inventé de pareil. Aussi quel temps il a fallu pour la dresser! Remarquez, continua l'inventeur, ces aliments qui sont placés de quatre marques en quatre marques. Chaque marque vaut une heure. J'ai calculé le chemin que faisait une tortue en une heure et je l'ai mesuré. J'ai établi le couloir, et, à force de coups et de soins, la tortue a fini par nous donner l'heure exacte. Elle est d'une régularité à désespérer feu Bréguet ; cependant, il faut nourrir exactement l'horloge.

En ce moment on entendit une voix au dehors qui criait : — C'est moi, Barryas. — On ouvrit, et un jeune homme entra cavalièrement.

— Bonjour, mes vieux. Que faites-vous? Venez-vous déjeuner avec moi à Asnières?

— Impossible, monsieur nous a invités, dit Loth. Tu devrais même rester avec nous. Je te présente Gustave de Soissons, ami de Schanne.

— Alors je reste pour causer de Schanne. Il va bien? Allons, tant mieux pour lui. — J'ai vu le petit, dit-il à Loth tout bas.

— Va-t-il revenir, Cartilagineux, lui dit Loth à l'oreille.

— Je l'ai laissé chez le marchand de *comestiblars*, et j'ai même veillé au choix.

— Tiens, je crois qu'il arrive, j'entends monter, dit Loth.

Effectivement, on entendit un pas lourd à la porte. On frappa brutalement sans se nommer.

— Silence! dit Sylvius...

— Est-ce que ce n'est pas votre petit domestique? dit le provincial.

— Non! il se nommerait.

— Ça doit être la blanchisseuse, dit Loth.

— Alors, ouvre-lui, dit Barryas, la blanchisseuse n'est pas féroce.

— Mais si ce n'était pas la blanchisseuse!

Le provincial, fort étonné de ces mystères, regardait tour à tour les trois amis. Sylvius, gêné, alla quérir sur la pointe de ses pieds un énorme carton de gravures et le pria de les regarder, en attendant... Gustave ne comprenait rien à cet *en attendant;* mais comme personne ne semblait disposé à lui donner des explications, il regarda les gravures. Un second coup très-violent, frappé contre la porte, le fit tressaillir ; les trois artistes étaient muets et immobiles comme des statues.

— Diable, dit Barryas, j'ai une faim de cavale. Est-ce qu'il ne va pas s'en aller, ce fâcheux?

— Comment fera Cartilagineux pour rentrer?

On entendit de nouveaux pas dans l'escalier :

— Je me meurs, dit Barryas, c'est cet intrigant de rapin. Il n'a pas de *flair*. Ce n'est cependant pas le nez qui lui manque.

8

— Écoute, dit Loth, il me semble qu'on parlemente.

Loth pencha la tête contre la porte, et il entendit ce dialogue :

— Bonjour, monsieur Barême! Vous allez toujours bien? et votre épouse?

— Vous êtes trop bon, et la vôtre?

— Merci bien, comme le marchand de cerises, tout à la douce.

— Je viens pour M. Sylvius.

— Comme moi.

— Et vous avez frappé?

— Mais j'en ai les doigts meurtris.

— Si nous frappions encore?

Les deux créanciers frappèrent; Loth revint pâle vers ses amis :

— Ils sont deux : Barême et Lochard.

— Ah! Seigneur! dit Sylvius.

— Eh bien! dit Barryas, n'avez-vous pas peur?

— Il y a de quoi. Le marchand de bois est aussi brutal qu'une bûche.

— Voulez-vous que je les reçoive, dit Barryas.

— Bath! où veux-tu que nous cachions?

— Comment faire? dirent-ils ensemble.

Gustave avait quitté les gravures en voyant la mine piteuse de ses nouveaux camarades.

— Qu'est-ce que c'est? dit-il.

— Ce sont... dit Sylvius, des gens qui nous ennuient et que nous ne voulons pas recevoir.

— Des gens mal élevés, reprit Loth.

— Avez-vous faim? se hasarda à demander le provincial.

— Et moi aussi, dit Barryas, fatigué du clerc de notaire.

Les deux créanciers frappèrent de manière à ébranler la porte.

— Ah! dit Sylvius, ils vont enfoncer la porte!

— Tant mieux, reprit Tony; nous les ferons condamner aux galères; la loi est précise.

— J'ai une faim, une *faim finale*, dit Barryas. Laissez-les frapper, je vous jure qu'ils n'enfonceront pas la porte. Mais donnez-moi à manger. Vous devez bien avoir quelque chose à manger, un rien...

— Rien, excepté de l'huile et du vinaigre, du sel et du poivre.

— Une idée, dit Barryas. Si nous mangions M. Gustave en salade?

— Ça ne se peut pas.

— Cependant, l'histoire nous offre des traits beaucoup plus féroces. Ugolin mangeait ses enfants, c'est connu.

— Tony, quelle heure donne la tortue?

— Quatre heures cinq. Si nous dormions? Dormir, c'est manger.

— J'aimerais mieux manger, dit Barryas. Mais que va devenir dans tout ceci Cartilagineux?

— Ce n'est pas trop l'état du rapin qui m'inquiète, c'est l'état de la nourriture.

— Monsieur, cria la formidable voix de Lochard, je sais que vous y êtes, je vous entends parler. Je m'en vais pour aujourd'hui, mais demain à six heures du matin je viens et je ne quitte pas votre porte. Gare à vous si vous ne me payez pas.

— Moi aussi, crut devoir ajouter Barême.

On entendit dans l'escalier des pas qui se perdaient de marche en marche.

— Couic! hu! terre! sauvés! crièrent les trois artistes en sautant de joie.

— Messieurs, dit Gustave, je vous demanderai la permission de venir vous voir une autre fois. J'ai affaire aujourd'hui.

Et il s'en alla.

— Enfoncé, la province! hurla Barryas; Cartilagineux va bientôt remonter avec le vivre. Allons-nous dévorer et manger le déjeuner de M. Gustave. Ohé!

Mais Cartilagineux ne revint pas. Ennuyé de porter les provisions, il était entré chez le marchand de vins et avait dévoré les dix francs de charcuterie.

Trois jours après il mourut d'indigestion.

XVIII

MARIANA LA PEINTRE

La salle des Antiques était à peu près déserte. Quelques tabourets, quelques chevalets et quelques dessins commencés indiquaient cependant la trace de travailleurs qui avaient dû s'absenter momentanément. Seuls, les gardiens du Louvre se livraient à ces promenades sans fin qui leur donnent un air de ressemblance avec les ours.

Sylvius descendit le grand escalier qui mène au Salon carré et se plaça en face de l'Apollon du Belvédère. Quand le gardien eut tourné le dos, Sylvius déposa un billet sur le carton d'un travailleur absent et s'enfuit précipitamment. On n'avait rien vu; l'Apollon était trop occupé à regarder en l'air pour faire attention à ce manége. Quelque temps après, une jeune fille descendait le même escalier. Elle était bizarrement vêtue. Une espèce de peignoir en lustrine noire, passé par-dessus sa robe, indiquait assez que c'était un vêtement destiné à protéger ses habits. Elle tenait un appuie-main très-long, qui aurait pu lui servir à figurer dans une apothéose de féerie, au moment où la fée bienfaisante bénit les amants et s'envole dans des nuages de feux de Bengale. De grands cheveux noirs et lustrés encadraient sa figure légèrement bistrée. Elle marchait haut la tête, comme *toute* peintre doit le faire, s'inquiétant peu des gens qui la regardaient. Arrivée à son tabouret, elle s'assit et se mit à contempler l'Apollon du Belvédère, propriétaire de cette pudique feuille qui permet à la mère de conduire sans danger sa fille dans les musées. La jeune fille reporta ses yeux sur son dessin et parut peu contente, car elle chercha du pain pour effacer quelque trait saugrenu. Elle aperçut alors le billet. Elle l'ouvrit et lut :

« O Mariana !

« Vous êtes un grand artiste et je vous aime. J'ai passé des heures au Salon devant votre tableau où vous avez dépensé tant de cœur et de sentiment. Combien de fois, caché derrière l'hermaphrodite, vous ai-je observée copiant l'Apollon. Vous êtes belle et grande quand l'enthousiasme vous prend à la vue des œuvres de nos grands maîtres. Mais je voudrais vous voir dans votre atelier, inspirée, saisissant vos pinceaux ? La femme a peut-être plus que l'homme le sentiment de l'art. Me permettrez-vous de vous parler quelquefois, de causer avec vous des chefs-d'œuvre du Louvre ? Je n'ose l'espérer. Voulez-vous que je vous serve de modèle pour votre prochain tableau? Ah! dites-moi que oui, et mettez-moi un peu d'espérance au cœur.

« Si ma démarche ne vous paraît pas trop osée, je vous attendrai à la sortie, à quatre heures.

« Votre adorateur pour la vie,

« SYLVIUS. »

— Sylvius, dit-elle, je ne le connais pas. Il est bien hardi! Mais sa lettre est bien écrite. Je m'en vais aller consulter Juliette.

Et, comme quatre heures approchaient, elle rangea son carton, son chevalet et monta à la Galerie-Française.

— Juliette! dit-elle à une femme perchée sur une échelle.

— Attendez, répondit celle-ci, il faut que j'use mon restant de cobalt.

Mademoiselle Juliette était *une* peintre expérimentée. Elle possédait quarante ans, des lunettes bleues et des manches. Dix ans de peinture changent totalement une femme. Elle n'a plus de sexe; elle devient presque hermaphrodite; si elle n'avait un jupon, on la prendrait pour un homme. A trente ans, la peintre commence à porter ses cheveux *à l'enfant*; elle aborde franchement le langage des rapins. Alors elle avoue qu'elle fait de la peinture *chiquée* et que ses amies font de la peinture *embêtante*.

— Qu'y a-t-il, ma petite? dit-elle en descendant cavalièrement son échelle, garnie d'une draperie de serge verte destinée à protéger les jambes féminines contre les regards inquisiteurs.

— Connaissez-vous M. Sylvius?

— Le petit Sylvius? je ne connais que lui. C'est un gaillard qui peint avec une fière pâte...

— Ce n'est pas cela que je vous demande. Est-ce un jeune homme? laid ou beau?

— Eh! pas trop joli! Il est hardi, par exemple, comme sa peinture. Bon camarade; il m'a retouché une *boule* de saint Jean qui me donnait un mal!... Mais pourquoi me demandez-vous tant de détails?

— Tenez, lisez!

Mademoiselle Juliette prit la lettre, la lut attentivement, en se posant sur son appuie-main, et s'écria :

— Voilà une lettre *corsée*. Il vous aime, ma chère. Ce n'est pas là un *poncif* amoureux comme toutes les déclarations ordinaires d'homme à femme.

— Mais je ne sais trop si je dois accepter un amour aussi brusque.

— Osez, mon enfant. Suivez les conseils d'un artiste qui a de l'expérience? Que diable! je m'y connais. Le petit Sylvius doit gagner de l'argent; et vous, vous savez le mal que nous avons à nous tirer des *empâtements* de la misère. A propos, et votre copie?

— Ma copie est toujours à venir.

— Pourquoi n'allez-vous pas tourmenter Cavé? Il ne faut pas manquer une audience. Je sais ce que c'est; mais pour en revenir à notre affaire, je vous accompagnerai en sortant; nous verrons bien quelle tournure prendront les choses.

Pendant ce temps, Sylvius était remonté à la galerie espagnole, où il rencontra Schanne revenu de la province.

— Hé! Schanne, écoute. Je viens d'envoyer une déclaration à la Mariana.

— Mariana ! Je ne la connais pas.

— Que si, tu la connais ! Une grande brune qui cause souvent avec la vieille Juliette et qui dessine l'Apollon du Belvédère.

— Elle n'est pas mal, mais elle peint d'une atroce façon.

— Ça m'est égal. Aussi lui ai-je dit qu'elle avait un grand talent et qu'elle irait loin. Pense qu'elle n'a pas de mère ni de sœurs commes toutes ces ennuyeuses filles de bourgeois qui viennent ici. J'ai eu le soin de me mettre bien avec la vieille Juliette, mais j'avais mes vues. Je lui ai même retouché une tête.

— Mon ami, si tu m'écoutais, tu ne ferais pas la connaissance de cette peintre. Il faut réfléchir avant que de te lancer dans cette voie périlleuse.

— Messieurs, on ferme ! cria le gardien.

Sylvius jeta ses pinceaux en désordre dans sa boîte et courut, craignant de ne pas se trouver au rendez-vous. Dans la cour du Sphinx, il aperçut mademoiselle Juliette et Mariana qui s'en allaient très-doucement.

— Mon petit Sylvius, dit Juliette, offrez-moi donc votre bras.

Le peintre fit une grimace en dedans. Mariana baissait les yeux et se tenait aux côtés de la protectrice de ses amours.

— Mariana m'a tout conté. Il faut avouer que vous êtes bien impudent d'envoyer la première fois des billets aussi hardis.

— L'amour n'excuse-t-il pas tout ?

— Oui, l'amour ; mais prenez garde de prendre une inclination passagère pour de l'amour.

— Oh! mademoiselle Juliette!... dit Sylvius, en essayant de prendre l'air scandalisé.

— Vous êtes coloriste et fougueux ; je m'y connais, j'ai aimé des coloristes.

— Et vous aimez encore?...

— Sylvius, vous êtes indiscret.

— Plus de morale, dit tout bas celui-ci, ou je parle de vos relations avec Canonnier, l'élève de la nature.

— C'est assez. — Mariana, dit Juliette, voulez-vous venir dîner ce soir chez Sylvius?

Mariana fit entendre un *non* qui ressemblait à deux *oui*.

— Sylvius, c'est convenu, vous dînez chez moi avec Mariana. — Avez-vous de l'argent? lui demanda-t-elle à la sourdine.

— En faut-il beaucoup?

— Eh! pas mal, pour faire un dîner passable.

— Combien?

— Il faut bien cinquante sous pour trois. Oui, cinquante sous. Donnez le bras à votre amante chérie, je m'en vais chez le restaurateur commander un dîner *koxnoff*. Voilà ma clef, mettez la table.

Sylvius prit le bras de Mariana, monta les escaliers d'une petite maison de la rue des Canettes, et se trouva dans les appartements de Juliette. Tout visiteur, même le moins physionomiste en matière de mobilier, eût deviné que cette chambre devait être habitée par un artiste. Un lit de sangle, deux têtes de mort, quelques gravures d'après Girodet, des moulages de la colonne Trajane, une pipe façon turque, un bonnet russe, un chevalet et des esquisses servaient de signalement. Il n'y avait que deux chaises; Sylvius en offrit une à Mariana et prit l'autre. Il s'empara des mains de la peintre et lui parla de son amour, qui durait depuis nombre de mois, sans qu'il eût jamais osé le déclarer. Il raconta, avec des variantes, *Une Chaumière et son cœur*, de M. Scribe. Mariana écoutait avec passion le langage ardent du peintre, lorsque Juliette rentra.

— Eh bien! Mariana, la table? Ah! vous écoutez le serpent... Allons, aidez-moi, qu'on place la table. Faut-il mettre une nappe? Au fait, je n'en ai pas, je peux bien l'avouer, entre peintres. Sylvius, vous vous assoirez à côté de Mariana.

— Mais je ne vois que deux chaises.

— Vous inquiétez-vous pour si peu? Et le lit? Je mangerai à la manière antique, peu couronnée de roses, c'est vrai; mais quand la nature est *chikdar*, on ne regarde pas de si près. Aimez-vous le bifteck, Mariana? et vous Sylvius?

— Le bifteck est bon quand il est bon.

— Il sera bon, j'ai parlé moi-même au chef; je dois lui faire son portrait meilleur marché qu'au bureau; s'il ne nous donne pas de bons biftecks, je ne le fais pas ressemblant.

— Tiens, vous avez raison.

— Sylvius, *chauffez* le cuisinier pour son portrait, vous me rendrez service. Ces diables de gens, il faut vraiment es *putipharder* pour avoir l'honneur de peindre leurs silhouettes!

En ce moment, le cuisinier entra, apportant le repas.

— Comment vous nommez-vous? dit Sylvius au cuisinier.

— Baptiste, monsieur, pour vous servir.

— Baptiste, vous me revenez, vous avez une bonne tête. La cuisine va-t-elle un peu?

— Comme ci, comme ça; on ne mange pas autant l'été.

— Baptiste, vous avez manqué votre vocation; avec votre tête, je me serais fait modèle.

— Monsieur se moque, hé! hé!

— Je ne me moque jamais; si vous vous voulez poser dans un de mes tableaux! mais je vous avertis qu'il faut vous déshabiller à fond.

— Oh! merci, monsieur; mademoiselle Juliette veut bien me faire mon portrait, mais avec mes habits. On ne me reconnaîtrait plus de la manière comme vous dites...

— Quand commençons-nous, Baptiste? dit Juliette.

— Madame, je ne sais pas trop.

— Dépêchez-vous, mon garçon; je suis pressée aussi, moi. Et si j'avais voulu prendre *mes repas*, dit-elle avec emphase, chez votre confrère, il tenait à ce que je fisse son portrait. Mais il a un vilain bec, cet oiseau! Quand je fais un portrait, je veux un beau modèle.

— Alors, mademoiselle, dimanche prochain, je viendrai sur les deux heures... C'est que... le prix...

— Bah! le prix, ça va de soi seul : vous me payerez en comestibles. A dimanche, dit-elle en le renvoyant. — Encore un d'emmanché! Ah! les portraits sont bien durs par les chaleurs.

Le repas commença. Juliette faisait à elle seule les frais de la conversation. Le peintre magnétisait de ses regards la jolie Mariana; quelquefois un pied, errant sous la table, s'adressait à Juliette, et lui indiquait que, si les deux amants ne parlaient pas beaucoup, du moins une conversation muette s'engageait. Le soir arriva; Sylvius offrit de reconduire Mariana, et Juliette resta chez elle, en femme habile.

Le lendemain, Sylvius emmenait triomphant au Louvre Mariana. Il l'appelait *Marianette*. Les petits noms sont l'indice de la possession. Le peintre avait parlé de travaux communs; il voulait vivre, avait-il dit, uniquement pour sa chère Marianette; la vie de jeune homme lui pesait, il lui fallait la vie de famille. Ils ne feraient plus qu'un logement. Mariana s'était laissée prendre à tous ces raisonnements. En chemin, son amant lui dit:

— Tu ne travailleras plus aux Antiques. Tu serais trop loin de moi. Je suis jaloux; beaucoup peuvent te faire la cour. Tu viendras travailler avec moi à la Galerie-Espagnole.

Quoique Mariana fût douce et résignée à se laisser mener, elle avait peur de la peinture espagnole, peinture noire et sauvage qui épouvante les esprits étroits: et elle répondit:

— Mais, mon ami, que veux-tu que je fasse aux Espagnols?

— Tu copieras quelque chose, n'importe quoi, à côté de moi. Je fais le moine de Zurbaran. Il y a de très-beaux Zurbaran tout près.

— Mon ami, j'irai aux Espagnols, puisque tu le désires; mais je copierai une vierge de Murillo.

— Pouah! une vierge de Murillo! Y songes-tu? cela est d'un ennuyeux à mourir. Non, tu copieras un Zurbaran.

Ainsi Sylvius choquait, sans s'en apercevoir, les principes de sa maîtresse, élevée à l'école du joli, du tendre et du gracieux. Elle ne reconnaissait plus l'homme qui lui avait écrit la veille qu'il aimait sa peinture; elle comprenait qu'elle s'était donné un tyran en fait d'art. Cependant elle se laissa mener. Au Louvre, tous deux prirent place l'un à côté de l'autre. Mariana commença à esquisser une figure de Zurbaran; mais le découragement la prit; elle avait aussi des idées arrêtées en peinture, et elle se demandait à quoi pourrait servir une telle étude. Juliette, passant par hasard, les aperçut et s'écria :

— Ah! mon Dieu, Mariana, tu copies de la peinture de valet de bourreau?

— Qu'est-ce que vous dites donc là, Juliette! répondit Sylvius d'un air terrible.

— C'est Sylvius, dit-elle, qui te fait copier ces horreurs-là?

— Hélas! dit Mariana en soupirant.

— Mademoiselle Juliette, dit Sylvius en prenant sa figure la plus sérieuse, je vous prie de croire que je sais mieux que vous les études qu'il convient à Mariana de faire.

— Vous êtes un tyran, Sylvius.

— Mademoiselle Juliette, vous allez me faire le plaisir de *nous* laisser peindre tranquillement.

— Pauvre Mariana! dit la vieille artiste en nettoyan ses lunettes bleues et en s'éloignant.

Sylvius alla voir l'étude de sa maîtresse; la *préparation* le fit sauter en l'air. Ne pensant plus à l'amour, il lui fit des reproches qui s'adressaient seulement à l'artiste; Marianne dit rien, et, prétextant un motif quelconque, elle sortit et ne revint pas. Elle alla se jeter en pleurant dans les bras de Juliette, et la pria de l'accompagner chez elle. Le lendemain elle envoya chez Sylvius ce billet :

« Monsieur, nous ne sommes pas faits l'un pour l'autre. La peinture tuera toujours chez nous l'amour. Si vous me revoyez au Louvre, ne me reconnaissez pas; c'est le seul service que je vous demande. Adieu, monsieur; vous me connaissez si peu que vous m'oublierez bien vite. »

Sylvius montrant cette lettre à son ami Schanne et lui narrant cette aventure, celui-ci lui dit avec son cynisme d'atelier :

— Que diable! mon cher! tu veux qu'un artiste en jupons fasse de la peinture culottée !

XIV

L'ESTAMINET MOMUS

— Garçon, une demi-tasse ?
— Monsieur, le patron m'a défendu de vous servir.
— Garçon, servez-moi le patron ?

Sylvius, à qui on venait de refuser aussi peu poliment de la *consommation,* fréquentait un petit café dans lequel se réunissaient tous les soirs une douzaine de bohêmes. Depuis un an qu'ils hantaient l'établissement, ils n'avaient jamais pu inspirer la moindre confiance. Leurs habits, qui riaient au coude, et leurs bottes fabriquées rue Guérin-Boisseau, trahissaient trop leur origine. Pour eux, crédit n'était pas mort, par la raison qu'il n'avait jamais vécu. Aussi s'étaient-ils réfugiés dans ce café parce que la consommation était d'un bon marché inouï. La demi-tasse coûtait cinq sous, encore les bohêmes avaient-ils trouvé divers moyens ingénieux de se rafraîchir à meilleur marché. L'un prenait son café sans sucre ; les quatre morceaux de sucre servaient à deux autres. Donc quatre demi-tasses rafraîchissaient douze individus. La dépense s'élevait régulièrement à un franc, car on oubliait généralement le garçon, malgré la *pensée*, rébus délicat point sur le tronc de métal d'Alger placé sur le comptoir. Cette dépense était loin de contenter le cafetier ; mais comme c'était un homme doux, il n'osait renvoyer des clients aussi artistiques. De plus, il en avait peur, ayant été plus d'une fois victime des drôleries de la société.

Les bohêmes étaient d'une nature tellement tapageuse, discutante, remuante, que les habitués, vieillards tranquilles, anciens employés, s'en plaignirent amèrement. Les bohêmes montèrent au premier, espérant rester solitaires et pouvoir se livrer à leurs discussions. Là se tenait en paix une société de clercs d'avoué et de notaire qui se reposaient le soir de leurs *actes* du jour ; mais quand la nouvelle société advint, ce fut une telle profusion de discussions, de *scies*, de chants et de farces, que les clercs partirent furieux, jurant de ne plus revenir. Or, les clercs de notaire faisaient de notables dépenses, et le cafetier, très-ennuyé de perdre sa clientèle pour une autre qui représentait seulement un franc par soirée, avait défendu qu'on servît désormais quelque chose aux bohêmes, surtout après les scènes de la veille. Deux ou trois clercs de notaire avaient essayé de reprendre possession de l'estaminet ; ils avaient commencé une partie d'échecs, et voici ce qui était arrivé.

— Te souviens-tu, dit un bohême qu'on appelait *le philosophe*, de M. Perrot de l'Écu?

— Très-bien, répondit Sylvius ; M. Perrot qui avait épousé une demoiselle Marteau?

— C'est bien cela. Croirais-tu que madame Perrot-Marteau vient d'épouser Cordier, du Griffon.

— Le gros Cordier! c'est miraculeux. Comme il cuisinait bien, le brigand! ajouta Schanne.

— Qui eût cru que Perrot-Marteau donnerait sa fille à son rival, car ils étaient rivaux? L'Écu a fait bien du tort au Griffon, dans le temps. Nous avons des personnes qui préféraient l'Écu.

— Je crois que Perrot-Marteau réussissait mieux certains plats.

— Le gros Cordier n'était pas non plus mauvais cuisinier. Il avait été chef dans les meilleures maisons de la capitale.

— Mais ce que vous ne savez pas, c'est que le père Perrot-Marteau n'a voulu donner sa fille au gros Cordier du Griffon qu'à la condition de prendre le nom de Cordier-Perrot-Marteau.

— Très-bizarre! Ce diable de Perrot-Marteau avait de singulières idées, ce qui même fit dire à Toupet, un homme très-farceur de ce pays-là : Perrot-Marteau doit avoir reçu un coup de cet instrument sur la tête.

— Ah! ah! ah! cria le cœur de bohêmes.

— Ils sont très-ennuyeux avec leur histoire de Perrot-Marteau, dit le clerc de notaire à son ami. Partons-nous?

— Ça va finir, dit l'autre. Restons encore un moment.

— Pour en revenir donc à Perrot-Marteau, dit Sylvius, il avait un fils, vous savez, le petit Perrot-Marteau. Il est à Paris maintenant, dans la quincaillerie.

— Est-il possible? Le petit Perrot-Marteau! demanda Schanne.

— Je l'ai rencontré avec un poêle sur la tête.

— Assez, philosophe, assez! pas de jeux de mots. Continue l'histoire du petit Perrot-Marteau, fils de Perrot-Marteau père; tu nous intéresses au plus haut des points.

— Le petit Perrot-Marteau portait donc un poêle sur la tête.

— Brrr! philosophe du calembour! — Tu nous désopiles la rate. — Brigand de philosophe, il nous fera crever. — Oh! j'en pleure. — Cré coquin, assez. — Tu es trop drôle. — Reprends donc ton aimable récit des aventures de Perrot-Marteau père et fils.

Les deux clercs de notaire se levèrent et descendirent au plus vite.

— Voilà, dit le philosophe. Toutes les fois qu'un étranger aura l'audace de monter ici, on devra recommencer l'histoire de Perrot-Marteau père et fils. Je défie aux plus intrépides de rester plus de cinq minutes. S'il se trouvait des individus à tempérament assez coriace pour résister, on leur chanterait : *Les bienfaits de la chandelle des six*.

— Silence! voilà Momus; il a l'air désagréable.

— Messieurs, dit le cafetier en cherchant à se donner un air digne, ça ne peut pas durer. Vous me faites perdre mes pratiques. Il venait ici une société, je ne sais ce que vous lui avez fait, elle ne revient plus. C'est de la perte pour moi. Vos dépenses ne suffisent pas même à payer le gaz qui vous éclaire.

— Ah! monsieur, dit Sylvius, vous nous reprochez notre faible consommation, mais nous sommes tous malheureusement orphelins. Oui, tous. Nos seuls parents qui jettent un regard favorable sur nous sont la peinture, la littérature, la sculpture, la gravure et tous les beaux-arts qui ont semblable terminaison.

— Confiture, dit l'un.

— Si vous avez à vous plaindre de quelque chose, dites-le, ajouta le cafetier. Est-ce de la consommation? Jamais...

— Moire — étoffe — talmie — au gai — té — âtre — de la cheminée — camus, dirent tous les bohêmes en attrapant chaque mot au vol.

Le cafetier fut un peu étourdi de cette succession de mots.

— Avec des plaisanteries, dit-il, on ne répond pas...

— Sion — dit — gère — minal — tercation — ville — brequin — caillier.

— Messieurs, je vous déclare qu'à partir d'aujourd'hui, on ne vous servira plus. Vous pouvez aller ailleurs. Je vais donner des ordres à mes garçons. Je ne crains...

— De cheval — rie au lait — du dernier ménestrel.

— C'est bien, messieurs. Amusez-vous pour votre dernier jour, dit-il en descendant furieux.

— On nous donne congé, nous voilà à la porte, dit l'un. C'est de la faute du Philosophe, avec son ennuyeuse histoire de Perrot-Marteau.

— Et vous, pourquoi allez-vous essayer sur Momus vos bêtes plaisanteries d'atelier. Si vous trouvez drôles vos mots qui se suivent!

— Bah! vengeons-nous. Dressons un catafalque. Élevons un monument funèbre en mémoire de notre départ.

Tous se mirent à la besogne. En un instant, on dressa les tabourets en pyramide au milieu de l'estaminet. On ôta les queues de billard du râtelier, et on les arrangea en faisceau. Les tabourets furent recouverts d'une grande toile de serge verte, qui servait à nettoyer les billards. Quand l'édifice fut construit, on mit sur le haut une petite lampe destinée à allumer les pipes. Pendant ce temps, deux peintres dessinaient sur les murs, à la craie, des têtes de mort et des ossements en sautoir. Puis on abaissa le gaz. L'estaminet avait un aspect sépulcral.

— Partons maintenant. — Quelle heure est-il?

— Une idée! dit le philosophe. J'ai remarqué avec peine que ce quartier manquait d'horloges publiques. Si nous gratifiions le quartier d'une horloge publique?

— Pour faire une horloge publique, il faudrait d'abord une horloge.

— Et celle de Momus? d'autant mieux qu'elle doit avoir besoin de prendre l'air; je ne l'ai jamais vue aller.

— Oui, mais si nous la laissons tomber dans la rue.

— Eh bien, elle se casserait.

— Je saisis ce raisonnement. Est-il bien nécessaire de la casser?

— Non, dit un autre, mais je crois qu'un peu d'eau dans l'horloge ne lui ferait pas de mal : les rouages doivent être enrouillés par la poussière. Qu'est-ce qui passe à boire à l'horloge ?

— Voilà, dit le philosophe, en versant une carafe d'eau dans les ressorts. Diable ! elle avait soif. Elle doit pouvoir marcher maintenant.

— Il faut de la ficelle pour en faire une horloge publique.

Et on suspendit la malheureuse horloge entre le premier étage et le rez-de-chaussée, au-dessous de la lanterne à gaz. Puis, tous descendirent, payèrent le franc habituel de consommation, et allèrent se poser en face, attendant avec impatience les suites de leurs folies. Au bout de quelques minutes, on entendit un grand cri. Le cafetier était monté, et, voyant son estaminet converti en sépulcre, il faillit se trouver mal. Il réunit toutes ses forces pour appeler ses garçons. Tous montèrent et rallumèrent le gaz. Pendant une demi-heure, ils furent très-occupés à ranger le matériel de l'établissement. L'un d'eux s'aperçut tout à coup que la pendule manquait. — Où peuvent-ils l'avoir mise, les scélérats ? Ils l'auront emportée ! Et machinalement il s'approcha de la fenêtre où il aperçut l'horloge calme et ne marchant pas plus qu'à l'ordinaire. Il avertit son patron.

— Ah ! mon Dieu, dit Momus, elle ne tient qu'à un fil. Comment faire ?

— Il n'y a qu'à la décrocher.

— Gardez-vous-en bien. Elle tomberait. — Et il restait à sa fenêtre, joignant les mains et priant Dieu de sauver les jours de son horloge. Les bohêmes, cachés dans une encoignure de porte, riaient à se tordre de ce spectacle. Enfin, un garçon plus avisé alla chercher une échelle, décrocha l'horloge et la rapporta triomphalement.

— Ma pauvre pendule! dit le cafetier en la palpant. Enfin j'espère que nous sommes débarrassés pour toujours de ces drôles-là.

Effectivement, les bohêmes ne revinrent plus. La société des clercs d'avoué reprit possession de l'estaminet. Momus était tout joyeux, lorsqu'un jour il frémit dans son comptoir, en apercevant dix de ses anciens habitués qui montaient à l'estaminet, comme si rien ne s'était passé. Le Philosophe apparut tout à coup avec six nourrices.

— Permettez que je vous présente six de mes amies, dit-il au cafetier qui était monté très-inquiet.

— Six nourrices! s'écria Momus stupéfait.

— Mesdames, donnez-vous la peine de vous asseoir, dit le Philosophe.

Quelques minutes après, Sylvius arriva, suivi de six croque-morts :

— Permettez, Momus, que je vous présente six de mes amis.

— Six croque-morts! Mais vous voulez donc compromettre mon établissement? dit Momus.

— Messieurs les employés des pompes funèbres, donnez-vous la peine de vous asseoir. Mesdames les nourrices, faites place; nous sommes vingt-quatre; qu'on s'arrange un peu. Alternativement une nourrice et un employé des pompes. Momus présidera. C'est pour lui que j'ai organisé cette fête. Que désirez-vous, mes amis? dit aux croque-morts Sylvius.

— Du vin, répondirent-ils d'une seule voix.

— Et vous, mesdames les nourrices? demanda le Philosophe.

— Du vin.

— C'est bien. Momus, j'ai cru vous être agréable en amenant ces aimables convives. Nous avons eu des torts avec vous, mais je veux les réparer. Vous prendrez bien quelque chose avec nous.

Le cafetier, atterré, ne répondit rien.

— Momus, je vous ai amené une antithèse vivante. Mesdames les nourrices, c'est la vie ; messieurs les employés des pompes, c'est la mort. Les unes assistent au début de l'homme, les autres à la fin. Combien parmi ces dames ont bercé de génies, que ces messieurs ont bercés aussi, mais en les portant en terre. Nos douze nouveaux amis, mâles et femelles, ne voient l'homme que nu, nu au commencement, nu à la fin. Au début, l'homme est nu, mais à l'air ; à la fin, l'homme est encore nu, mais dans une boîte.

— Du vin ! crièrent les croque-morts.

— Du vin ! répétèrent les nourrices.

— Messieurs les croque-morts... continua l'impassible philosophe.

— Nous ne voulons pas qu'on nous appelle croque-morts.

— Je comprends vos justes réclamations. Messieurs les employés des pompes, mesdames les nourrices vous déplairaient-elles ?

— Hé ! hé ! hé ! firent-ils avec les yeux brillants et en riant d'un ton sec et métallique.

— Mesdames les nourrices, auriez-vous un faible pour ces messieurs ?

— Oh ! oh ! oh ! firent-elles avec répugnance.

— Pourquoi cette répugnance ? ces messieurs sont

dans un état sanitaire parfait. La mort, cette vieille gueuse, les respecte. Du temps du choléra, on remarqua que les croque... pardon, les employés de pompes funèbres se portaient comme des chênes.

— Du vin. Nous voulons boire. Nous nous embêtons, dirent les croque-morts.

— Du vin aussi ! hurlèrent les nourrices.

— Messieurs mes amis, vous demandez du vin. Vous en avez le droit ; mais je ne vous laisserai pas goûter au présent de Noé. Le vin abrutit, rend féroce. Nous aurons à *travailler* tout à l'heure. Il faut conserver toutes nos facultés. Je propose deux boissons en l'honneur de vos professions : de la BIÈRE et du LAIT.

Les croque-morts et les nourrices rugirent.

— Nous ne vous forçons pas, messieurs et mesdames, à vous abreuver de vos produits. Les croque-morts boiront du lait et les nourrices de la bière.

— Non, répondirent énergiquement hommes et femmes. Du vin !

— Momus, servez vingt-quatre bouteilles de bière, douze de lait, dit Sylvius.

— Il n'y a pas de lait ici, messieurs.

— On ira chez la laitière du coin. Mais, Momus, avant de descendre, donnez-nous à tous le baiser de paix ?

Le cafetier retomba sur sa chaise.

— Vous êtes des lâches, dirent les croque-morts. Vous nous avez promis du vin.

— Sacrés brigands ! mugirent les nourrices ; du vin !

— Ceux qui ne sont pas contents de la bière et du lait, dit froidement Sylvius, mêleront. Avant la récompense, le travail ; messieurs les croque-morts, vous n'êtes pas venus ici pour ne rien faire. Il s'agit d'enterrer le café.

Le cafetier eut plusieurs sueurs froides.

— Mesdames les nourrices serviront de récompense aux croque-morts. Chacun d'eux pourra emporter celle qui lui plaira le plus.

En ce moment, le garçon apparut avec les rafraîchissements.

— Garçon, le lait est-il chaud? — Oui, monsieur — La bière est-elle chaude? Le garçon crut rêver. — Faites chauffer le tout dans un même vase.

Les croque-morts et les nourrices se levèrent comme un seul homme et se ruèrent, en hurlant, sur Sylvius. Ses amis cherchèrent à le défendre. Ce fut une mêlée effroyable. Le cafetier disparut ; ses cheveux commençaient à blanchir. Nourrices, bohêmes, croque-morts s'entrelaçaient, roulaient, criaient et se gourmaient.

La garde arriva, arrêta Schanne, Sylvius et le Philosophe et ils passèrent une nuit au poste. Mais le lendemain Momus vendit son estaminet.

VAN SCHAENDEL

Quelques-uns ont remarqué, aux Salons de 1840 à 1847, les peintures du Belge Van Schaendel, d'autant plus singulières que ce Van Schaendel ne peint que des effets de lumière. Un vaudevilliste n'eût pas mieux choisi le nom à mettre en regard du genre. Les artistes belges ont importé en France le septième fléau de la peinture : inutile de détailler les six autres, qui sont indigènes. Tous les marchands de vieux tableaux ont à leur montre des Van Schaendel ou des imitations dudit maître. Les amateurs adorent ces sortes d'ouvrages qui n'ont pour tout mérite que le côté niais des petits Flamands ; car il y a Flamands et Flamands. D'aucuns payeront cinquante mille francs un Gérard Dow, qui ne donneront pas cinq mille francs d'un Ostade. Combien j'en ai vu qui se laissent prendre à la *patience* dans les œuvres d'art! Pourtant cette patience range Gérard Dow dans la bande des professeurs de calligraphie.

Quand les Belges de 1840 ne peignent pas d'effets de lumière, ils se rabattent sur les bêtes et se font peintres d'animaux : ne serait-il pas mieux de les définir animaux de peintres! Mais, au lieu de m'appesantir sur ces infirmités, je préfère raconter la vie du peintre Van Schaendel. Il eut un père! — et c'est de son père que vient la moralité de cette histoire.

Van Schaendel de Malines était un brave peintre de nature morte ; on va voir quel singulier *criterium* le Malinois avait adopté en matières picturales. S'il avait à peindre un lièvre, il fallait que la veille la digne madame Van Schaendel lui fît manger du lièvre. L'artiste était malheureux au possible quand un bourgeois de la ville lui commandait un tableau de salle à manger en lui donnant la carte de ce qui devait y figurer. Ainsi des choux frisés sur le premier plan, avec une botte de carottes pointues et rougissant comme si elles avaient commis un crime ; dans un coin des oignons. Même sans les éplucher, Van Schaendel en pleurait, car il ne les aimait pas.

Aussi brossait-il ses tableaux de légumes avec une prestesse incroyable provoquée par sa colère intérieure. Dès le matin, sitôt le petit jour, il sautait de son lit, faisait sa palette avec rage et saisissait ses pinceaux avec des mouvements fébriles. Alors il donnait sur sa toile des coups de blaireau comme s'il eût donné de grands coups de sabre ; le travail n'allait pas assez vite. Van Schaendel, avec son couteau de peintre, ouvrait le ventre de ses vessies et les jetait sur sa toile. Dans ces moments il ressemblait à David lançant sa fronde contre Goliath. Il ne faut pas avoir grande connaissance des procédés de peinture pour deviner quels résultats le Malinois obtenait par ses furies. Ses tableaux de légumes semblaient avoir été peints par Théotocopouli dans les derniers moments de son existence si folle. Je l'ai assez regardée, au Musée espagnol, la fameuse *Adoration des bergers* de l'halluciné élève du Titien, cette peinture qui a le délire, qui semble avoir le mors aux dents, cette peinture étrange et allongée, qu'on jurerait une fresque de Bicêtre. Les légumes de Van Schaendel étaient aussi fiévreux, aussi convulsionnés; les choux jouaient la catalepsie, les carottes avaient des attaques nerveuses, les oignons surtout dansaient la danse de Saint-Guy. Cela est facile à expliquer : pendant la confection du tableau, le Malinois, fidèle à son système, ne se nourrissait que des légumes qu'il peignait. Il appelait cela « se nourrir de son modèle; » et il exécrait les légumes!

Les bourgeois flamands ouvraient de grands yeux quand ils recevaient ces aberrations de pinceau; mais tableau commandé, tableau payé; d'ailleurs, Van Schaendel, ce peintre si singulier, avait la manie plus réelle de se faire payer d'avance. Van Schaendel fils, qui se croit un Schalken parce qu'il ne peint que des effets de lumière, ne parle qu'avec terreur des tableaux-légumes de son père. Une pareille terreur se comprend : le père et le fils sont le feu et l'eau. Dans l'atelier où le père tripotait ses vessies avec des balais, des torchons, ses dix doigts,—le fils entre à pas comptés, ouvre sa boîte avec précaution, dresse une petite palette toute proprette, monte sur son tabouret avec mille simagrées, reste une heure avant d'oser tirer le rideau de serge qui protége sa toile commencée. On l'a vu ne pas travailler d'un jour par la raison qu'une grosse mouche était dans l'atelier. « Ses ailes, disait-il, font descendre la poussière du plafond. Je pourrais chasser la mouche ; mais il faudrait ouvrir la porte de l'atelier. Si j'ouvre la porte, la poussière entre ;

faudra donner de l'air. Pour donner de l'air, je suis forcé d'ouvrir ma fenêtre à deux battants : c'est impossible ; il y a dans l'air des quantités *d'immondices* qui s'abattront sur mes couleurs fraîches. Mon tableau, chargé de ces immondices, sera odieux à la vue. J'aime mieux mettre la toile pendant deux jours à l'abri de *tout,* ouvrir ma fenêtre afin que cette mouche importune aille porter le trouble ailleurs ; la mouche partie, j'attendrai le calme des atomes poussiéreux, et quand je me serai promené deux jours, je rentrerai dans mon atelier avec précaution. »

Ce discours de Van Schaendel fils dénote assez quelle conscience il apporte dans ses travaux. Dans un autre ordre d'idées, le père avait la même conscience. Ainsi un bourgeois de Malines vint un jour lui commander le portrait de son grand-père, le bourgmestre Praët :

— Je désirerais, dit-il, la plus grande exactitude.

— Monsieur Praët, vous savez que je suis l'exactitude même.

— J'ai chez moi, dit le bourgeois, une crayonnade d'après le bourgmestre ; malheureusement ce n'est qu'un buste ; je voudrais que mon grand-père fût peint en chasseur ; il aimait la chasse passionnément.

— Bon ! dit Van Schaendel, nous lui ferons tenir un fusil, j'ai un fusil du temps.

— Je me suis adressé à vous, dit l'homme au portrait,

parce que je tiens singulièrement à mettre de la nature morte ; par exemple, des animaux dans un carnier, une grosse chasse.

— Je vois cela d'ici ; nous ferons une carnassière rebondie, j'ai aussi une carnassière de cette époque ; qu'est-ce que nous mettrons dans la carnassière ?

— Un lièvre, des perdreaux, ce que vous jugerez convenable.

— Vous pouvez compter sur moi, dit Van Schaendel, je me procurerai ces animaux, et je vous promets une chasse abondante.

— Eh bien, je vous enverrai ce soir le dessin de mon grand-père, afin que vous fassiez d'abord une petite esquisse. Quand l'esquisse sera terminée, nous nous entendrons sur le prix ; vous demanderez ce qu'il vous plaira. On ne doit pas marchander avec un homme de votre talent.

Le lendemain, Van Schaendel père, devant son chevalet, était habillé de la façon la plus bizarre, tenant de la main droite un pinceau, de la gauche un fusil de chasse, autour du corps une carnassière en bandoulière avec d'innocents animaux, achetés au marché, qui passaient hors du carnier leur tête endormie pour toujours. Une glace était accrochée à l'un des portants du chevalet, le croquis du bourgmestre à l'autre portant. De temps à autre le peintre consultait le croquis, puis se campait fièrement avec son fusil devant la glace et revenait traduire de son pinceau ces diverses impressions. Il fronçait aussi le sourcil, comme une personne qui n'est pas contente, à laquelle il manque une chose indispensable ; et il se touchait les jambes de ses deux mains sur les coutures et marmottait des *ah!* de dépit.

Cependant au bout de deux journées d'un travail constant, l'esquisse se trouva terminée. Van Schaendel partit assez soucieux pour la demeure de Praët, qui admira sans réserve la ressemblance, surtout les produits de la chasse.

— C'est très-bien, dit-il, il ne s'agit plus que de peindre mon grand-père sur une toile de vaste dimension. Cinq mille francs vous paraissent-ils convenables, maître Schaendel?

— Oh! certainement, dit le peintre, dont la figure ne se déridait pas.

— Mais vous avez la mine triste; est-ce que la somme ne vous paraît pas suffisante?

— Pardonnez-moi; je suis seulement un peu tracassé par cet habit de l'ancien croquis.

— Que vous importe cet habit?

— Je n'en trouverai plus maintenant de cette coupe et de cette étoffe.

— Eh bien, vous en peindrez un de fantaisie.

— Oh! dit Van Schaendel, qui cria cette exclamation comme s'il eût entendu un ange blasphémer, jamais, jamais... la fantaisie, impossible; je n'ai jamais rien fait de *pratique*, il me faut un habit semblable à celui-ci.

— Si cela vous inquiète, je crois qu'il y a là-haut, dans le grenier, un vieil habit qui me semble bien avoir posé pour ce portrait.

— Vite, dit le peintre, dont la figure rayonna de bonheur, envoyez-le-moi quérir!

Un domestique apporta, sur ce désir, un habit fort

respectable, qui avait tous les signes de vétusté. D'un coup d'œil le peintre s'écria : « Je le reconnais, c'est l'habit de l'ancien croquis. » Et sans s'inquiéter des convenances, il mit sa veste bas et endossa l'habit du défunt. Ainsi vêtu, il se promenait d'une façon triomphante par la salle et se mirait dans la glace. Jamais on ne vit autant de poussière et de toiles d'araignée acharnées après un vêtement. Van Schaendel ne s'occupait guère de ces détails. Il prit son esquisse peinte, sembla se mirer dedans et s'écria : « Ah! si j'avais eu l'habit, l'esquisse serait bien mieux réussie ! »

— Et les culottes, demanda-t-il, ces belles culottes d'Utrecht à fleurs gaufrées?

— Je n'ai jamais eu vent des culottes, dit Praët.

— Diable! s'écria le peintre, je vois dans le dessin un commencement de culottes qui me font bien envie : il les faut cependant.

— Je voudrais pouvoir les ressusciter, maître Schaendel : au fait, je crois qu'il y a encore là-haut quelques vieilles défroques. Si vous me parliez des vêtements de mon père, rien de plus simple ; je les ai conservés religieusement dans une armoire; mais ceux de mon grand-père ont disparu, à l'exception de cet habit et de quelques mauvaises loques que je vais voir moi-même à vous procurer.

Pendant que Van Schaendel se carrait dans l'habit du défunt, le magistrat revenait, apportant un petit paquet d'une forme et d'une couleur indescriptibles.

— Je n'ai trouvé que cela, dit-il.

Le peintre se précipita sur ces débris de dentelles; étaient-ce jabot ou manchettes? La constatation semblait impossible, car le temps avait ajouté de nouveaux dessins aux anciens dessins de ces loques. Les unes étaient rousses comme la queue du diable, les autres noires comme bourdons. Le peintre les tournait et retournait, et son œil connaisseur plongeait dans ces broderies, aussi énigmatiques que des hiéroglyphes, pour en retrouver le sens. Il sépara, après examen, les malines noires des rousses et dit en homme convaincu : « Voilà le jabot, voilà les manchettes. »

— Vous êtes un fin connaisseur, dit l'homme au portrait ; mais j'ai encore retrouvé quelque chose, un bas, à ce que je crois ; il n'y en a qu'un malheureusement.

— Ah ! il est superbe à peindre, dit Van Schaendel.

Effectivement, le bas dépareillé, d'un travail *paramire*, brodé à jour, était aussi ouvragé que les fameuses chaires de bois si communes en Belgique. Une cathédrale gothique s'étalait sur le devant de la jambe, avec toutes ses richesses d'architecture et son *fouillis* de sculpture. La ménagère flamande assez audacieuse pour construire à l'aiguille ce monument égal en beauté aux plus minutieux travaux des moines du moyen âge s'était trompée en offrant cette paire de bas à un simple bourgmestre. Jamais prince n'eut les jambes aussi richement habillées, et le pape seul eût dû chausser cette chose sublime que dix ans de travail assidu avaient pu amener à bonne fin.

Malheureusement le Temps, ce grand insulteur des œuvres d'art, avait promené sa faux sur la cathédrale ; il était parti emportant, en guise de trophée, au bout de sa faux pointue, toute la rosace du portail, ainsi que les deux courbes du fronton ogival. Van Schaendel poussa un gros soupir à la vue de ces altérations et de ces vandalismes.

— C'est bien tout? dit-il au magistrat.

— Oui, maître Schaendel.

— Eh bien, veuillez, je vous prie, me faire compter la somme que vous m'avez offerte ; dans six mois, vous aurez un beau portrait.

Tout étant conclu, le peintre mit ordre à ses affaires, dit adieu à son énorme moitié et partit avec une petite malle soigneusement fermée, qui renfermait la défroque du bourgmestre et la clef de l'atelier. Il voyagea d'abord par la Belgique; je devrais peut-être dire que Van Schaendel voyagea chez les fripiers, les brocanteurs, les marchands de curiosités. Chaque visite se passait ainsi : le peintre ne quittait pas d'un clin d'œil sa petite malle; il la portait sous son bras gauche, montrait l'ancien dessin d'après son modèle aux brocanteurs et demandait qu'on lui étalât toutes les culottes emmagasinées. Après les culottes, venait l'examen des dentelles, suivi de l'apparition du fameux bas. Les culottes et les dentelles ne surprenaient guère les marchands qui ont souvent l'occasion de semblables défroques ; mais en voyant le bas, ils tombaient d'*émerveillement*, hochaient la tête et déclaraient ce bas *unique* au monde.

La Belgique mangea deux mois de temps au peintre, qui ne fut pas sensiblement rebuté de ses recherches malheureuses, puisqu'il prit le chemin de la Hollande. Dans le pays de l'Escaut, ce fut la même histoire. Van Schaendel ne passa pas devant la plus petite boutique sans y entrer; il mettait à ses recherches un acharnement sans pareil et ne se déroutait pas de la moue des marchands qui voyaient leurs boutiques misés au pillage par cet infatigable chercheur ; car le peintre, malgré les réponses négatives des brocanteurs à l'aspect du bas mirifique et solitaire, avait la rage d'ouvrir lui-même tous les paquets de hardes, de fouiller dans tous les morceaux d'étoffe destinés à se transformer en papiers.

L'épouse de Van Schaendel ne revit son mari qu'après quatre mois d'absence, changé par la fatigue et la figure inquiète. Il ne raconta pas ses tourments à la Malinoise ; il avait pour opinion que les femmes sont incapables de raisonnement pour tout ce qui regarde le métier de peintre. Il ouvrit les portes de son atelier, fermées depuis cent vingt jours, et n'en bougea d'un mois, y faisant venir son manger et toutes choses d'utilité hygiénique. Quoiqu'il travaillât constamment, Van Schaendel prenait de nouvelles teintes d'ennui. Le portrait était aussi avancé que possible et le bourgmestre de Malines semblait vouloir revivre pour longtemps, lorsqu'un matin le peintre se leva la figure terreuse, les yeux rougis comme quelqu'un qui a passé une mauvaise nuit. Il s'assit sur son haut tabouret en face du portrait et le contempla longuement.

Praët était vivant, et d'une toilette splendide, trop splendide même pour un chasseur. Passe encore l'habit, aussi les culottes jaunes d'Utrecht gaufrées, — le seul objet que le peintre eût retrouvé dans ses pérégrinations. On comprend même le jabot fin et blanc, ainsi que les manchettes brodées. Van der Meulen, dans ses tableaux *guerriers*, où le combat semble se livrer dans l'œil-de-bœuf, nous a habitués à bien d'autres anachronismes de fanfreluches. Mais il était impossible de justifier les bas-cathédrales; jamais on n'a vu de chasseurs avec des bas-cathédrales, surtout celui-là, dont le carnier promettait de l'occupation aux broches, aux rôtissoires, et qui avait dû courir par monts et par vaux pour arriver à un résultat aussi plantureux. La chasse avait nécessairement détérioré ces bas si magnifiquement ouvragés, et personne ne compromettrait, au prix d'une chasse de Nemrod, des objets d'art d'une valeur incalculable. Tout le monde, — même les plus bornés connaisseurs, — aurait eu à la bouche ces réflexions; mais la peur d'anachronisme n'était pas ce qui tourmentait Van Schaendel. Son inquiétude venait de ce qu'il avait eu la témérité de peindre un jabot et des manchettes *neuves*, d'après ces sortes d'épluchures de fils rouges et noires, égratignées plutôt que brodées, qui furent retrouvées dans le grenier. Le peintre était au désespoir d'avoir rajeuni le vieil habit poussiéreux dont les brosses les plus acharnées et les plus aiguës n'avaient pu faire déloger les ordures déposées par soixante-dix années. Pour la culotte de velours, Van Schaendel lui avait donné des couleurs de jeunesse qui juraient avec les tons calmes et *rassis* de l'antique *marronnière*. Le plus cuisant en ce portrait venait des bas-cathédrales. N'en avoir qu'un et en peindre deux paraissait au peintre consciencieux un cas pis que meurtre. Et il n'avait pas assez d'indignation contre sa main droite, la main au pinceau, la main téméraire qui avait eu l'audace de raccommoder le fronton et de rebâtir en entier la rosace, fragments perdus dans le bas unique qui servait de modèle.

Ayant longuement considéré sa toile encore fraîche, Van Schaendel prit le plus gros de ses pinceaux et le fit courir avec un acharnement et une furie sans pareils sur le portrait. Jamais les corneilles abattant des noix ne dépensèrent telle énergie. Aussi prompts que l'éclair, disparurent la figure du bourgmestre, son fusil, son carnier, son jabot, ses dentelles, ses culottes jaunes et ses bas-cathédrales. Le chasseur fut converti en un chaos de couleurs du plus sale aspect. Quand le portrait fut amené à terminaison si malheureuse, Van Schaendel prit son chapeau, sa canne, et sortit.

Il avait besoin de respirer un peu d'air pur ; on imagine facilement qu'un tel homicide pictural ne se fait pas à tête froide et l'esprit calme. Le peintre avait la fièvre et tout son sang s'était porté à sa figure. Quelques Malinois regardèrent avec surprise, du dedans de leur boutique, leur compatriote qui volait plutôt qu'il ne marchait à travers les rues de la ville. Hors de la ville, Van Schaendel, qui ne voyait pas clair, se heurta contre un grand corps dur qui fit entendre ces paroles : « Ah ! le maladroit !... Eh ! mais, c'est maître Van Schaendel !... Vous sortez donc de dessous terre ? »

Le peintre fixa de ses yeux hagards le corps heurté et lui cria en continuant sa course :

— Votre portrait avance.

Cette affirmation montre assez à quel degré était arrivé le dérangement d'esprit du pauvre peintre, qui, rencontrant le petit-fils du bourgmestre, lui disait : « Votre portrait avance, » après lui avoir fait subir une mutilation si complète une demi-heure auparavant.

Cependant il n'est course qui n'ait son terme ; les chevaux les plus fougueux se brisent contre un obstacle et s'arrêtent court. Van Schaendel tomba de lassitude sur le gazon. Il était tout pantelant et respirait d'une façon aussi précipitée qu'un épagneul anglais qui a chassé le lièvre pendant une heure. Bientôt revint ce calme flamand que la Kermesse seule trouble une fois l'an. Un petit ruisseau clairet, qui courait dans un fossé, sembla attirer toute l'attention de Van Schaendel, qui resta jusqu'à la tombée du jour à regarder les moindres petits accidents qui troublent la quiétude de l'eau : une mouche noyée se laissant aller à la dérive, une grenouille curieuse qui abandonne son empire pour s'extasier avec ses grands yeux devant les herbes vertes du pré. Mais cette attention du peintre pour les choses de la nature n'était qu'extérieure ; toute son attention était tournée au dedans de son cerveau, où se promenait M. le bourgmestre tout nu, tenant d'une main un paquet de vêtements du plus beau neuf, de l'autre main un tas de hardes qui n'étaient autres que celles du grenier. Le bourgmestre, quoique logé à l'étroit dans le crâne du peintre, entrait dans des discours sans fin : — c'était un homme fort bavard de son vivant ; — il plaidait le pour et le contre, deux causes à la fois. Tour à tour il présentait ses habits neufs avec une dissertation sur l'emploi à en faire ; et il montrait ensuite ses vieux habits avec des raisonnements non moins concluants. En résumé, le bourgmestre, homme prudent, faisait valoir les deux avis sans se prononcer pour l'un ou pour l'autre. Le peintre, constitué en jury, avait à résoudre cette terrible question : « Choisis si tu l'oses. »

Van Schaendel se leva brusquement et retourna dans la direction de la ville ; il était plus gai que le matin, son pas était plus calme et moins fou ; le sang de la figure était redescendu dans les canaux habituels. Après une grasse nuit, Van Schaendel se leva au petit jour, ouvrit sa cassette, et endossa toutes les vieilleries du feu bourgmestre, et l'habit poussiéreux, et les culottes jaunes, et les manchettes rousses, et le jabot sali, et le fameux bas-cathédrale. Est-il besoin de dire que la jambe gauche resta nue, tandis que la droite se pavanait dans le monument de dentelles qui malheureusement montrait par la rosace détruite le genou du peintre ?

Le doute seul rend longue la besogne. Van Schaendel, qui était sûr de tous ses effets, peignit avec une vitesse incroyable le portrait commandé. Ce fut un chef-d'œuvre de couleurs. Quand il fut sec et convenablement verni, monsieur le bourgmestre, sur les épaules de deux porteurs, fut conduit en triomphe chez son petit-fils.

Van Schaendel, le soir à son dîner, était en train de dévorer un friand morceau de jambon fumé avec tout le contentement et le laisser-aller d'un homme qui a terminé une grande œuvre, lorsque Praët entra : un homme qui tomberait de la lune n'aurait pas figure plus étonnée et plus stupéfaite. Le peintre le regarda et lui dit :

— Qu'y a-t-il ? vous me paraissez tout renversé !

— Le portrait !... le portrait !... le portrait !... s'écria le descendant du bourgmestre.

— Serait-il crevé ? demanda Van Schaendel.

— Non.

— Eh bien ! vous l'avez reçu !

— Hélas ! oui.

Après bien des explications, Van Schaendel comprit que le petit-fils se plaignait de ne pas avoir le portrait d'un bourgmestre, mais le portrait d'un homme de mauvaises mœurs, d'un coureur d'aventures, d'un voleur de grand chemin.

— Oh! dit le peintre, vous ne l'avez pas regardé.

— Au contraire, je ne l'ai que trop regardé... Il a une jambe nue, mon grand-père!... Un magistrat avec des accrocs partout... ce n'est pas possible.

Le possesseur du portrait supplia vainement le peintre de remettre son grand-père à neuf ; jamais Van Schaendel n'y voulut consentir, ne sortant pas de son système exclusif de l'imitation des objets dont il avait la possession.

— Au moins, dit le petit-fils, par grâce, mettez un second bas aux jambes de mon grand-père.

— Je veux bien, dit le peintre, mais vous me fournirez la paire complète.

— Puisque vous ne peignez les objets que d'après nature, dit l'autre pour ultime raison, mettez le seul bas que nous ayons à votre jambe gauche.

— Impossible, répondit le peintre ; j'aurai alors la droite nue, jamais je n'arriverai à les mettre d'ensemble.

Un curieux et comique procès s'ensuivit, l'homme au portrait produisant ses preuves et alléguant la folie de Van Schaendel que lui et d'autres avaient pu voir courir à toutes jambes dans la ville ; mais le demandeur fut débouté.

Ce portrait resta dans le grenier du bourgeois Praët, indigné d'avoir sous les yeux un de ses ancêtres, magistrat irréprochable, habillé et débraillé comme un joueur qui a perdu son dernier écu. A sa mort, le portrait passa au musée de La Haye, où les touristes admirent encore cette splendeur de déguenillement, sans se douter, — car le catalogue ignorant n'en dit rien, — qu'il y a là-dessous un bourgmestre et un peintre à systèmes.

11 juillet 1847.

M. PRUDHOMME

AU SALON

M. PRUDHOMME, *donnant le bras à madame Pastéris.*
Quel temps, belle dame ! quel soleil chaleureux !

MADAME PASTÉRIS.
C'est vrai ; il fait bien beau.

M. PRUDHOMME.
Il faut beaucoup aimer les arts pour aller aujourd'hui au *muséum* de peinture ; mais les arts sont une si belle chose.

MADAME PASTÉRIS.
Et puis ça fait aller le commerce.

M. PRUDHOMME.
A l'âge de quinze ans, j'avais voulu me lancer dans cette partie. Mon père connaissait un certain Jobé, peintre en miniature, homme de talent s'il en fut jamais. Ce Jobé tenait à ce que j'apprisse la miniature ; mais mon père me dit : Joseph, remarque bien Jobé, c'est un artiste de talent, il est joli, jeune, bel homme ; tel que

tu le vois, il finira sur la paille. Joseph, tu annonces une belle main ; avec une belle main, on arrive à tout.—Mon père ne dit que trop vrai. Jobé mourut à l'hôpital : je devins un calligraphe de quelque réputation, j'ose le croire.

MADAME PASTÉRIS.

Une femme qui reçoit de vos lettres doit être bien flattée.

M. PRUDHOMME.

Madame, sans me vanter, j'ai fait quelques conquêtes avec ma plume, quoique la plume seule ne soit rien. A la calligraphie unissez le style, a dit un sage. Et j'avais un style incendiaire ! J'aurais pu combattre vingt fois pour ce sujet si mon caractère et les lois du pays ne s'y fussent opposés. D'ordinaire je terminais mes pamphlets amoureux par une signature, mais une signature à moi, une signature qui disait tout. La missive s'adressait-elle à une femme légère, j'employais la signature déliée et coquette; pour la femme à sentiments, une signature pleine, passionnée et languissante.

MADAME PASTÉRIS.

Ah ! monsieur, que je regrette de n'être plus jeune !

M. PRUDHOMME.

Vous vous moquez, belle dame ; vous êtes dans toute la force des sentiments, si j'ose m'exprimer ainsi. Les printemps vous ont abandonnée, mais pour faire place à un été plein de feu, et les grappes de votre automne seront bien douces à cueillir.

MADAME PASTÉRIS.

Ah ! monsieur Prudhomme !

M. PRUDHOMME AU SALON.

M. PRUDHOMME.

Faut-il, pour mon malheur, que les frimas de l'hiver aient glacé mes sens! j'aurais voulu, madame, vous faire l'offrande de mes hommages.

MADAME PASTÉRIS.

Et M. Pastéris!

M. PRUDHOMME.

M. Pastéris ne s'en porterait que mieux. (*Riant.*) Hé! hé!

MADAME PASTÉRIS.

Monsieur Prudhomme, vous êtes bien léger!...

M. PRUDHOMME.

Ne faut-il pas toujours avoir le petit mot pour rire? autrement la vie ne serait qu'un calice d'amertume. Belle dame, nous voici arrivés au palais de nos rois. Prendrons-nous le catalogue du Muséum? je vous avouerai que je préfère deviner le sujet du tableau; on a le plaisir de la surprise. Du reste, je suis tout entier à vos ordres.

MADAME PASTÉRIS.

Ce sera comme vous voudrez, monsieur.

M. PRUDHOMME.

Je n'en prendrai pas, alors. Je devine facilement; l'histoire romaine, l'histoire grecque, la mythologie n'ont aucun secret pour moi; la mythologie surtout. Je lis et relis sans cesse le délicieux ouvrage de Demoustier, ses *Lettres à Émilie*. Quelle finesse, quel tour gracieux règnent dans cet ouvrage! On n'est pas plus galant. J'aurais fait des bassesses pour connaître Demoustier, s'il n'était mort. Demoustier et Voltaire, voilà mes auteurs favoris. Ah! madame, la *Pucelle*... On ne refera jamais *la Pucelle*. Le connaissez-vous, cet ouvrage piquant?

MADAME PASTÉRIS.

M. Pastéris l'a dans sa bibliothèque, mais il me défend de le lire.

M. PRUDHOMME.

Je vous le prêterai, madame, je vous le prêterai, et vous le dévorerez, j'ose m'en flatter. (*Ils entrent dans le salon carré.*)

MADAME PASTÉRIS, *devant un tableau d'Horace Vernet.*

Voyez, monsieur Prudhomme, quel beau tableau !

M. PRUDHOMME.

C'est d'Horace Vernet, le fils de Carle Vernet; un farceur encore celui-là. J'ai beaucoup connu un de ses amis. C'était l'homme aux calembours...

MADAME PASTÉRIS.

Oh! un officier français qui va être tué par un Arabe. Malheureux jeune homme!

M. PRUDHOMME.

Cependant le marquis de Bièvre l'emportait sur lui...

MADAME PASTÉRIS.

Sur cet officier?

M. PRUDHOMME.

Pardon, belle dame ; je dis que le marquis de Bièvre faisait mieux le calembour que Carle Vernet, le père d'Horace Vernet dont le tableau est sous nos yeux. Un jour il dit à Boilly...

MADAME PASTÉRIS.

Mon Dieu, il faut la vie d'un homme pour peindre tout cela !

M. PRUDHOMME.

Détrompez-vous, belle dame; tous ces personnages que vous voyez-là ne sont rien; le peintre ne s'en occupe guère; il ne fait que les mains.

MADAME PASTÉRIS.

Ah! vraiment?

M. PRUDHOMME.

Certainement, les mains sont très-difficiles à rendre; le reste, les habits, les têtes, est peint par les élèves. Je reviens à Boilly, que j'ai beaucoup connu : ce fut lui le premier peut-être qui porta une tabatière à musique. C'était nouveau alors, nous étions en 1815. Boilly était invité, à cause de son esprit de saillie, dans toutes les grandes réunions. Un soir il met sa tabatière à musique dans sa poche. On causait au coin du feu; il lâche un air. Toute la société se regarde, personne ne s'expliquait d'où venait cette délicieuse musique. Quand Boilly eut joui de l'embarras, il montra l'instrument : on rit beaucoup. Il ne fallait que deux ou trois farceurs comme Boilly pour mettre le monde en révolution. La tabatière à musique devint de mode. Moi-même je cédai à la vogue; j'en achetai une et je m'en trouvai bien; je crois même...

MADAME PASTÉRIS.

Monsieur Prudhomme, voici un paysage qui me paraît...

M. PRUDHOMME.

Il est fort beau. Signé : madame Empis. Il serait bien pour un homme; éclos sous les pinceaux d'une dame, c'est tout dire. Admirez un peu la perspective. Ah! c'est que la perspective est tout dans le paysage; sans la perspective, point de paysage.

MADAME PASTÉRIS.

Et les biches; voyez, elle vont boire !

M. PRUDHOMME.

Très-bien : l'eau est parfaitement rendue ; on distingue même les feuilles des arbres. Ah! le paysage! On fit, si j'ai bonne mémoire, un joli couplet sur le paysage. C'était dans *Fanchon la Vielleuse*, une pièce dans laquelle madame Belmont fit courir tout Paris ; elle y mettait un mélange de simplicité, de bon ton, d'enjouement et de sensibilité qui vous émouvaient malgré vous, surtout quand elle disait au jeune peintre Francarville (*il chante à mi-voix*) :

> Au bas d'un fertile coteau
> Dont je garde la souvenance,
> Je ferai peindre le hameau
> Qui vit les jours de mon enfance.
> Il faudrait être mon époux
> Pour faire avec moi ce voyage ;
> J'avais jeté les yeux sur vous...,
> Mais peignez-vous le paysage? (*Bis.*)

UN RAPIN, *écoutant*.

As-tu fini !

M. PRUDHOMME, *s'échauffant*.

Frondeur audacieux ! Les jeunes gens d'aujourd'hui sont bien mal élevés. Éloignons-nous, madame ; je suis d'un caractère bouillant, et il pourrait arriver des malheurs.

MADAME PASTÉRIS.

Je vous en prie, monsieur Prudhomme, ne vous fâchez pas ; laissez tranquille ce va-nu-pieds avec ses longs cheveux. Ça doit être un peintre.

M. PRUDHOMME.

Jamais, madame ; les peintres sont gais, mais insolents, non. (*Ils arrivent près d'un tableau d'Eug. Delacroix.*) Oh ! l'horreur ! Il est inconcevable que les jurés reçoivent de pareilles choses. Mais c'est peint avec un balai... un balai ivre même.

MADAME PASTÉRIS.

Passons vite, cette peinture m'agace...

M. PRUDHOMME.

Voyons un peu le nom de l'auteur : Delacroix. On n'a pas d'idée de quelque chose d'aussi affreux. Je ne prendrais pas ce tableau pour rien. Je ne voudrais pas, moi qui vous parle, avoir fait cela. Pouah ! l'indignité ; j'ai très-peu dessiné ; mais je me flatte, avec ma plume, d'arriver à des résultats plus agréables. Une fois, cependant, je faillis me compromettre : c'était lors de la création des préfets. J'habitais le département de Saône-et-Loire, chef-lieu Mâcon. Vous avez dû, belle dame, boire du vin de ce pays ; il est fort bon et peu coûteux. Si mes souvenirs sont exacts, il coûte 75 centimes la bouteille ; ce n'est pas ici, à Paris, où l'on ne boit que des vins falsifiés, qu'on en trouverait à ce prix. Franchement, je voudrais revoir Mâcon rien que pour ses vins. Les habitants sont aimables ; on y tient bonne table. Le bon vin ! il m'en souviendra longtemps.

MADAME PASTÉRIS.

Oh ! les pauvres petits ! ils vont être dévorés par le loup ; et la pauvre mère qui se dresse contre la croix. Le loup a l'air d'avoir bien faim. Croyez-vous, monsieur Prudhomme, qu'il les dévorera le loup ?

M. PRUDHOMME.

Soyez tranquille, madame. Remarquez dans le fond un garde-chasse qui arrive avec son fusil. Il ne laissera pas se consommer un attentat aussi déplorable. Cependant, il n'y a pas toujours de gardes-chasse. Nous voyons à chaque instant, dans les gazettes, des événements beaucoup plus douloureux. Le peintre n'a rien inventé.

MADAME PASTÉRIS.

Vous croyez qu'il l'a vu?

M. PRUDHOMME.

Certainement, madame. Mais voici qui est plus gai, ce portrait de villageoise âgée : elle va parler.

MADAME PASTÉRIS.

Et elle reprise ses bas. Pauvre vieille femme, à son âge !

M. PRUDHOMME.

Ce n'est pas qu'elle ait mauvaise vue. Son mouchoir est parfait d'exactitude.

MADAME PASTÉRIS.

Oui, c'est de la laine toute pure.

M. PRUDHOMME.

Et les rides. Voilà ce qui me confond dans la peinture. C'est à s'y tromper. Remarquez encore une fort belle peinture, là, un peu élevée...

MADAME PASTÉRIS.

Des femmes nues, c'est un peu libre.

M. PRUDHOMME.

Pardon, madame, le sujet en est historique.

MADAME PASTÉRIS.

Alors, il n'y a rien à dire ; mais il est bien compliqué, ce sujet. Un Espagnol, très-bel homme, du reste ; beau costume, et des Turcs.

M. PRUDHOMME.

Je ne suis pas bien au courant ; je vais m'enquérir près de ce monsieur qui a un catalogue. (*A un monsieur.*) Un million de pardons, monsieur, si je vous dérange ; c'est pour une dame qui désirerait connaître le n° 688 ?

LE MONSIEUR.

Comment donc, monsieur, pour une dame, certainement. (*Il lit.*) « Don Alvarès, à la recherche de sa femme « enlevée par des pirates d'Alger, la retrouve en vente « dans un marché d'esclaves ; quinzième siècle. »

M. PRUDHOMME.

Monsieur, c'est à charge de revanche. Belle dame, vous aviez deviné juste en disant que c'était un Espagnol : don Alvarès, sujet historique. Des pirates, les Turcs, l'avaient enlevée. L'action se passe au quinzième siècle ; on était encore en pleine barbarie, les mœurs n'avaient pas alors le vernis d'aujourd'hui.

MADAME PASTÉRIS.

Je crois bien, enlever des femmes !

M. PRUDHOMME.

Ce don Alvarès dut être fort désolé, car son épouse est très-bien.

MADAME PASTÉRIS.

Elle a tout au plus vingt ans.

M. PRUDHOMME.

Lui porte sur sa physionomie vingt-cinq à vingt-sept ans; une union bien assortie. Enfin, le mari se met à sa recherche dans les pays les plus lointains. Il arrive chez les Turcs. Vous n'ignorez pas qu'ils trafiquent sur les femmes?

MADAME PASTÉRIS.

Les barbares!

M. PRUDHOMME.

Il croit reconnaître une taille chérie; il lève le voile. O joie! c'est son épouse. Vous pensez s'il est heureux. Le contentement se lit sur son visage. Voilà ce que j'appelle un sujet bien rendu.

MADAME PASTÉRIS.

C'est très-intéressant.

M. PRUDHOMME.

Nous en verrons bien d'autres. Tenez, ce décrotteur. Oh! c'est parfait; la dame trousse un peu sa robe. On voit même le mollet; hé! hé!

MADAME PASTÉRIS.

C'est trop.

M. PRUDHOMME.

Au contraire, ce n'est peut-être pas assez; hé! hé!

MADAME PASTÉRIS.

Oh! vous êtes trop libre, monsieur Prudhomme. Mais, c'est particulier, une femme nue, à droite, et qui fume.

M. PRUDHOMME.

Où voyez-vous?... Là-bas, j'aperçois. Ceci demande des explications. C'est *une* modèle.

MADAME PASTÉRIS.

Comment, *une* modèle ?

M. PRUDHOMME.

Oui, qui sert aux artistes.

MADAME PASTÉRIS.

Et elle se déshabille ainsi, sans rien, devant deux cents personnes ? car ils sont deux cents !

M. PRUDHOMME.

Que voulez-vous ! c'est son état de se déshabiller.

MADAME PASTÉRIS.

Fi ! l'horreur.

M. PRUDHOMME.

C'est un mal pour un bien ; il n'y a pas de peinture possible sans cela.

MADAME PASTÉRIS.

Mais elle n'a pas besoin de fumer, et sans chemise, surtout.

M. PRUDHOMME.

Je vous l'abandonne sur ce point. Vous devez bien sentir que ce ne sont pas des femmes de mœurs très-régulières ; cependant on en a vu...

MADAME PASTÉRIS.

Je ne le crois pas ; une créature qui se prive de tous ses effets devant un tas d'hommes... Non, on ne m'ôtera jamais cette idée-là !

M. PRUDHOMME.

Les artistes ne laisseraient jamais entrer qui que ce fût quand ils ont *une* modèle...

MADAME PASTÉRIS.

Voyez-vous bien ? C'est assez clair.

M. PRUDHOMME.

Cependant un jour feu Drolling me laissa voir *sa* modèle ; il est vrai qu'elle était habillée...

MADAME PASTÉRIS.

A la bonne heure.

M. PRUDHOMME.

Feu Drolling est celui qui a peint au Louvre l'*Intérieur d'une Cuisine*, un bijou, c'est ravissant ; les marmites sont à prendre à la main. On compterait volontiers chaque brique du plancher ; mais il prenait son temps. Il me disait, à moi qui vous parle : « Monsieur, j'ai mis quatre mois à peindre le balai. »

MADAME PASTÉRIS.

Quelle patience !

M. PRUDHOMME.

Oui, nous avons des personnes qui pensent qu'on dessine par-dessous la jambe ; ces personnes se trompent. Feu Drolling toujours disait : « Le génie sans la patience n'est rien, » et il avait raison. Je lui portai un jour, par plaisanterie, un soldat dessiné par moi en traits à la plume. Je ne vous dis pas cela, madame, pour me flatter ; il le trouva très-bien et le fit encadrer.

MADAME PASTÉRIS.

Vous êtes vraiment un homme universel, monsieur Prudhomme... Vous étiez né artiste !

M. PRUDHOMME.

Aussi les ai-je toujours fréquentés. La mort de feu

Drolling m'affecta beaucoup. La mort est cruelle! j'oserai même la qualifier d'impitoyable; elle s'attaque aux rois comme à leurs simples sujets. Elle moissonne les artistes avec sa faux tranchante... Mais je vous ennuie peut-être avec mes pensées philosophiques?...

MADAME PASTÉRIS.

On ne s'ennuie jamais avec vous, monsieur Prudhomme.

M. PRUDHOMME.

Vous êtes trop aimable, belle dame. Veuillez voir ce sujet gracieux.

MADAME PASTÉRIS.

Le petit Amour!

M. PRUDHOMME.

Précisément; encore un emprunt à la mythologie. L'idée est ingénieuse de l'avoir fait voguer sur son arc comme sur un bateau. Il est tranquille celui qui cause tant de passions. Sa flèche, qui a transpercé tant de cœurs, sert d'éventail, et son mouchoir tient lieu de voile.

MADAME PASTÉRIS.

On voit qu'il y a du vent.

M. PRUDHOMME.

C'est un doux zéphyr qui le mènera vite à Cythère.

MADAME PASTÉRIS.

Comme c'est bien peint; c'est tendre.

M. PRUDHOMME.

Il est impossible de rendre avec plus de chasteté une image voluptueuse. Il a beaucoup de talent et il ira loin ce jeune artiste.

MADAME PASTÉRIS.

Vous croyez?...

M. PRUDHOMME.

J'en suis sûr; il a dû recevoir des conseils de Girodet, encore un grand artiste que les arts pleureront longtemps.

UNE DAME, *tenant par la main un petit garçon.*

Vois-tu, Fifi, n'a pas été bien sage le petit garçon à sa maman qu'est malade.

FIFI.

Oui, maman.

LA DAME.

N'a renversé le bouillon.

FIFI

Oui, maman.

LA DAME.

La maman le gronde beaucoup; n'a l'air triste, le petit poulot.

FIFI.

Oui, maman.

LA DAME.

Tu ne seras pas *méçant* jamais, comme le petit à sa maman.

FIFI.

Oui, maman.

M. PRUDHOMME.

Voilà un petit garçon bien intelligent. (*La dame fait un sourire.*) Elle est bien conservée, cette dame.

MADAME PASTÉRIS.

Oh! cela dépend.

M. PRUDHOMME.

Je m'entends, pour son âge. (*Bas.*) Voyez-vous ce tableau du roi à Windsor!

MADAME PASTÉRIS, *haut.*

Louis-Philippe.

M. PRUDHOMME, *bas.*

Lui-même. Il ne faut pas parler trop haut devant ce tableau. Cette peinture est due au pinceau d'Édouard Pingret. Je le connais aussi; il m'aime beaucoup : nous avons à peu près le même caractère. Il ne fait pas un de ses délicieux petits tableaux sans me consulter.

MADAME PASTÉRIS.

Vraiment?

M. PRUDHOMME.

Il était de la suite du roi en Angleterre. C'est un homme fort bien en cour; mais il ne ressemble pas à tous ces gueux d'artistes qui mangent tout, qui vont au café, qui font les cent dix-neuf coups; non, il est riche, avec cela économe. Pingret donne des soirées délicieuses où va le grand monde. On prend chez lui du moka excellent. Quel moka! Je ne sais trop où il se fournit. Dernièrement, l'empereur de Russie lui a envoyé du thé de caravane, ce qu'il y a de plus fin en thé.

MADAME PASTÉRIS.

Alors c'est un bon peintre?

M. PRUDHOMME.

Les souverains se l'arrachent.

MADAME PASTÉRIS.

C'est beau, pourtant, d'arriver là.

M. PRUDHOMME.

Oui, mais tout le monde ne s'appelle pas Pingret.

MADAME PASTÉRIS.

Regardez donc, monsieur Prudhomme, la robe de cette dame, une robe gorge-de-pigeon.

M. PRUDHOMME.

C'est vraiment du satin; il est impossible de pousser plus loin l'illusion. Mais je la reconnais, cette dame, c'est madame Fréminet.

MADAME PASTÉRIS.

Oh! non, madame Fréminet n'a jamais porté de robe aussi riche.

M. PRUDHOMME.

La robe ne fait rien; voyez plutôt le nez, la bouche, les yeux.

MADAME PASTÉRIS.

Madame Fréminet a le nez beaucoup plus fort, et elle prise, avec ça.

M. PRUDHOMME.

Je ne dis pas; alors le peintre l'aura flattée. Au surplus, je veux en avoir le cœur net. (*A un jeune homme.*) Monsieur, auriez-vous l'insigne complaisance de me permettre de vous demander si le nom de cette dame est sur le catalogue?

LE JEUNE HOMME.

C'est le portrait du maire d'Yvetot.

M. PRUDHOMME.

Pardon, monsieur, vous errez; je vous parle de la dame à la robe gorge-de-pigeon.

LE JEUNE HOMME.

Oui, monsieur, c'est le maire d'Yvetot. (*Il s'éloigne.*)

M. PRUDHOMME.

Ce jeune homme me paraît très-original, mais il est peu complaisant.

MADAME PASTÉRIS.

Le voyez-vous, votre jeune homme, qui rit là-bas avec un de ses amis, et qui se moque ?

M. PRUDHOMME.

C'est un peintre alors ; les peintres n'en font pas d'autres. Duval le Camus père excelle dans ces sortes de plaisanteries.

MADAME PASTÉRIS.

Je ne trouve pas cela plaisant.

M. PRUDHOMME.

Oh ! elles ont bien leur charme. Dernièrement, on tracassait Duval le Camus père dans une maison pour obtenir de lui une croquade. Les croquades de Duval sont très-recherchées, peut-être plus encore que celles de Pingret. Duval demande une feuille de papier très-longue ; on l'entoure, on est dans l'enchantement d'avoir une croquade d'un homme artiste jusqu'au bout des ongles. Duval dessine une corde de danseur tendue ; puis, dans le haut, un petit bonhomme imperceptible tenant un balancier. Cette plaisanterie me fit rire aux larmes, ainsi que toute la société.

MADAME PASTÉRIS.

Effectivement, c'est très-amusant. Monsieur Prudhomme, n'en avons-nous pas assez pour aujourd'hui ? Ces tableaux vous donnent mal à la tête !

M. PRUDHOMME.

Vous n'êtes pas la seule, belle dame ; il faut en avoir l'habitude. Ce n'est pas l'unique inconvénient de la peinture. De tous ces jeunes peintres, la moitié peut-être aura trépassé l'année prochaine.

MADAME PASTÉRIS.

Seigneur ! est-il possible ?

M. PRUDHOMME.

Hélas ! il n'est que trop vrai. La peinture mine la santé. Vous comprenez, le vernis, l'odeur ; l'estomac est bien vite délabré. C'est ainsi qu'on explique la mort de Girodet.

MADAME PASTÉRIS.

Vous avez bien fait alors de ne pas vous mettre artiste.

M. PRUDHOMME, *faisant retentir sa basse-taille.*

Oh ! nous avons du creux.

20 mai 1846.

SIMPLE HISTOIRE D'UN RENTIER

ET D'UN LAMPISTE

Soyez certain que celui qui a dans son gousset une montre sera tyrannisé par ce meuble, s'il n'a pas à son service un caractère ferme ou une intelligence robuste. J'ai fréquenté dans la province un homme, le type du provincial, de l'honnêteté, de la candeur.

La petite ville était célèbre aux alentours par ses moulins à vent et ses églises. Les moulins à vent s'en sont allés tout d'un coup, aussi les églises. Pourtant jamais situation ne fut plus propice aux moulins. Ils étaient on ne peut mieux sur la montagne, se croisant rarement les bras, attendu que le vent par là n'est pas rare. On a cherché à me faire comprendre que l'industrie avait trouvé des *broyeurs* de blé plus alertes que les moulins à vent. Tant pis; c'étaient des constructions bizarres qui faisaient bien dans le paysage, et qui, la nuit, semblaient de grands cyclopes géants doués de quatre bras.

Toutes les villes ont la rage d'avoir des rues de Rivoli : elles adorent être tirées au cordeau. Ce que ces opérations de voirie, ces expropriations pour cause d'*utilité publique*, ces alignements ont fait sauter de monuments, est incalculable ; mais aussi les bourgeois ont à la place des trottoirs et de grandes imbéciles de maisons, droites comme des I, et toutes en pierre de taille.

Deux églises cependant restèrent debout au milieu de cette *iconoclastie,* toutes deux avec des horloges au front. L'hôtel de ville aussi avait sa sonnerie particulière. — Pour en revenir au propriétaire de la montre, il fallait voir son inquiétude quand les trois horloges n'allaient pas à l'unisson. C'étaient des courses infinies, des questions sans nombre à chacun de ses compatriotes pour expliquer le désagrément que lui causait le peu d'accord des trois horloges. Plus tard, notre original, afin d'avoir moins à souffrir, adopta la cathédrale. Il donnait l'heure à tous ses parents, ses amis, ses connaissances ; mais, ne voulant tromper personne, il avait soin d'expliquer que « c'était l'heure de la cathédrale. » Ce type si fréquent se retrouve à Paris. Les employés ont tous « l'heure de la ville. » Je sais un rentier de la place Royale, qui fréquente depuis des temps immémoriaux le Jardin-Turc, et qui n'a pas cru devoir donner de meilleures preuves de son estime à cet établissement qu'en tirant sa montre : « Monsieur, je vais on ne peut mieux : j'ai l'heure du Jardin-Turc. »

Pendant quelques mois, la montre du rentier se trouva d'un accord parfait avec la cathédrale ; mais voici que l'horloge, de construction assez vieille, plantée sur un rocher élevé, donc exposée à tous les vents, à tous les brouillards, à toutes les pluies, fut malade de l'intempérie des saisons. La malheureuse horloge déraisonnait; elle oubliait les *quarts,* d'autres fois les *demies.* Plus souvent elle sonnait douze heures quand il n'en fallait qu'une. On comprend le violent désespoir qui s'empara de l'homme à la montre. Il avait choisi l'horloge la plus sûre, la plus accréditée dans le pays, et l'horloge adultère lui *faisait des traits.* Le provincial courut chez le lampiste de la petite ville. Vous me direz : Qu'est-ce qu'un lampiste peut avoir à faire là-dedans ? Ceci n'est pas du badinage ; croyez-en ce que vous voudrez : ce lampiste était chargé de régler l'horloge de la cathédrale ; toutes les quinzaines, il lui fallait grimper les trois cent soixante-quinze marches du clocher pour aller remonter la machine, la nettoyer, la *graisser.* — On sent ici le besoin du lampiste, et on comprend sa nomination. — Rien qu'en voyant entrer son compatriote à la mine blême, à la marche indécise et flottante, le lampiste devina qu'il s'agissait de l'horloge de la cathédrale. — Je n'y peux rien, dit-il en répondant à la demande muette de l'homme désolé, c'est une machine capricieuse comme tout. — Le provincial poussa un soupir, et d'un geste muet, d'un geste comme n'en trouvera jamais mademoiselle Rachel, il plia son coude en deux, la seconde partie de l'avant-bras fit un nouvel angle, les doigts de la main droite eux-mêmes se courbèrent, — en tout quatre angles, — et de cette manœuvre géométrique il résulta que la main droite fouilla dans le gousset du gilet. Une montre en sortit.

Elle était sans aiguilles ! ! !

Trouvez-moi dans les romans anciens ou modernes une douleur plus éloquente, plus sentie, plus profonde que celle-là ! Le lampiste avait l'âme sensible ; d'un esprit peu cultivé d'ailleurs, il ne s'inquiétait ni de la politique, ni de la Pologne, ni de la réforme électorale, ni de l'Irlande affamée. Non, il lisait tout bonnement le journal de son chef-lieu, et toute son attention se portait vers le cours des graines oléagineuses, dont voici le tableau exact :

Huiles. — Graines oléagineuses.
COURS DE LILLE — 5 mars.

	GRAINES.		HUILES.		TOURTEAUX.	
Colsa nouv...............	20 00	27 00	80 00	00 00	15 50	16 50
Œillette................	21 10	26 00	85 00	00 00	14 25	15 25
Lin.....................	20 00	25 00	82 25	82 00	12 00	20 00
Cameline................	20 00	24 00	77 00	00 00	15 50	16 00
Chanvre.................	00 00	00 00	00 00	00 00	14 00	15 25
Huile bon goût sur march.........			00 00	00 00		
Id. d'œillette bon goût.........			00 00	00 00		
Id. froissage soutirée..........			00 00	00 00		
Id. épurée pour quinquets.....			86 00	00 00		
Id. pour réverbères.......			00 00	00 00		
Suif fondu du pays........ 110 à 000						

PARIS, 5 mars. — Huile colza disponible, fr. 88 00 ; courant du mois, 00 00 ; 4 derniers mois, 88 58 à 89 25 ; 4 premiers, 00 00 à 00 00.

Mais cet esprit vierge comprit le trouble du possesseur de la montre. Car lui aussi était affligé des écarts et de la mauvaise conduite de l'horloge. Il ne répondit pas un mot, ce qui prouve combien il partageait la douleur de l'autre, et il eut raison. Je saurais très-mauvais gré à l'ami qui viendrait m'apprendre que mon amie est morte, et qui tenterait de me consoler par un flux de paroles. Qu'il se taise, qu'il pleure avec moi, ou qu'il me laisse un peu me cogner la tête contre le plafond.

Le lampiste quitta son tablier huileux de serge verte, que le cuivre avait rendu noir par son contact, endossa son habit noir ; entendez-vous ? son habit noir, l'habit des cérémonies douloureuses, l'habit des joies, l'habit des noces et des festins, l'habit des dimanches pour tout dire, et il passa son bras sous celui du bourgeois. Et tous deux, sans dire un seul mot, sans saluer personne, tant était poignant leur chagrin, montèrent ensemble les trois cent soixante-quinze marches de la cathédrale. Le voilà donc en face de son amie, le provincial attristé! Ses yeux se raniment, ils s'ouvrent aussi grands que la nature l'a permis : il regarde longuement et fixement l'horloge. La folle était impassible ; seulement son gros tic-tac, — qui est le pouls de ces machines, — battait d'une façon un peu fiévreuse. Les roues tournaient avec une activité fébrile : tout cela chantait, dansait, craquait ; mais le lampiste : — Ah! monsieur, je me trompais, ce n'est pas un caprice, elle est malade, elle a la tête détraquée.

Les provinciaux ont très peur des fous ; notre rentier recula de trois pas, d'autant plus que ce tapage, auquel il n'était pas habitué, lui semblait un fâcheux augure. Il n'avait jamais vu ni ouï de machines à vapeur.

— Faudra l'envoyer à Paris, dit le lampiste ; je ne suis pas assez habile pour essayer de la guérir.

— Mais le voyage?

— Oh! nous la coucherons avec soin dans un bon lit de foin, avec des planches tout autour.

— Et qu'est-ce que je deviendrai, moi, pendant son absence?...

Le lampiste n'osa proposer au bourgeois une nouvelle liaison avec d'autres horloges; c'étaient de jeunes pimprenelles, à la mode nouvelle, qui étaient coquettes et chantaient les heures d'une voix très-claire. Celle de la cathédrale, au contraire, était une personne grave, d'un âge mûr, et qui avait vu tant d'événements, de révolutions, de changements de maires, d'adjoints, de sous-préfets, qu'elle avait acquis cette expérience si douce dans le commerce de l'amitié.

. . . .
. . . .

L'horloge partit pour Paris, et avec elle le sommeil de l'honnête bourgeois.

Un matin qu'il était occupé à regarder mélancoliquement sa montre sans aiguilles, le lampiste entra. Il avait remis son habit noir, mais non plus en synonyme de crêpe et de pleureuse; d'ailleurs, les jeux et les ris (pardon pour ce mot de nos pères!) se peignaient sur sa physionomie. Le bourgeois tressauta, et, avec un hoquet causé par la joie :

— Elle est revenue! s'écria-t-il.

Et, sans attendre la réponse, il sauta au cou du brave lampiste. — Le lampiste m'a même dit plus tard qu'il sentit deux grosses larmes, de ces bonnes franches larmes qu'on rencontre si rarement, lui couler sur les deux joues et se dérober dans les profondeurs de son vaste faux-col.

— Oui, elle est revenue, et en bonne santé, répliqua le lampiste tout ému.

— Vous viendrez manger la soupe avec nous?

Pour le coup, ce fut au lampiste d'essuyer ses yeux.

Rien de plus aristocratique que la bourgeoisie de province. Là vous verrez rarement, même ceux qui ont beaucoup voyagé, des lampistes partager la *soupe* du rentier. Notre lampiste comprenait d'autant mieux cet insigne honneur, qu'il était honnête homme, petit commerçant, pas envieux, ne briguant pas les faveurs : au fond, un de ces braves gens dont le coutelier Diderot, de Langres, a laissé un si beau type. Il me serait facile ici de placer quelques phrases sur le fils du coutelier, sur Diderot fils, non pas l'encyclopédiste, mais l'auteur du *Neveu de Rameau;* non pas l'adorateur de Voltaire, mais l'auteur des *Entretiens d'un père de famille*. Eh bien, je m'en dispense, laissant ces charmantes digressions à Sterne ; et j'en reviens à l'histoire de l'horloge.

Le rentier avait dit : « Nous mangerons la soupe ensemble ; » mais c'est une façon de parler proverbiale. Le lampiste, quand il eut déployé sa serviette damassée, trouva dessous une paire de boucles d'oreilles en or qui lui firent un grand plaisir, car il n'avait jamais eu le moyen d'en porter qu'en argent. Après le bouilli, apparut sur la table un cochon de lait qui voudrait, pour être décrit, le pinceau d'un coloriste. Le petit cochon était de ce blond presque roux, si cher à Rubens. Que de soins et de veilles n'avait-il pas fallu près de la broche pour arriver à ce ton presque impossible aux cuisiniers parisiens. Ceux-là, les sans-soins, auraient stigmatisé le corps du petit cochon de lait d'une tache noire. Oui, ils l'auraient laissé brûler, au moins par un côté. Et la meilleure preuve que toutes ces opérations culinaires et gastronomiques avaient été préparées avec un soin de

Gérard Dow, la tête du petit cochon de lait était calme et tranquille, plutôt mélancolique que souffrante. Ses yeux étaient fermés doucement et sans effort. Cela va paraître peut-être invraisemblable (j'en appelle aux admirateurs de Brillat-Savarin), le petit cochon de lait semblait être heureux d'avoir été aussi bien cuit!

Le rentier plongea dans les flancs du joli animal un couteau prudent, et l'enveloppe dorée, cette croûte d'une confection si difficile, se détacha tout simplement du corps blanc et vierge du petit cochon.

— Votre assiette, mon ami, dit le bourgeois au lampiste, que je vous donne *du d'or*.

Je me suis souvent acharné après les provinciaux à cause de leurs mœurs rapetissées; eh bien, dans ce moment, je bénis le ciel d'avoir vécu vingt ans dans une petite ville. Les jolis mots qu'on y apprend! le charmant argot qu'ont ces braves provinciaux! Cherchez dans toutes les langues, les mortes et les vivantes, celles de l'Orient et de l'Occident, du Nord et du Midi, vous n'y trouverez jamais un mot aussi ingénieux, aussi naïf et aussi coloré que celui-là : *Du d'or!* pour exprimer la croûte rôtie et luisante d'un petit cochon de lait mis à la broche.

Le dîner se passa dans des élans de gaieté; pour couronner le festin, il fut question d'un verre de ratafia, qui mit les esprits en plus belle humeur sans attaquer la tête. Après le ratafia vint le café, servi dans de jolies tasses sur lesquelles étaient peintes des lyres dorées qui contenaient la *torréfaction de moka*, suivant l'idiome du bourgeois. Cette nuit-là, il dormit comme il n'avait jamais dormi de sa vie. Il rêva les rêves les plus roses et les plus folâtres. A huit heures du matin, notre rentier se leva frais, reposé, la tête légère ; il oublia de se vêtir de son caleçon. Jamais, depuis quarante ans, il ne s'en était séparé. Quel événement avait donc pu jeter un tel désordre dans ses idées? C'est qu'il devait assister, en compagnie de son ami le lampiste, à la pose de l'horloge.

Dans ma jeunesse, mon père étant secrétaire des affaires de la mairie de L... et par conséquent à la tête de la municipalité, — car il n'y avait jamais de maire, — une députation de paveurs vint un jour me chercher, le bouquet à la main, pour poser la première pierre d'une place. On pense quelle joie me procura cet honneur malgré le mal que me donna la *demoiselle* quand il s'agit de la soulever.

Les naïves bouffées d'amour-propre qui s'emparèrent de ma petite personne, âgée de dix ans, ne furent rien, si j'en crois le lampiste, auprès des accès du rentier en allant à la cathédrale. Il enjambait trois marches à la fois ; il souriait, se disait des petits mots sans suite, à lui tout seul. Bref, il arriva en cinq minutes au clocher.

Par le même geste que j'ai déjà décrit, — les quatre angles, — il tira sa montre du gousset du gilet. Les aiguilles avaient repris leur place!!! Le lampiste décrocha d'un clou une énorme clef, aussi grosse que celles de saint Pierre, et se mit en devoir de remonter la machine. — *Cric, crac, cric, crac, cric, crac.* — Les roues commencèrent à sortir de leur torpeur et reprirent leur ancienne partie de concert. Le lampiste fit d'abord sonner une heure, et, à cette voix si connue, le bourgeois se trouva presque mal de bonheur ; il y avait si longtemps qu'il n'avait entendu le timbre chéri de son amie ! En même temps, après avoir introduit sa clef dans la virole de la montre, il la mettait à une heure. L'horloge, sous la conduite du lampiste, sonna docilement deux, trois, quatre, cinq, six, enfin jusqu'à onze heures, et les aiguilles de la montre obéissaient à tous ces appels.

— Il est midi trois minutes, dit le lampiste en tirant une vénérable montre de famille, dont la cuvette d'argent, solide comme un cheval, avait dû résister à l'attaque des années.

C'était un de ces meubles dits *bassinoires* en langage familier. Le brave lampiste allait donc mettre à l'heure l'horloge restaurée, lorsque le timide bourgeois, craignant une rechute, l'arrêta par le bras.

— Croyez-vous qu'elle ira?

— Elle ira *comme un charme*, maintenant.

— Ah! tant mieux, s'écria le rentier en soupirant.

Quand elle fut arrivée au chiffre XII, à cette heure douzième qui s'étalait sur la façade de l'église en larges chiffres romains, l'horloge sembla prise d'une folie furieuse. — Avez-vous été réveillé en sursaut par un réveille-matin? mettez-en une douzaine ensemble, qui carillonneront sans relâche, et vous n'aurez encore qu'une faible idée de l'égarement de l'horloge. Le grand ressort tournoyait convulsivement sur lui-même et faisait tous ses efforts pour s'échapper du *barillet;* les *pivots* et les *goupilles* sortaient de leurs gonds et montraient leurs grosses têtes de fer. Le *cliquet,* qui doit engrener dans la *roue à rocher*, s'était séparé violemment de sa compagne; la *fusée*, qui correspond au *cliquet*, sifflait solitaire; la *roue de champ* avait engagé un duel terrible avec la *roue de rencontre;* la *roue de minuterie* avait perdu connaissance ; seule, la *roue de chaussée*, peu révolutionnaire, semblait effrayée du vacarme que faisai la *roue de canon*, les *palettes* cliquetaient ; le *balancier* semblait un diable dans un bénitier.

A cette révolution inattendue, le bourgeois fut terrifié ; ses yeux et sa bouche étaient grands ouverts. Il n'avait pas plus de salive qu'un condamné à mort qui marche au supplice. Ses doigts s'étaient crispés d'épouvante, et de fauves lueurs passaient par instants dans ses yeux.

— Seigneur ! s'écria le lampiste hors de lui.

Cette exclamation n'arrêta nullement les écarts de l'horloge ; mais le rentier, ramené un moment vers les choses humaines par cette parole, regarda une dernière fois sa montre et la lança dans l'espace. . . . . . .
. . . .
. . . .

Il n'a jamais dit un mot depuis ce fatal événement ; le malheureux a la tête perdue. On ne lui parle pas, car alors il répond par des onomatopées intraduisibles qui imitent le tapage d'une pendule détraquée. Les galopins de la ville, cruels comme tous les enfants, ne manquent jamais de lui demander l'heure.

28 février 1847.

LE FUENZÈS

I

L'HOTEL DE LA RUE DES JEUNEURS

Une partie des commissaires-priseurs qui jadis formaient une corporation très-unie, abandonna, il y a quelques années, l'hôtel de la place de la Bourse, spécialement affecté aux ventes publiques.

Les commissaires-priseurs opposants fondèrent, à deux pas de cet hôtel, une maison de concurrence active, qui prit le nom de la rue, et que les marchands et le public connurent bientôt sous le titre d'*Hôtel de la rue des Jeûneurs*.

On arrive aux salles de vente par un long vestibule couvert qui donne sur une cour. A gauche de cette cour est un hangar sous lequel sont entassés les objets vendus, que les garçons de l'hôtel lient et emballent pour les porter à leurs nouveaux propriétaires.

Les salles de vente sont exhaussées du sol par trois marches menant à une porte de bois à deux battants, lorsque les ventes sont suspendues : deux fausses portes, en damas rouge, indiquent aux visiteurs que les ventes sont reprises.

A droite, en entrant, sont trois grandes salles latérales où se vendent des meubles, des tapis et des objets d'art; la quatrième salle du fond, plus grande, mieux éclairée, sert en général aux expositions de tableaux.

A la porte de cette salle, des groupes de curieux lisaient une affiche ainsi conçue :

« Vente après le décès de M. Bigot, ancien avoué, les 23 et 24 novembre 1840, à deux heures de l'après-midi, et jours suivants :

« D'une magnifique collection de tableaux anciens et modernes, principalement de l'école espagnole.

« Miniatures, objets de curiosité, tels que meubles, coffres en marqueterie, écaille et bois de rose, bronze, porcelaines de Sèvres, de Chine, du Japon, de Saxe, ivoires et bois sculptés, boîtes à bas-reliefs, en argent repoussé et ciselé, objets d'ivoire et pierre dure, bustes en marbre, armes, vitraux suisses anciens et verres de Suisse, émaux de Limoges, terres de Bernard de Palissy et Fuenza, etc.

« Superbes tableaux de Murillo, Velasquez, Claude Coello, Alonzo Cano, Zurbaran, Ariemons, Pierre Francione, don François de Solis, Arellano, Alvarez de Nava, Antolinez, François de Sarabia, Horès Saguiere, Fernandez de Guadeloupe, Laurent Alvarez, Amaya, Villacis, Sébastien Ninoz, don Munoz de Guevara, Sevilla Romero d'Escalante, Jean d'Arevalo, Joseph Leonardo, Arias Fernandez, Cuevas, Manuel Acevedo, Michel d'Aguila, Martinez, Arjona, Santo Domingo, Ferdinand

Gallegos, Jean de Valdes Léal, Barthélemi Perez, Greco, Gonzalès de la Vega, etc.

« Les adjudicataires payeront 5 centimes par franc.

« M⁰ Gallet, commissaire-priseur, rue du Faubourg-Montmartre, 23, assisté de M. Chinon, expert, rue des Saints-Pères, 15. »

Il était une heure de l'après-midi, et la foule se pressait dans les corridors, quoique la vente ne fût annoncée que pour deux heures ; mais cette exposition offrait aux amateurs et aux artistes un plus grand intérêt que les ventes accoutumées.

Les tableaux espagnols sont rares à Paris ; si l'on excepte le musée espagnol du Louvre, la galerie du maréchal Soult, que peu de personnes ont visitée, et la galerie Aguado, aujourd'hui dispersée en Angleterre, en Russie, en France, il est difficile de trouver une toile espagnole dans les collections particulières.

Nous avons longtemps vécu en France sans nous douter qu'il existât une école de peinture en Espagne ; et sans l'heureuse mission du baron Taylor, nous en serions encore à nous contenter du *Pouilleux* de Murillo qui se trouve dans la galerie italienne, et qui ne peut que donner une fausse idée de la riche école qui a produit Vélasquez, Zurbaran, Ribeira, Cano, le Greco, Goya, et tant d'autres grands peintres.

Les artistes formaient la majorité de cette foule. L'école espagnole n'a pas encore pris racine chez les amateurs qui s'enthousiasment volontiers et dépensent des sommes fabuleuses pour un Watteau, pour un Teniers, mais qui *ont peur* d'un Zurbaran.

Les amateurs sont guidés dans cette répulsion par trois

motifs. Ils n'aiment pas les grands tableaux, et l'école espagnole a peu produit de tableaux de genre. D'un autre côté, les *motifs* de ces peintures sont trop cruels ou trop sanglants pour les admirateurs des bergerades de Boucher et des *blaireauteries* familières de Gérard Dow. Enfin, la peinture espagnole, d'un réalisme si saisissant, si vrai, ne peut pas plaire dans un pays dont les représentants à l'étranger sont MM. Duval le Camus père, Lepoitevin, Lapito, et où les cinq sixièmes de la nation insultent au génie de M. Eugène Delacroix.

Les artistes étaient donc venus en foule assister aux derniers moments de cette collection, remarquable en ce sens qu'elle faisait connaître des noms et des œuvres de peintres espagnols qui n'existent pas sur le catalogue du Musée du Louvre.

Les marchands de tableaux s'étaient assis sur les bancs de bois autour de la table circulaire où l'on étale les objets à l'enchère. Ces bancs sont les places privilégiées, attendu qu'il est facile de voir tous les objets en vente, qu'on peut les toucher tous, et examiner rapidement si une fente, un accroc, des *repeints*, n'ont pas réparé l'irréparable outrage dont les tableaux, les porcelaines et les ivoires sont si souvent entachés.

Dans la salle, cinq ou six artistes s'étaient groupés de façon à masquer un de leurs amis qui dessinait une singulière figure, fort occupée à regarder un tableau. — Ce doit être, dit l'un des artistes, un amateur.

— Non, répondit un autre, il a un habit. Un amateur n'a jamais d'habits; s'il en a, ils servent à habiller les porte-manteaux. L'amateur, comme le bibliophile, jouit d'une redingote recélant des poches où vont s'engouffrer livres, statuettes et tout objet d'art petit et non fragile.

— Alors, c'est un peintre en miniature : à coup sûr, il a vieilli dans cet art intéressant, et il demeure galerie de Valois, au Palais-Royal.

— Pas davantage : un peintre en miniature deviendrait fou devant un tableau espagnol... Tenez, ce bonhomme a l'air de s'y connaître, il vient de cracher sur la toile.

— Il a craché, dit un autre, c'est un marchand de tableaux.

— Oh ! que vous n'y entendez rien ! dit à son tour le dessinateur. Regardez ces marchands attablés : ils sont tous gros et rouges, avec des habits aussi sales qu'un portrait de famille dans un grenier. Ils sont grossiers et mal embouchés, vos marchands ; et cet original a de fort bonnes manières, malgré son habit noir qu'on dirait tissé par une araignée.

— Eh bien ! profond observateur, dis-nous la profession, l'âge et la demeure de cet homme ?

— Si j'étais madame Clément, l'auteur du *Corbeau sanglant*, dit le peintre, et que j'eusse eu l'honneur de succéder à mademoiselle Lenormand, je pourrais vous faire croire à ma science ; mais j'avoue que cet homme me déroute. Il a un œil vairon qui exerce une grande influence sur la physionomie.

— Et le nez, une vrille ! Ce nez-là percerait une planche.

— Avez-vous remarqué, dit le dessinateur, les chairs du cou, qui semblent un paquet de cordes naturelles pour le pendre ; et ces cheveux plats et gris qu'on dirait appartenir à un général de l'armée d'Italie ?

— Il a des mains, dit un autre, d'avare ou de violoniste éreinté.

— Voyez-vous le dandinement du corps, une manie particulière aux bêtes enfermées et aux idiots? répliqua le dessinateur. Cet homme-là, je le connais, je me le rappelle maintenant...

— Bah! s'écrièrent les artistes, curieux de vérifier leurs observations.

Le peintre enferma dans un carton son croquis terminé, et dit à ses amis :

— J'ai rencontré cet original dans un roman d'Hoffmann.

II

LE DESSOUS DES VENTES AUX ENCHÈRES

Non loin des artistes causaient deux hommes, dont l'un, ventru et joyeux, répondait par un signe de tête protecteur à toutes les salutations qui lui étaient adressées. Il s'appelle Pigoreau, et les collectionneurs les plus riches, quoique lui disant *père Pigoreau*, ne lui en témoignent pas moins de respect.

Le père Pigoreau est le doyen des marchands de tableaux de Paris. Ce fut lui qui acheta une partie de la galerie Lebrun, formée par le citoyen Lebrun, le même qui occupa tout le public artiste sous la révolution, sous le directoire, en épousant madame Vigée-Lebrun, peintre, dont le mariage n'eut pas d'heureuses suites.

Avec la moitié de la collection Lebrun, assez célèbre pour obtenir les honneurs de la gravure, Pigoreau, jeune alors, n'eut pas de peine à se faire une réputation. Il voyagea à l'étranger, et il acheta à peu de frais des toiles précieuses dont les événements politiques, les guerres, les révolutions avaient annihilé la valeur.

Le père Pigoreau n'était rien moins qu'érudit en beaux-arts ; mais la manipulation des toiles avait développé chez lui un certain sens qui fait que le marchand le plus épais en apparence surpasse souvent en connaissances réelles des artistes distingués. Au fond, c'est de l'instinct animal qui se rapproche du flair des chiens. La meilleure preuve de ceci gît dans un mot de ses confrères jaloux, qui disaient de lui : « C'est un homme qui a un fier nez. »

Pigoreau eut donc *le nez* d'acheter en province, vers l'année 1831, tout ce que le dix-huitième siècle avait laissé de panneaux, de trumeaux, de peintures, de pastels et de dessins. Il écoula ses maîtres italiens, ses flamands ; et, un beau jour, son premier étage, — car il n'eut jamais de boutique, — se trouva bourré de Coypel, de Vanloo, de Boucher, de Watteau, de Fragonard, de Lancret, de Pater, de Greuze, enfin de toute la charmante pléiade des peintres de LL. MM. Louis XV et Louis XVI.

En un an, Paris s'éprit d'une violente passion pour ces œuvres légères qui convenaient si bien aux mœurs et coutumes des habitants du quartier de Notre-Dame-de-Lorette. Quelques littérateurs se laissèrent prendre à ce *renouveau*, et chantèrent sur tous les tons le *génie* de Boucher et des autres peintres d'opéra. Au bout de quatre ans, Pigoreau avait réalisé d'énormes bénéfices ; il continua à brocanter comme par le passé ; seulement, un

12.

soir, en se couchant, il dit à sa femme, après avoir inspecté ses livres :

— Madame Pigoreau, nous avons 25,000 livres de rente.

Madame Pigoreau, brave femme, mais d'une intelligence douteuse et qui n'avait jamais eu vent des affaires de son mari, poussa un cri de terreur. Elle crut un moment que Pigoreau faisait partie d'une bande de voleurs.

— Eh non ! bobonne, dit en riant le marchand, c'est tout simple. Les Parisiens *ont coupé dans le Louis XV.*

Madame Pigoreau, quoiqu'elle ne comprît pas cet argot, fut rassurée. Quelques jours après, le marchand lui présenta un jeune homme à qui il venait de vendre son fonds. Ce jeune homme devait rester un an sous la tutelle du marchand.

C'était avec lui que se trouvait Pigoreau à la salle de la rue des Jeûneurs. Il pilotait ainsi son successeur dans toutes les ventes, le présentait aux amateurs et lui enseignait toutes les rouëries des commissaires-priseurs.

— Tu vois toute cette foule, Antoine, lui dit-il ; eh bien ! ce sera une triste vente. C'est presque tous artistes, ils regardent ; ils voudraient peut-être bien acheter, mais ils n'achètent pas. Nous autres marchands, nous ne voulons pas d'Espagnols, c'est trop noir. Ah ! dans un temps, le tableau espagnol aurait pu être poussé, quand on s'occupait de meubles gothiques. Un ameublement sombre avec des assassinats de saints, des martyres enfin, ça allait bien ensemble. Mais aujourd'hui que le gothique ne vaut plus quatre sous, — il n'y a plus que les peintres qui en ont, et ils voudraient bien le vendre la moitié de ce qu'il leur a coûté, — qu'est-ce que tu veux qu'on fasse de ces grands diables de tableaux, peints avec du sang et des fonds de suie pour repoussoir?

— Alors, dit le jeune homme, pourquoi sommes-nous venus ici perdre notre temps?

— Oh! Antoine, dit le père Pigoreau, tu blasphèmes. On ne perd jamais son temps aux ventes, même quand on n'achète pas... Il faut savoir où vont les tableaux, le prix de chacun de ces tableaux. Vous n'en achetez pas, ça ne fait rien. J'ai chez moi près de quinze mille catalogues annotés; si tu les savais par cœur, Antoine, tu serais plus savant que moi. Les tableaux haussent et baissent comme le pain. Aujourd'hui la vente ne sera pas intéressante. Ils vont commencer par leurs *drogues* en porcelaine.

Pigoreau, en sa qualité de marchand de tableaux, avait horreur des curiosités et les dénigrait perpétuellement.

— Les commissaires-priseurs en ont pour deux jours de *bêtises* à vendre. Tu as vu le catalogue?

— Oui, dit Antoine.

— Eh bien! tous ces bric-à-brac mis en vente n'ont jamais appartenu à ce pauvre M. Bigot. Les vrais propriétaires sont là, assis autour de la table. C'est indigne, vois-tu, les ventes de tableaux. Il meurt un amateur: on annonce sa galerie, on fait des affiches; tu crois qu'on va vendre ses toiles. Pas du tout, on vend les *breloques* des marchands.

— Pourquoi les commissaires-priseurs ne s'opposent-ils pas à cela? demanda Antoine.

— Eh! voilà le malheur; ils tiennent les marchands,

et les marchands les tiennent. Les marchands leur disent :
« Vendez nos fonds de magasin et nous achèterons vos tableaux. » Tiens, regarde là-bas ces deux bustes en marbre.

— Sur la console en bois de rose? demanda Antoine.

— Précisément. Eh bien, ces deux bustes font depuis six mois le chemin de l'hôtel Bullion à la rue des Jeûneurs, et de la rue des Jeûneurs à l'hôtel Bullion. Ils resteront dans toutes les ventes jusqu'à ce qu'un badaud ait mis une enchère convenable. Ah! si le malheureux Bigot pouvait voir sa galerie entourée de ces rocailles!

— Vous ne savez pas encore pourquoi il s'est suicidé?

— Hélas! on ne sait pas. On l'a trouvé baigné dans son sang devant une croûte. Voyons, où est-elle?

Pigoreau mit sa main devant ses yeux, comme un garde-vue.

— Tiens, dit-il, c'est dom Géronias qui me la cachait. Ah! il faut que je lui parle.

Tous deux se dirigèrent vers le vieillard qui avait servi de point de mire aux plaisanteries des artistes; Pigoreau l'aborda poliment :

— Bonjour, *monsieur* dom Géronias, lui dit-il...

L'étranger répondit d'une voix brève :

— Hé! c'est vous, monsieur Pigoreau... Adieu.

Et il tourna les talons, mécontent d'avoir été troublé dans son observation du tableau.

— Vous partez? dit Pigoreau sans se déconcerter de cet accueil. Je vais justement de votre côté. Nous allons, dit-il à Antoine, nous faire raconter la mort de M. Bigot.

III

HISTOIRE D'UN SUICIDE

Géronias se laissa prendre le bras par Pigoreau.

— Ce pauvre M. Bigot, dit le marchand de tableaux en manière d'oraison funèbre, pourquoi ne s'est-il pas laissé mourir tout doucement? il avait donc des chagrins?

— Qu'en savez-vous? demanda l'Espagnol.

Puis il changea brusquement la conversation.

— Croyez-vous que cette galerie se vendra cher?

— Tout ça dépend, reprit le marchand : est-ce que vous seriez amateur?

— Oh! non, j'ai laissé à Madrid une galerie de beaucoup supérieure à celle-ci.

— Cependant, continua Pigoreau, vous regardiez un tableau depuis tantôt une heure.

— Hein? dit l'Espagnol en tressaillant.

— Là, avouez que cette toile de Fuenzès vous tente.

— Fuenzès... vous connaissez donc? demanda dom Géronias tout troublé.

— Est-ce que je ne connais pas tout!... Fuenzès, parbleu, je ne connais que ça, répondit Pigoreau en poussant le bras d'Antoine, signe qui indiquait qu'il rusait dans ce moment l'Espagnol.

— C'est cependant un peintre très-médiocre.

— Eh! dit le marchand, pas si médiocre que vous voulez bien le dire... Fuenzès est très-estimé en France.

— Vraiment! reprit d'un ton inquiet Géronias.

—Et le tableau que vous regardiez ne manque pas de chalands.

—Non... non... ce n'est pas possible, s'écria l'Espagnol ; n'est-ce pas qu'il n'y aura pas d'amateurs ?... Ce n'est pas... Fuenzès n'a pas de talent.

—Que si ! que si ! continua Pigoreau pour troubler son interlocuteur. Et moi-même le premier...

—Oh ! ne l'achetez pas, je vous en prie, dit en suppliant l'Espagnol.

—Ah ! vous y tenez donc, malin ?

—Eh bien, oui, je vous l'avoue, ce tableau, c'est ma vie..... Aidez-moi à l'acheter, et je vous le payerai le double, s'il le faut.

—C'est convenu, dit Pigoreau, vous l'aurez, mais à une condition : vous, qui étiez si lié avec le défunt, racontez-moi ce qui l'a porté au suicide.

—Ah ! monsieur Pigoreau, dit Géronias en lui serrant les mains, j'aurai le tableau ; mais vous me le promettez sûrement ?...

—C'est convenu. Ainsi, entendons-nous bien : n'importe à quel prix ira le tableau, j'aurai cent pour cent de commission.

—Oui, oui, oui, s'écria l'Espagnol.

Maintenant, je vais vous dire comment je fis la connaissance de M. Bigot.

« J'étais chanoine à Madrid, poursuivit l'Espagnol, lorsqu'un étranger m'écrivit pour me demander la permission de visiter ma galerie. Je le reçus : il était très-aimable, et passa quelques jours chez moi. M. Bigot venait pour acheter des tableaux espagnols ; je lui donnai tous les renseignements possibles pour aller dans quelques villes qui ont été fort maltraitées par les révolutions de notre malheureux pays. Comme l'argent est rare, il était facile de l'échanger contre des toiles.

« Six mois après, M. Bigot revint avec des caisses pleines de tableaux. Il me les montra ; je lui offris de lui donner un Murillo pour ce Fuenzès, qui provenait du cabinet d'un noble, fusillé juste un jour après avoir acheté ce tableau.

« Cette œuvre de Fuenzès avait été découverte dans le grenier d'un couvent de bénédictins par un jeune garçon, qui se laissa tomber d'une poutre très-élevée et fut tué sur-le-champ.

« M. Bigot refusa l'échange que je lui proposais, malgré la supériorité de mon Murillo. Je ne sais pourquoi je tenais à ce tableau ; il n'est qu'original et dessiné avec une grande naïveté, mais on désire toujours ce qu'on n'a pas. Je fis de nouvelles offres à M. Bigot : deux, trois tableaux contre ; j'allai même jusqu'à lui donner quatre toiles en échange du Fuenzès. Il y mit de l'obstination ; moi aussi. Je rêvais de cette toile ; je sentais que je ne pouvais être heureux sans elle. — Voulez-vous toute ma galerie ? lui dis-je un jour. Il refusa constamment. Il ne me restait qu'un parti à prendre. Je quittai Madrid en même temps que M. Bigot, non pour le suivre, mais pour suivre le tableau.

« M. Bigot trouva le procédé nouveau et m'offrit de loger chez lui, afin de jouir de la vue de *ma* toile si chère ; il me dit même en riant : « Je vous la laisserai par testament. »

« Nous arrivons à Paris ; les premiers jours, je fus distrait de mes affections par la vue de votre grande ville si agitée. Mon ami fit bâtir une galerie bien éclairée pour y placer sa collection.

« Il y a un an, la galerie fut terminée. Nous allons la visiter, moi curieux de revoir mon Fuenzès. Il n'y était pas. « Je l'ai donné à rentoiler, me dit M. Bigot. » Vous pensez si je me mis en colère. Quel talent ne faut-il pas pour rentoiler un tableau! les ouvriers vont l'abîmer, pensai-je. Je demandai à mon ami l'adresse de son restaurateur, afin de lui donner des conseils; je m'y connais, moi qui avais soin de mes tableaux, et qui ne souffris jamais nulle autre restauration que celles faites par moi.

« J'allai donc chez le marchand, rue de Seine, un matin. Sa boutique était fermée; des draperies noires servaient de rideaux à un cercueil près duquel brûlaient des cierges. Le marchand de tableaux était mort.

— Ah! je sais, dit Pigoreau, il s'est empoisonné on ne sait trop pourquoi.

— Oui, dit le chanoine espagnol. Sa mort le fit déclarer en faillite; le tableau resta six mois sous les scellés. Enfin, il y a quelque temps, M. Bigot m'appela tout joyeux. Son Fuenzès venait de lui être rendu. Il était parfaitement restauré. Nous passâmes toute la journée à l'admirer. Le lendemain, j'entends un grand bruit dans la maison; on frappe à ma porte: un domestique tout ému m'apprend que M. Bigot s'est suicidé dans la nuit. Je cours à sa chambre: il était étendu sur son lit, une large plaie au cou. Ses domestiques l'avaient trouvé le matin, étendu par terre, baigné dans son sang, une main crispée sur le tableau de Fuenzès. On n'a pu découvrir le motif qui l'avait amené à se suicider; ses affaires étaient très en règle. Comme je vous ai dit, j'avais passé la journée précédente avec lui, et rien ne m'avait paru changé dans ses facultés.

— Alors, dit Pigoreau, comment se fait-il que vous ne soyez pas aujourd'hui possesseur de ce tableau?

— Ah! on n'a pas trouvé de testament, et ses héritiers naturels ont fait mettre la galerie en vente.

— Je comprends, dit Pigoreau, que vous teniez à ce tableau.

— Vous me le promettez toujours? dit le chanoine.

— Je vous le jure. Et comme dom Géronias prenait congé de lui : Nous aurons soin, dit Pigoreau à son successeur, de faire monter le Fuenzès.

IV

ENCHÈRES SUR ENCHÈRES

Deux jours après cette conversation, Pigoreau entrait à l'hôtel des Jeûneurs avec son successeur et l'Espagnol. La foule avait diminué, les artistes ayant perdu leur temps à regarder vendre des poteries, des ivoires, des émaux, toutes sortes de choses fort curieuses, mais dont l'écoulement semblait ne pas avoir de terme.

Dom Géronias jeta un coup d'œil rapide sur tous les tableaux, et manifesta une grande surprise.

— Hé! dit-il en saisissant la manche de Pigoreau, le Fuenzès! le Fuenzès!

— Qu'est-ce qui vous prend? répondit le marchand.

L'Espagnol était inquiet; il fouillait de l'œil chaque coin de la salle.

— Il n'y est plus, le Fuenzès... Vous m'avez trompé; il est vendu.

Pigoreau fit la grimace. Il craignait qu'on n'eût vendu, dans un lot, l'affreux tableau (à son avis), mais qui devait lui rapporter d'assez beaux bénéfices.

— Attendez une minute, dit-il à l'Espagnol, il n'est pas perdu, bien sûr; je vais savoir...

Et, sans laisser le temps à dom Géronias de répondre, il le quitta, parcourut la salle, se glissa à travers les groupes et arriva près de la table où étaient assis les marchands. Il frappa rudement sur l'épaule d'un homme qui causait avec une revendeuse à la toilette.

— Dis donc, Crochard, où est passé le tableau recommandé?

— Ah! père Pigoreau, le malin des malins, toi qui fais la barbe à tout le monde, tu n'avais pas pensé à celui-là?

— Allons, parle! dit Pigoreau impatient.

Le marchand interpellé s'empara de la tête de Pigoreau et lui coula ces paroles dans l'oreille:

— J'ai fait mettre le Fuenzès dans un tas d'horribles toiles déchirées, en mauvais état.

Pigoreau rougit.

— Mais tu veux donc, buse, dit-il, que le lot se vende trois francs?

— C'est là que je t'attendais. Je ferai monter, monter le lot. Les marchands et les commissaires n'y comprendront rien d'abord; puis ils vont croire que le lot renferme une curiosité importante, un chef-d'œuvre. De cette façon, le Fuenzès ira dans un prix raisonnable.

— Très-bien, dit Pigoreau. Tiens, je t'avais promis dix du cent, tu en auras quinze.

— Merci, vieux crocodile, dit le marchand en suivant de l'œil son confrère qui retournait vers dom Géronias.

Quand l'Espagnol eut appris ce que Pigoreau jugea prudent de lui dire, à savoir que le Fuenzès n'était pas vendu, il fit éclater sa joie par un ricanement étouffé.

— Pourrait-on le voir? demanda-t-il.

— Oh! ce serait imprudent; tout le monde se douterait de la valeur que vous attachez à cette toile, et les enchères monteraient trop haut... Dis donc, galopin, s'écria Pigoreau en s'adressant à un petit bonhomme en blouse et nu-tête, qui depuis quelques minutes tournait autour de lui, ne pourrais-tu pas marcher par terre? Qu'est-ce que tu fais ici? Va plutôt à l'école.

Le gamin fit un pied de nez au brave marchand de tableaux et s'enfuit, passant entre les jambes des curieux. En deux bonds, il fut auprès de Crochard.

— M'sieur, lui dit-il, j'ai entendu père Pigoreau dire comme ça que, si on se doutait de sa valeur, les enchères monteraient trop.

— Je m'en doutais, dit Crochard en se frottant les mains. As-tu pu savoir, demanda-t-il au gamin, le nom de l'homme qui cause avec Pigoreau?

— On ne sait pas son nom dans la salle, répondit l'intelligent gamin, mais il est Espagnol.

— Bon! de mieux en mieux! fit Crochard qui ne put dissimuler sa joie. Va-t'en à la boutique, maintenant; je n'ai plus besoin de toi.

L'enfant s'enfuit à toutes jambes, sans attendre de nouveaux ordres.

— La vente va commencer, dit Géronias. Voici M⁰ Gallet, le commissaire-priseur.

— Messieurs, la vente est ouverte, dit le commissaire-priseur, en s'installant à son bureau et en frappant sur la table quelques coups de son marteau d'ivoire, pour faire cesser le bruit de la foule. Nous commencerons par quelques tableaux de l'école française.

Un murmure violent accueillit ces paroles.

— Il n'y a que trois ou quatre toiles françaises, messieurs, dit le commissaire-priseur ; aussitôt après, nous passerons à l'école espagnole.

Le garçon de vente apporta sur la table deux *Effets de Neige*.

— Messieurs, nous mettons aux enchères deux tableaux du célèbre Malebranche, qui font pendant : deux très-jolis morceaux, d'un bel effet.

— Deux cents francs, dit le commissaire-priseur.

On a vendu à l'hôtel Bullion et à l'hôtel des Jeûneurs de quoi remplir le musée de Versailles avec les œuvres du *célèbre* Malebranche, un peintre qui eut la spécialité des effets de neige, et qui, non content de travailler constamment à produire les mêmes *effets*, avait en outre un atelier de jeunes gens occupés à copier sa manière. Malebranche mort, ainsi que son école, les brocanteurs continuèrent cette spécialité, de telle sorte qu'il existe en France près d'un million d'*effets de neige* du *célèbre Malebranche*.

— Ça se vendra cinquante francs à un amateur, dit Pigoreau, et l'amateur sera refait de trente francs.

Dom Géronias s'était assis et paraissait impatient de posséder l'œuvre qu'il poursuivait depuis si longtemps.

Sa tête était enfouie dans ses mains. Chaque fois que le commissaire-priseur annonçait par trois coups de son marteau qu'un nouvel objet était vendu, l'Espagnol sortait de son immobilité et allongeait le cou pour voir si le tableau de Fuenzès n'apparaissait pas.

L'école française étant épuisée, le garçon de salle apporta des cadres vermoulus sans toiles, et des toiles éraillées sans cadres.

— Attention ! dit Pigoreau à Géronias.

L'Espagnol se dressa sur ses deux jambes par un soubresaut, et cligna de l'œil.

— Messieurs, dit le commissaire-priseur, un lot de vieux cadres, de vieilles toiles en mauvais état. A combien ? dit-il dédaigneusement en interrogeant du regard la galerie de marchands.

— Un franc, dit un garçon de bureau. Allons, messieurs, vivement, s'il vous plaît.

Les marchands ruèrent leurs mains sur toutes ces vieilleries.

— Ah ! cria hautement dom Géronias, qui avait reconnu son tableau.

Toutes les têtes se retournèrent vers l'Espagnol.

— Silence ! dit le garçon de bureau.

— Ne montrez pas, dit Pigoreau bas à l'oreille de son client, que vous attachez de l'importance à cette toile.

— Je veux la voir, dit dom Géronias.

— Non, non, dit Pigoreau ; vous la doubleriez de prix.

— Un franc vingt-cinq, cinquante, soixante-quinze, deux vingt-cinq, dit le commissaire-priseur.

— Deux cinquante, soixante-quinze, trois francs, continua le garçon de bureau.

A cinq francs, les enchères des marchands de tableaux s'arrêtèrent. Seul, Crochard continua, en se grattant le nez, à faire monter, par étages de vingt-cinq centimes, la distance qui mène de cinq à dix francs.

Un étranger aux habitudes de ces ventes s'inquiéterait fort d'où partent les enchères recueillies par les commissaires-priseurs. Les marchands ne parlent jamais, et il faut toute la naïveté d'un novice amateur pour lancer un prix. Chaque marchand a un signe particulier, un signe à lui que connaissent les commissaires-priseurs. Les uns tourmentent le bouton de leur redingote (enchère); d'autres froncent le sourcil (enchère); d'autres passent leur langue sur la lèvre (enchère); d'autres bâillent (enchère); d'autres, c'est la façon la plus connue, clignent des yeux (enchère); et bien des petits moyens mystérieux dont le détail serait trop long.

Crochard, lui, se grattait le nez pour indiquer qu'il surenchérissait; aussi l'aile droite de son nez avait-elle souffert et considérablement rougi de ce commerce. A l'issue de certaines ventes, le nez de Crochard était pourpre, par la raison bien simple qu'il s'était *entêté*, — un mot de brocanteur.

Aussi un commissaire-priseur doit-il envelopper de ses yeux toute l'assemblée et ne pas compromettre, par l'arrêt de son regard, le dernier enchérisseur qui a un intérêt à ne pas être connu.

Le lot, par les grattements de Crochard, monta à vingt francs. Les marchands commençaient à s'entre-regarder et à fixer l'amas de vieilles toiles qui ne leur apprenait rien.

— Cent francs! dit une voix dans la foule.

— Cent francs ! répéta le commissaire-priseur en témoignant de l'étonnement. Voyons, messieurs, à cent francs. Faites passer, Louis, dit-il au garçon de bureau, les toiles aux amateurs.

Les marchands interrogeaient du regard les cadres, les toiles moisies, les inspectaient avec un œil qui aurait voulu se changer en loupe ; d'aucuns humectaient de salive les peintures, pour leur rendre momentanément le brillant du vernis absent.

— Deux cents francs, dit la voix.

Cette voix appartenait à l'associé de Crochard.

— Personne ne met au-dessus de deux cents francs ? demanda le commissaire-priseur.

Pigoreau fit un signe affirmatif à Crochard, qui se gratta le nez.

— Deux cent cinquante.

A de certains moments, dom Géronias tressaillait ; ou bien quand les tableaux, passant de main en main, s'approchaient de lui, il étendait en avant ses mains longues et maigres, comme s'il eût voulu les saisir. Ce commerce n'avait pas échappé à Crochard, qui communiquait à tout moment, par le regard, avec Pigoreau. Aussi quand il eut réfléchi quelques instants, lança-t-il courageusement, et à haute voix, un nouveau prix :

— Mille francs.

Le commissaire-priseur tressauta sur son fauteuil de cuir. Quel était donc ce mystère ? Crochard avait renoncé, pour la première fois de sa vie, à son grattement de nez.

— Mille francs ! cria de garçon de salle.

Pigoreau fit la grimace. Il pensait que la transition de deux cent cinquante à mille francs était trop brusque pour que dom Géronias ne s'aperçût pas qu'il avait des relations avec Crochard.

— Il y a donc des billets de banque dans ces toiles-là? dit tout haut un marchand goguenard.

Sans s'inquiéter de cette plaisanterie, qui obtint les honneurs du rire, Crochard lança une autre enchère, non moins significative que la précédente.

— Deux mille francs! dit-il.

Dom Géronias attendait avec impatience la fin des enchères.

— Je n'en donnerais pas cinq sous, disait-on dans la salle. Ou bien : — Crochard est fou. — Comment fera-t-il pour payer?

— Il n'a pas chez lui pour sept mille francs de curiosités.

— C'est drôle, un homme qui n'achète jamais de tableaux.

D'autres étudiaient la figure de Pigoreau, regardé comme l'oracle de l'hôtel des ventes, et se disaient : — Il y a du louche là-dessous. Père Pigoreau n'a pas l'air content.

— Trois mille francs! s'écria Crochard, pâle et le front mouillé, prouvant qu'il était en proie à un combat intérieur.

— Il n'y a pas erreur, monsieur Crochard? se crut obligé de dire le commissaire-priseur.

— Non, non, trois mille francs!

— Ah! le pauvre homme, dit un voisin; c'est trois mille liards qu'il devait dire.

Crochard avait entendu, et, par bravade, il reprit:

— Cinq mille francs!

Mais on devinait que cette lutte l'avait fatigué autant que les regards curieux de la foule. Sa voix était haletante, et il était près de s'évanouir.

— Louis! dit le commissaire-priseur, un verre d'eau à M. Crochard.

Après quoi la vente continua, Pigoreau ne sachant comment allait se terminer cette affaire. Dom Géronias murmurait entre ses dents des paroles espagnoles.

— Personne ne met au-dessus de cinq mille francs? demanda le commissaire-priseur.

A cet appel, toutes les têtes se tournèrent vers Crochard, qui était affaissé sur lui-même.

— Une fois, deux fois, personne ne dit mot?

— Messieurs, une collection de tableaux espagnols, *cinque* mille francs, dit le garçon en appuyant sur le chiffre.

— Cinq mille francs, une fois, deux fois, trois fois, personne n'en veut plus? cria le commissaire-priseur.

Il se fit un long silence par la salle.

— Adjugé à M. Crochard!

Et le marteau retentit sur la table. Le garçon poussait déjà les toiles vers l'acquéreur qui étendait sa main en avant, lorsque le commissaire-priseur se leva avec solennité et dit :

— Vous savez, monsieur Crochard, que la vente est au comptant.

— Voici la somme, s'écria Pigoreau en ouvrant son portefeuille.

— Qu'on me passe mes tableaux! dit dom Géronias avec impétuosité.

— Monsieur Gallet, dit Crochard au commissaire-priseur, faites mettre les toiles de côté, je vais chez moi cherchez la somme.

— Tu as donc perdu la tête, dit Pigoreau, puisque voici l'argent en billets de banque?

Mais Crochard avait disparu, laissant Pigoreau très-inquiet, dom Géronias réclamer son tableau, et la foule murmurer et causer de ces trois acquéreurs mystérieux qui ne paraissaient pas s'entendre.

V

FLOUERIES EN MATIÈRE DE REVIDAGE

Crochard revint au bout de deux heures, rouge et essoufflé. Il traversa tous les groupes, alla droit au bureau du commissaire-priseur apporter 5,000 fr., plus 250 fr. en raison des cinq pour cent affectés aux droits de vente.

La foule, qui se moquait de lui tout à l'heure, s'inclina devant l'homme qui venait de payer 5,000 francs *au comptant*, et il put emporter ses toiles. Pigoreau et dom Géronias, qui suivaient chacun de ses mouvements, l'accostèrent à la sortie de la salle de vente.

— Pourquoi, lui dit Pigoreau, n'as-tu pas pris l'argent que je t'offrais?

— Mon petit, dit Crochard, parce que j'achète pour moi.

— Je veux mon Fuenzès! s'écria dom Géronias.

— Laissez-moi, dit Pigoreau, m'arranger avec lui.

Et il entraîna son confrère près de la cheminée qui donne dans le vestibule.

— Je ne te comprends pas, dit Pigoreau ; as-tu peur que je ne te donne pas les quinze du cent?

— Mais non, dit Crochard, j'achète à mon compte, tu ne saisis donc pas ! je te laisse tout, mais je garde le Fuenzès.

— Ah! dit Pigoreau, j'y suis... je me suis fais *remoucher*. Combien veux-tu?

— Dame, tu sais bien. Fais ton prix.

— Mon cher, l'Espagnol me fait cinquante pour cent de commission.

— Bien, je les accepte.

— Tu acceptes! dit Pigoreau ; et moi, que me restera-t-il?

— Je n'en sais rien, mais tu sauras bien t'arranger.

— Sacristi! dit Pigoreau, faut-il être arrivé à mon âge, être le doyen des marchands de tableaux, pour me laisser embrocher comme un dindon par toi!

— Chacun son tour, papa, dit Crochard.

— Allons, scélérat, dit Pigoreau, tiens, voilà tes cinquante pour cent.

Dom Géronias, qui se tenait à l'écart, voyant à l'aspect des physionomies que l'affaire était conciliée, revint vers Pigoreau.

— Voilà le Fuenzès... et il m'en a donné du mal, le brigand de tableau !

— Ah! s'écria l'Espagnol, dont les yeux lancèrent des flammes ; enfin!

Puis il contempla la toile avec une expression étrange de bonheur.

— Venez demain de bon matin, dit-il à Pigoreau, nous réglerons.

VI

SOIRÉE MAL EMPLOYÉE

Le même soir à huit heures, dom Géronias était assis, écrivant à une table, dans une petite chambre d'hôtel garni. De temps en temps, il cessait d'écrire pour regarder le tableau, dont il avait fini par prendre possession.

La lueur de la bougie, qui vacillait sur la toile, ajoutait encore à l'œuvre étrange de Fuenzès.

Évidemment, ce tableau représentait une Tentation, mais non pas celle à laquelle les peintres nous ont accoutumés. Saint Antoine était sur le premier plan, regardant avec effroi, sans pouvoir détourner les yeux, une ronde infernale d'hommes et de femmes qui avaient un poignard fiché dans le sein droit. — On sait que quelques peintres espagnols, n'ignorant pas cependant l'endroit où est placé le cœur, ont représenté néanmoins des personnages percés au côté droit. — Quoique le sang découlât des blessures, la bande n'en tournait qu'avec plus de frénésie.

Du côté opposé à saint Antoine, des soldats avaient mis le feu à une maison qui s'écroulait, entraînant dans sa ruine femme, enfants, animaux, qui se tordaient dans les flammes.

Plus loin se voyait un gibet avec autant de bras que Briarée. Chaque bras était porteur d'une couple de pendus qui riaient chacun de la danse des jambes de son camarade.

Dans le fond, un atelier de dissection, dont les portes étaient ouvertes, laissait voir une épouvantable collection de martyrs, qui avaient laissé leur tête, leurs bras, leurs jambes, leurs yeux, leurs oreilles, leur nez sur le champ de bataille du christianisme.

Il avait fallu l'imagination d'un peintre espagnol pour songer à tenter Antoine par de telles images. Le tableau était peint avec une naïveté sèche, propre, cruelle et sanglante qui faisait horreur.

Dom Géronias regardait cette Tentation avec des yeux égarés. Il écrivait une phrase, examinait un groupe, reprenait la plume et laissait errer ses regards vers le tableau. On eût dit qu'il étudiait cette œuvre avec ténacité, pour en critiquer les moindres détails.

Enfin, quand sa lettre fut terminée, il la relut, la plia lentement, la ferma d'un cachet noir, et il sortit.

— Madame, dit-il à la propriétaire de l'hôtel, voici une lettre adressée à M. Pigoreau, qui viendra demain matin me demander. Veuillez la lui remettre.

Puis il remonta et se dépouilla de sa redingote. Sous son gilet était un petit crucifix d'ivoire appendu à son cou. Dom Géronias le prit, se mit à genoux. Sa prière fut longue ; l'Espagnol parlait à voix basse et semblait se confesser.

Après s'être relevé, il alla droit dans un coin chercher une corde neuve en rouleau. Il la mesura, l'attacha à un clou assez haut au mur.

Le tableau était toujours éclairé par les dernières lueurs de la bougie. Dom Géronias se dirigea vers la table, regarda attentivement le tableau, poussa un grand soupir, le jeta à terre et le piétina de ses deux pieds.

Quand la toile fut crevée, il passa ses deux jambes dans le châssis, se dirigea non sans peine vers la corde, et se l'attacha au cou. On n'entendit qu'un faible râlement.

La bougie s'éteignit.

VII

DÉSAPPOINTEMENT DE PIGOREAU

— Monsieur Pigoreau, dit Antoine en surprenant au saut du lit le brave marchand de tableaux, vous ne savez pas la nouvelle?

— Comment veux-tu que je sache? je m'éveille.

— Crochard est mort cette nuit d'une attaque d'apoplexie.

— Eh bien, mon garçon, que veux-tu, nous sommes tous mortels. C'est le bon Dieu qui le punit de m'avoir si indignement floué hier soir. A propos, nous allons ce matin toucher les pistoles de ce bon monsieur dom Géronias.

Pigoreau s'habilla et partit avec Antoine. Tout le long de la route, Pigoreau se livra à d'aimables plaisanteries sur les fantaisies de l'Espagnol.

— Monsieur, lui dit-on à l'hôtel, n'est-ce pas vous qui vous appelez M. Pigoreau?

— C'est lui-même, répondit-il facétieusement.

— Il y a une lettre pour vous... Monsieur a défendu de laisser monter ce matin.

— Une lettre... dit Pigoreau. Voyons, Antoine, toi qui as de bons yeux, lis-nous un peu ça.

Antoine lut :

« Monsieur,

« Quand vous ouvrirez ce papier, je n'existerai plus...»

— Ah! s'écria Pigoreau, dom Géronias est mort... Vite, allez voir!...

Deux domestiques coururent à la chambre de l'Espagnol; Pigoreau les suivait de près; on frappa et on appela dom Géronias sans obtenir de réponse.

— Enfonçons la porte, dit Antoine.

Les domestiques jetèrent sans grand'peine la porte en dedans; tous purent apercevoir le corps du suicidé, dont les jambes étaient éclairées par un rayon de soleil.

Les instincts du marchand de tableaux prirent le dessus sur Pigoreau, qui n'aperçut qu'une chose :

— Il a crevé le Fuenzès ! s'écria-t-il.

Pendant qu'on allait chercher le commissaire de police pour constater le suicide, Antoine et Pigoreau descendirent dans la cour de l'hôtel et continuèrent à lire les dernières volontés du mourant.

« Ne m'en voulez pas, monsieur Pigoreau, de vous
« faire perdre quelque argent... »

— Dix mille francs! soupira le marchand de tableaux.

« Et remerciez le ciel de ne pas avoir acheté cette
« toile : elle était mortelle. Tous ceux qui l'ont possédée
« entre leurs mains, seulement quelques instants, de-
« vaient mourir de mort violente. »

— C'est pourtant vrai, dit Pigoreau un peu consolé.

« Moi seul, je savais ce terrible secret; c'est ce qui
« m'a obligé de quitter mon pays pour empêcher de
« nombreux malheurs. J'ai fait tout ce que j'ai pu pour
« soustraire M. Bigot à son malheureux sort; mais mon
« acharnement à la possession du tableau a produit des

« résultats contraires à ceux que j'espérais. Priez pour
« le pauvre encadreur, dont la mort vous est expliquée
« maintenant ; priez encore pour l'infortuné marchand
« que vous aviez pris pour entremetteur, et qui ne pas-
« sera pas la nuit. »

— Ah ! mon Dieu, s'écria Pigoreau, c'est le diable que cet Espagnol, un enchanteur. Quoi ! il a pronostiqué la mort de Crochard !

« Vous irez trouver un prêtre espagnol et vous lui ra-
« conterez ma mort. Si l'Église refuse des prières à un
« suicidé, mon compatriote fera son devoir pour donner
« le repos à l'âme du faux dom Géronias qui n'est autre
« que le peintre

« FUENZÈS. »

— J'en perdrai la tête, dit Pigoreau... Antoine, dans ton intérêt, souviens-toi qu'il ne faut jamais avoir chez toi un tableau espagnol. C'est tous sorciers, ces gens-là.

26 novembre 1846.

LES NOIRAU

I

COUP D'ŒIL SUR L'ÉPICERIE

Tous les Soissonnais ont connu Noirau, alors qu'il était épicier, rue des Rats. Parlez de Noirau en passant à Soissons, et tout le monde dira : — Ah! Noirau, je crois bien! qui avait épousé une demoiselle Griffin, la fille d'un huissier. C'était un homme qui vendait de bien bon café, etc., etc.

Avec ces simples renseignements, on peut encore se figurer Noirau épicier en 1822, c'est-à-dire un homme gros, court et rougeaud, ce que la province appelle un homme *puissant*, un mot qui en dit plus que deux pages de physiognomonie. De mœurs pures, quoique ayant l'oreille rubiconde : quant à son moral, pourquoi en parler? Les pratiques aimaient à voir l'épicier servir; il pesait le sucre *recta*. Ce n'est pas Noirau qui aurait inventé d'influencer à son avantage l'aiguille de la balance, — un moyen frauduleux dont a été obligé de se servir le commerçant actuel, en raison de la cherté des fonds de boutique et du bon marché des marchandises. Aujourd'hui, on parle encore à Soissons de la bonté du café de Noirau. La ville entière se fournissait chez lui ; les pratiques achetaient leur café *moulu*, immense éloge et en même temps immense confiance qu'il n'a pas été donné à l'épicerie moderne de conserver.

Tous les matins à sept heures, on pouvait voir Noirau en veste grise et en tablier bleu, dont le cordon essayait, mais en vain, de mettre un frein à la fureur croissante de l'abdomen. C'était un spectacle plein d'intérêt que Noirau sur le pas de sa porte, brûlant lui-même son café avec patience, avec sollicitude, avec amour. Il fallait l'observer, chauffant son four avec précaution, l'ouvrant de temps en temps, jetant un coup d'œil d'artiste sur les résultats de la cuisson ; après cette opération, il le broyait lui-même. A huit heures, les ménagères arrivaient, questionnaient le brave homme, et cherchaient à surprendre son secret. Noirau n'avait aucun secret pour la cuisson de son café. — Tout ça, voyez-vous, disait-il, dépend de la direction.

Madame Noirau, née Anémone Griffin, marquait quarante-deux hivers ; petite, maigre, rechignée, sourire fallacieux sur les lèvres, — sourire de boutique, — ce qui ne l'empêchait pas de dire sèchement aux pratiques qui trop marchandaient :

— Eh bien, madame, vous pouvez aller ailleurs ; Dieu merci, nous sommes connus et nous ne *surfaisons* pas de ça. — Ce disant, elle faisait claquer l'ongle contre ses incisives et tournait le dos. Assez bonne femme au fond, mais essentiellement dominatrice et criarde ; travailleuse à l'excès, elle trouvait le moyen de servir ses pratiques, tricoter, farfouiller et raccommoder les nippes et chausses du bon Noirau.

Madame Noirau s'était adjoint, à son entrée en ménage, comme servante, Toinon, grosse Flamande qui servait depuis quinze ans les époux et qui faisait presque partie de famille. Jadis, haute en couleur et belle femme, Toinon avait eu fort à faire, disait-elle, pour mettre sa vertu à l'abri des laquais du voisinage. Par malheur, de sa beauté il ne lui était resté que deux grandes dents, spécimens de la magnificence des défuntes, et qui semblaient avoir grandi de l'absence de leurs compagnes.

La sœur de madame Noirau était partie pour l'Amérique, laissant son jeune fils confié aux soins des Noirau. Le petit Hugues, aussitôt qu'il eut atteint ses neuf ans, — appelés l'âge de raison, — fut mis au séminaire. La Noirau prétendait qu'il ne faisait que *tousiller* dans la boutique, et que cet enfant deviendrait un *diable fini*.

Bien des fois, lorsque tout sommeillait et que les deux époux reposaient dans le lit commun, ils avaient fait des rêves de retraite et pensé à se faire RENTIERS, le *nec plus ultra* des commerçants, mot qui les aiguillonne, qui les tracasse, et qui n'est qu'un mirage où la réalité est bien au-dessous des espérances. — Non point que le commerce leur fût désagréable ; l'épicerie avait son charme ; on n'avait pas encore attaché à ce mot d'ÉPICIER le fameux synonyme importé par la révolution de Juillet et mis en vogue par la littérature et surtout par les artistes. Un épicier d'alors était considéré toujours vertueux, ayant sa stalle à l'église ; et lorsqu'il se retirait, il passait dans un certain monde pour *avoir du foin dans ses bottes ;*

il entrait dans cette classe si curieuse des bourgeois.

Les Noirau avaient placé 30,000 francs chez M⁰ Dumoulin le notaire, lorsqu'une demoiselle Ducroquet, vieille célibataire et leur parente assez éloignée, mourut en leur laissant une vingtaine de mille francs et une maison. Après maints colloques assez vifs, la Noirau décida qu'on pouvait se retirer des affaires. Noirau quitta sa boutique (on dit même qu'il pleura) après l'avoir vendue à un jeune homme auquel il promit de venir donner des conseils.

II

LA MAISON DE BOIS

Peut-être les voyageurs auront-ils remarqué, à Soissons, dans la rue Saint-Christophe, une maison de bois du moyen âge, qui aujourd'hui a été démolie et transportée dans le parc d'un riche propriétaire du Laonnois. Le temps y avait imprimé un ton bitumineux, chaud et vigoureux qui indique, selon le dire des gens du pays, *une maison qui n'est pas bâtie d'hier*. Le premier étage en saillie, formant auvent, s'avançait de près d'un demi-mètre sur la rue, soutenu par des poutres appelées *corbeaux* en architecture ; ces corbeaux sont ornés de sculptures d'une naïveté charmante, malheureusement dégradées par le temps. Le second étage ressemblait assez à une boîte assise par la moitié sur le premier étage ; il touchait presque à la maison d'en face, et semblait un curieux qui regarde chez son voisin. Des bandes de bois recouvertes d'ardoises sillonnaient la façade. Inutile d'ajouter que la maison est couronnée d'un pignon. C'était la maison de feu mademoiselle Ducroquet.

En emménageant dans la maison de bois, Noirau, qui ne savait que faire de son temps, eût bien voulu changer la distribution de quelques appartements, mais sa femme s'y opposa.

— Je n'entends pas tout ça ; vois-tu, monsieur Noirau, tu as la passion du désordre. C'est ça ! mettre ici des ouvriers, des paresseux qui n'en finiront jamais.

— Comme tu voudras, dit le bonhomme.

Le salon était entièrement meublé à la Louis XV, vieux meubles de Boule, en marqueterie, en bois de rose, pastels, pendule rococo, toutes choses qui eurent une immense valeur huit ans plus tard.

— Dis donc, monsieur Noirau, il faudra nous défaire de toutes ces friperies-là, je ne peux pas demeurer dans un pareil taudis.

Noirau répondit à cela son éternel : « Comme tu voudras, » entassa le tout dans une mansarde, et fit remplacer les prétendues friperies par un meuble en acajou, le rêve de son épouse. Le jour où tout fut fini, la Noirau embrassa son mari. De l'acajou ! du véritable acajou ! il y avait de quoi humilier *toutes ces dames!* Il fut donc question de donner une soirée d'apparat, le seul moyen de déployer tout le luxe de l'acajou. Vingt-cinq personnes furent invitées, les plus considérables de la ville ; on remarquait entre autres M. d'Autremencourt, président du tribunal ; M. Parfait, le percepteur ; Dumoulin, un petit notaire au début, qui avait réglé la succession Ducroquet ; le lieutenant de gendarmerie, un des plus beaux hommes de Soissons ; la dame de M. l'adjoint, faisant les fonctions de maire, enfin toutes les notabilités du pays.

Le dîner fini, la société passa dans le salon acajou, qui émerveilla les convives. M. d'Autremencourt proposa à Noirau, ainsi qu'à M. Parfait et au lieutenant de gendarmerie, une partie de *bête ombrée* à un sou la fiche. Les yeux de la Noirau étincelèrent lorsqu'elle entendit parler d'un enjeu aussi considérable.

— Tu te crois donc millionnaire? dit-elle bas à Noirau.

— Ah! bah, fit le Noirau qui avait une pointe de vin ce soir-là, nous n'en mourrons pas.

Noirau perdit six livres dix sous; M. d'Autremencourt, le président, qui passait pour avoir un beau jeu, ruina tous ses adversaires. Onze heures arrivées, chacun s'en retourna précédé d'un domestique portant le falot.

Ce n'était pas sans intention que la Noirau avait offert son dîner à de si hauts personnages: elle était ambitieuse. Marchande, elle avait envié la position des rentiers; rentière, il lui fallait des dignités, sinon pour elle, au moins pour son mari. Elle aurait voulu voir Noirau conseiller municipal, dignité assez enviée dans la province. Mais son mari n'était pas l'homme qu'elle désirait; il eût fallu se remuer, intriguer tant soit peu. Puis le lendemain du repas, en faisant sa tournée au marché, elle s'aperçut que chacun lui faisait froide mine, et elle changea ses batteries.

Cependant Noirau commençait à s'ennuyer de n'avoir rien à faire; il montait d'un étage à un autre, descendait dans le jardin, allait se promener; mais tout cela ne lui rendait pas son ancienne vie de commerçant, vie sans cesse agitée par les chalands. Sa seule occupation était de brûler et de moudre ce café qui lui avait valu une si grande réputation. Il voulut s'abonner au *Constitutionnel*, journal qui remuait la France de 1824; mais madame Noirau, fort dévote, s'y opposa. Un jour, en ayant aperçu un numéro, elle dit qu'elle ne concevait pas comment le roi ne faisait pas embarquer pour les colonies les gens qui écrivaient de pareilles choses.

— N'en fais pas entrer un ici, monsieur Noirau, je le brûle à l'instant, cria-t-elle.

Enfin, ennuyée de *l'avoir toujours sur ses talons*, elle lui fit avoir une place de marguillier à la paroisse, poste élevé qu'on ne donnait qu'aux gens à bonnes doctrines. Trois ans se passèrent ainsi.

Noirau, qui n'émettait pas souvent ses opinions, dit un jour à sa femme :

— Si nous retirions Hugues du séminaire; il paraîtrait qu'il n'a pas beaucoup de *dispositions*.

— C'est un paresseux, répondit la Noirau.

— Après ça, à cet âge-là...

— Comment, monsieur, à cet âge-là! mais il court sur ses seize ans.

— Où le mettrons-nous ?

— Ne peux-tu pas le faire entrer chez M. Grenouillet, ton avoué ?

— C'est une assez bonne *partie*, en effet; nous verrons cela.

— Il n'y a pas de nous verrons cela; vous êtes toujours à lanterner. Tiens, monsieur Noirau, qu'il sorte du séminaire tout de suite, ce sera plus tôt fini.

III

UN COQUIN DE NEVEU

A quinze ans, Hugues était encore très-petit; ses yeux crevaient d'esprit. Au séminaire, ses maîtres n'avaient pu lui faire apprendre aucunement le latin, pas du tout de grec, et, s'il est possible, encore moins de mathématiques. Son temps était occupé à lire, à jouer, à faire des pensums, à inventer des drôleries. Un de ses grands plaisirs était de dessiner; dans les séminaires on ne dessine pas, mais lui, sans doute par opposition, avait toujours un crayon à la main. Sa *baraque* (on nomme ainsi les pupitres dans les colléges) devint un musée rempli des caricatures de ses professeurs; il avait l'instinct de la charge. Quand on vint le chercher pour retourner chez son oncle, il fut heureux en pensant qu'il n'aurait plus de pensums. La Noirau lui fit un long et mauvais discours dans lequel elle lui donnait à entendre qu'il était presque orphelin, son père et sa mère n'ayant jamais donné de nouvelles, que M. Noirau voulait bien se charger de lui faire une *position* et qu'il entrerait le jour même chez l'avoué.

Hugues alla donc un matin avec son oncle chez Mᵉ Grenouillet l'avoué; celui-ci était occupé avec un client. Hugues put remarquer, dans une sombre salle dont les murs étaient jaunis par la fumée et la poussière, deux gros jeunes gens, rougeauds, des fils de fermier qu'on envoyait à la ville pour tâcher de les dégrossir. Ainsi se composait le personnel de l'étude.

M* Grenouillet, l'avoué le plus en renom dans Soissons, faisait tout par lui-même. C'était un petit homme aux yeux perçants, le nez armé de besicles qui se tenaient comme par enchantement tout à fait sur le bout, et qui avait quelque chose de *fouineux* dans la physionomie. Rusé, intrigant, captieux, il avait l'air de faire *rendre* une affaire.

Quand le client fut parti :

— Ah ! voilà le petit, monsieur Noirau ?

— Oui, monsieur Grenouillet. J'espère qu'il fera votre affaire.

— Nous le ferons travailler, et s'il va un peu, je lui donnerai quelque chose tous les mois.

— Il m'a bien promis de travailler, n'est-ce pas ? dit Noirau.

Hugues, très-timide de sa nature, roulant sa casquette dans ses doigts, ne répondit pas.

— Eh bien, monsieur Noirau, nous allons le mettre de suite à la besogne.

De ce jour, Hugues fut installé ; sa position de saute-ruisseau lui plaisait beaucoup. Pendant un an, il fit des copies, des courses ; il allait à l'imprimerie, au tribunal, au greffe.

Au bout de deux ans, il ne comprenait encore rien aux licitations, aux saisies, aux ventes judiciaires, pas plus qu'il n'avait compris au latin, au grec et aux mathématiques ; en revanche, il faisait admirablement les Grenouillet et s'amusait beaucoup aux dépens du premier et du second clerc. Hugues, l'un des premiers, s'imagina de simplifier les lignes d'un portrait en se servant de procédés géométriques. L'avoué, représenté par un triangle et des lunettes, fut mis à la portée de tous les galopins, qui salirent pendant dix ans les murs des monuments de Soissons de Grenouillet très-ressemblants.

Son oncle lui avait donné la chambre du second étage qui donnait sur la rue ; c'était là son cabinet de travail et sa chambre à coucher. Il dessinait quand il avait un moment ; le matin il allait à l'école gratuite de dessin.

La Noireau en était *aux cents coups;* elle avait jugé Hugues tout petit, disait-elle, alors que Toinon prétendait que c'était un *touche-à-tout.* Elle l'appela une fois.

— Qu'est-ce que tu fais toujours là-haut à *dessinailler?*

— Mais, ma tante...

— Taisez-vous, monsieur; croyez-vous que vous vous ferez comme ça une position? M. Grenouillet vous mettra à la porte, c'est sûr ; il finira par se lasser. Vous n'êtes qu'un *sans-cœur;* tous les jours on fait des rapports contre vous; il n'y a pas encore deux jours qu'on est venu se plaindre de vous : vous ne fréquentez que de mauvais garnements.

Hugues baissait la tête devant sa tante qu'il appelait son *pensum* perpétuel.

— Tout cela ne peut pas durer. M. Noireau se fatiguera des bontés qu'il a sans cesse pour vous. Vous irez retrouver vos parents, n'est-ce pas, qui sont peut-être morts...

Hugues se mit à pleurer.

— Des pleurs, voyez-vous, ne prouvent rien. Allez,

retournez à votre étude, et songez bien à vous faire *un état*. Quand on ne veut pas travailler, on se fait soldat.

Tous les jours ces scènes se reproduisaient à peu près de la même manière, et ne changeaient rien à la conduite du neveu qui avait alors dix-huit ans.

IV

L'ARTISTE

Un matin, un voyageur, le sac sur le dos, passait dans la rue Saint-Christophe, lorsqu'il aperçut la maison de bois des Noirau. Il la regarda, s'arrêta, déboucla son sac, prit des crayons, un album, et, mettant son sac à terre, il s'assit dessus et dessina.

C'était un jeune homme de vingt-cinq ans à peu près, portant une barbe inculte et des cheveux très-longs. Une vieille blouse bleue, un large pantalon de velours tombant sur des guêtres, et un béret composaient son costume.

Toinon balayait la rue ; elle rentra précipitamment et dit à la Noirau :

— Il y a là devant la porte un homme à barbe qui tire le portrait de la maison ; je ne voudrais pas le rencontrer dans un bois. Il a des cheveux... Oh !...

Madame Noirau alla vivement voir à la fenêtre *l'homme à la barbe*.

— Peut-on se faire laid comme ça ! dit-elle à Toinon.

— Bien sûr qu'il est fou, n'est-ce pas, madame ?

Quelques bourgeois qui passaient s'arrêtèrent de loin pour voir le dessinateur et le montrèrent au doigt ; ils étaient, eux aussi, effrayés de sa barbe et de son fier visage ; ils auraient bien voulu s'approcher et regarder le dessin, mais ils n'osaient. Les gamins qui revenaient de l'école commençaient à former un cercle autour de l'artiste ; mais, celui-ci s'étant levé pour voir de plus près un détail de sculpture, ils s'enfuirent effrayés.

Les bourgeois avaient réussi à s'approcher du jeune homme ; seulement, quand il les regardait, ils détournaient les yeux. Sur ces entrefaites, Noirau, revenant de sa promenade habituelle, et, voyant un groupe devant sa maison, s'avança. Il éprouva aussi quelque surprise à la vue de l'artiste. En 1827, on ne voyait pas, comme aujourd'hui, tant de jeunes gens parcourir la France ; les artistes de l'ancienne école étaient *léchés*, suivant l'expression des romantiques ; ils s'habillaient comme tout le monde et ne laissaient pas croître immodérément leur barbe et leurs cheveux.

— Ah ! ah ! monsieur, c'est ma maison...

— Elle est fort belle, répondit le peintre.

Noirau, ne sachant trop si c'était pour se moquer que l'artiste le félicitait, fit entendre un *hou ! hou !* qui ne le compromettait pas.

— J'ai peu rencontré de maisons aussi curieuses dans mes voyages.

— Vous êtes bien honnête, monsieur, mais je n'y attachais aucune importance...

— C'est à tort ; si j'étais riche, je me ruinerais, moi, pour une maison telle que la vôtre.

— Permettez-moi, monsieur, de vous demander ce qu'il y a d'extraordinaire dans cette bâtisse... La cathédrale, je ne dis pas...

— Pensez-vous que je vais m'amuser à dessiner une de ces grandes imbéciles maisons de pierre de taille, qui ressemblent à un dé à jouer. La vôtre est colorée, c'est culotté comme ma pipe ; les sculptures sont d'une naïveté à se mettre à genoux devant.

Noirau, qui ne comprenait pas cette admiration, changea la conversation.

— Monsieur est sans doute peintre ?

— Oui.

— Vous faites le portrait ?

— J'en ai beaucoup fait cette année.

— J'ai le mien en miniature...

— Ah ! ah ! ricana l'artiste.

— Lefèvre m'a fait aussi en pastel ; vous connaissez peut-être Lefèvre ?

— Pas précisément.

— On dit qu'il dessine très-bien. Mais on n'a jamais pu me faire ressemblant... Lefèvre a fait aussi madame Noirau.

— Ah ! vraiment !

— Est-ce que vous faites le portrait ressemblant ?

— Mais... z'oui, dit l'artiste en se moquant.

— Monsieur demande peut-être cher ?

— Pour cinquante francs on en est quitte.

— Il n'y aurait pas à marchander, dit l'ex-épicier qui avait toujours des réminiscences commerciales ?

— Non, monsieur.

— Eh bien, monsieur, si vous vouliez bien faire le mien ?

— Certainement. Vous permettrez que je finisse mon croquis ?

— Comment donc! dit le Noirau, extrêmement flatté de voir qu'on dessinait sa maison.

V

NOIRAU RÉCHAUFFE UN SERPENT

Toinon, qui regardait dans la rue de temps à autre, appela madame Noirau.

— Dites donc, madame, monsieur qui cause depuis une heure au moins avec l'homme à barbe.

La Noirau, fort intriguée, lui dit:

— Allez chercher M. Noirau.

— Oh! c'est inutile, les v'là qu'ils viennent tous les deux.

— Comment! s'écria la Noirau, il ose faire entrer ici un pareil *je ne sais quoi!*

Noirau entra en ce moment avec Triégler; l'artiste salua très-poliment.

— Madame Noirau, monsieur va me faire mon portrait.

— Il n'y a pas grand jour ici, dit Triégler.

— Alors nous nous mettrons dans le salon.

— Y pensez-vous, monsieur Noirau? dans le salon! dit la Noirau en regardant les souliers boueux du peintre. — Toinon, va voir qu'on ne touche à rien et fais bien attention à cet homme-là.

Quand Noirau fut posé convenablement, non sans peine, Triégler lui dit:

— Ne vous gênez pas, monsieur, n'ayez pas l'air embarrassé, ne vous donnez pas une mine trop sérieuse; vous pouvez causer.

— Vous êtes bien bon, monsieur... J'ai un neveu qui dessine aussi; vous ne le croiriez pas, cet enfant-là passerait toute sa journée à ça; mon épouse en est désolée.

— Il n'y a pas de mal.

— Oui, mais, vous comprenez, on perd son temps.

— Non pas, s'il a des dispositions.

— Hé! hé! fit Noirau peu confiant.

— Il veut peut-être se faire artiste.

— Ah! Seigneur, qu'est-ce que vous me dites là?

— Quel âge a-t-il?

— Il court sur dix-huit ans.

En ce moment Hugues sortait de chez son patron; Toinon, qui vint lui ouvrir, lui dit :

— Allez voir l'homme à la barbe.

— Comment?

— Il y a un homme qui tire le portrait de monsieur en peinture... M. Noirau a de l'argent de trop...

Hugues, sans en exécuter davantage, courut au salon; mais, en voyant l'artiste, il devint tout décontenancé et resta à la porte.

— C'est votre neveu? dit Triégler.

— Oui, monsieur. — Eh bien! n'as-tu pas peur d'approcher, bandit? — C'est un farceur qui fait des tours indignes, et en présence du monde, il ne sait quoi dire.

— Il a une drôle de tête, dit Triégler.

Hugues, étonné du sans-façon de l'artiste qui lui avait paru terrible à la première vue, s'approcha et examina le portrait qui allait être ébauché. Chaque coup de pinceau le surprenait et, une puissance invincible l'attachait à sa place. Un alchimiste découvrant la pierre philosophale n'eût pas été plus heureux que lui. Le portrait, préparé d'une manière large, étonnait Hugues qui n'avait jamais vu se servir de pinceaux ni de palette.

— J'espère, monsieur, dit Noirau, que vous voudrez bien manger la *soupe* avec nous?

— Je vous remercie bien, monsieur.

— C'est sans façon, au moins?

— J'accepterai alors; ceci me procurera le plaisir de faire plus ample connaissance avec M. Hugues, dit l'artiste en se levant.

— Est-ce que c'est fini? dit Noirau.

— Oh! non, pas encore; nous ferons encore une séance; en voilà assez pour aujourd'hui.

— Ah! tant mieux, dit Noirau en se levant et étendant les bras; je commençais à être fatigué. Vous savez que nous dînons à cinq heures précises; quant à ça, mon épouse y tient.

Triégler partit, et Noirau alla annoncer à sa femme que l'artiste dînait avec eux.

— Comment! monsieur Noirau, tu oses inviter des individus qui ont plutôt l'air d'un brigand que d'autre chose; — vous n'en faites jamais d'autres; — vous jetez l'argent par les fenêtres; aviez-vous besoin de faire faire votre portrait. Vous êtes déjà assez laid sans ça. Je l'ai vu, c'est du propre! on dirait que c'est fait avec un torchon et de la lavasse... ça m'a saisie... mais je ne veux pas rester avec cet homme-là à table; je m'en irai plutôt. Toinon fera la cuisine comme elle l'entendra.

VI

CE QUI SE PASSA AU DINER

Noirau, épouvanté de cette scène et ne sachant comment se retirer d'un pas aussi difficile, sortit sans souffler mot, suivant son habitude. Il rentra encore tremblant sur les cinq heures. Quelle ne fut pas sa surprise! sa femme et Triégler causaient amicalement; l'artiste, il est vrai, avait changé de toilette, ayant remarqué que son aspect avait choqué la femme du bourgeois. Quand il arriva, il fit l'*épicier* près de madame Noirau (comme il le disait plaisamment à un de ses amis); il causa de mille riens; écouta avec tout l'intérêt possible une multitude de cancans, et passa près d'elle pour un *original*. On se mit à table; le dîner fut très-gai; Triégler raconta ses voyages. Il était surtout enchanté de Hugues dont la figure heureuse l'avait séduit. Au dessert, madame Noirau appela Toinon et lui dit : Descendez la *jacqueline*.

Toinon changea de couleur. La *jacqueline!* Elle se le fit répéter deux fois, stupéfaite qu'elle était à cette idée. La *jacqueline!* dont on ne se servait que pour les suprêmes repas. — La jacqueline est une immense bouteille de verre qui contient des cerises à l'eau-de-vie. Dans l'été, on la voit apparaître aux fenêtres, elle mûrit; en hiver, on la place au fond des armoires à linge. La province a conservé cet usage, et il faut une espèce de solennité pour la descendre.

— Triégler s'attendait à quelque plaisanterie, en remarquant le profond étonnement de Toinon. Madame Noirau offrait la jacqueline comme une surprise à son hôte; effectivement il fut on ne peut plus étonné en voyant Toinon armée d'un long bocal. Quand les cerises furent servies, il dissimula à peine un éclat de rire. Cependant, voyant qu'on attachait une grande importance à ce régal, il lui fallut dire :

— Elles sont excellentes.

— C'est moi, dit Noirau tout fier, qui les ai cueillies.

— Je vous en fais mon compliment.

— Tu ne dis pas, monsieur Noirau, reprit son épouse, que c'est moi qui les ai préparées.

— Allons, encore un éloge, pensa l'artiste. — Madame, je vous assure que je n'en ai jamais mangé d'aussi bonnes. — Décidément, se dit-il, j'ai bien payé mon dîner.

Après le repas, on causa de choses et d'autres.

— Hugues, dit Triégler, voulez-vous me faire voir vos dessins?

— Des barbouillages, dit la Noirau, c'est bon à mettre au feu.

Hugues conduisit Triégler à sa petite chambre. Le peintre fut très-surpris en apercevant les *vieilleries* que madame Noirau avait entassées dans la chambre de son neveu :

— Savez-vous, dit-il à Hugues, que vous avez là des objets d'une grande valeur. Des Boule, peste! une pendule d'un rococo magnifique. Si je ne me trompe, voici des pastels qui ressemblent bien à des La Tour.

— C'est très-possible, dit Hugues; La Tour est des environs de Saint-Quentin.

Triégler regarda longtemps de petites aquarelles accrochées au mur par des épingles. C'étaient des études de vieilles femmes occupées à leur ménage ; des paysannes filaient devant leurs portes ; des voitures de rouliers montaient une rude montagne ; des enfants se roulaient au soleil dans la poussière. Ces peintures, exécutées naïvement sans la connaissance du métier, avaient l'âpreté pleine de charmes des images exactes des peuples primitifs.

— Quel est le sauvage qui fait ces choses-là ? s'écria Triégler.

Hugues rougit et ne répondit pas.

— Comment !.. dit le peintre étonné, c'est vous ?... mais c'est magnifique... Eh ! mon garçon, viens que je t'embrasse, tu en sais plus que moi.

Triégler, en embrassant le neveu de Noirau, était réellement plein d'émotion et d'admiration ; il pensait au temps qu'il avait perdu dans les ateliers à apprendre l'Art, tandis qu'un enfant, qui s'était contenté de regarder, arrivait tout d'un coup à une traduction intelligente et vraie de la nature.

— Eh bien, Hugues, je n'ai rien à t'apprendre... Ne sors jamais de cette voie. Vois-tu, il y a dix ans que j'étudie pour arriver où tu es aujourd'hui... Où as-tu copié ces choses-là ?

— Tout près d'ici, dans la montagne de Croy.

— Nous irons aujourd'hui, tout de suite... Ah ! le beau pays !

Les deux nouveaux amis sortirent ensemble, Hugues tout fier de donner le bras à un homme que chacun regardait dans la ville.

VII

CORRUPTION D'UN NEVEU CORROMPU

A un quart de lieue de Soissons est la montagne de Croy, un des plus beaux paysages de la Picardie : à droite la montagne est bornée par des rochers, à gauche par un ravin. De ce côté, les plaines verdoyantes du Soissonnais se déroulent à perte de vue. A travers les peupliers élancés, on aperçoit un monument du moyen âge dont on a fait une ferme ; un petit ruisseau, qui s'égare dans les herbes, baigne les murs.

De l'autre côté, des rochers au profil aride surgissent du sable, et des grottes ouvrant une gueule noire se perdent sous la montagne. Triégler regarda longuement cet admirable panorama.

— Je ne sais pas, dit-il, pourquoi les paysagistes vont au diable faire des études, tandis qu'aux portes de Paris on trouve d'aussi beaux motifs. Oui, je te remercie beaucoup de m'avoir amené ici. Je resterais volontiers quinze jours dans ce pays... Je m'en vais faire une esquisse.

Pendant qu'il peignait :

— Écoute, Hugues, je t'aime et je veux te parler en ami. Pour le vulgaire les artistes sont les gens les plus heureux du monde. Nous avons une sorte de prestige qui impose au public ; il nous voit toujours peintre, musicien, homme de lettres : le public ne veut pas nous regarder en déshabillé. S'il était donné au public de vivre deux jours de notre vie, il n'aurait plus aucune illusion. Les coulisses de l'art sont aussi laides que les coulisses du théâtre, et nous mettons à notre esprit un fard qui ne vaut guère mieux que celui des comédiens. Tu seras un artiste ; je vais te parler en artiste ! Mais songe bien que notre vie n'est pas une vie de plaisir, au contraire. On nous voit à trente ans gagnant de l'argent et quelquefois avec une certaine réputation ; on ne devine pas les quinze années de misère et de travail qui nous ont amenés là. Moi, je m'encroûte à faire d'affreux portraits de vos affreuses gens de la province ; ce métier-là va me rapporter 500 fr. d'économies. Mais l'hiver prochain, il faudra que je vive ; il faudra acheter des couleurs, des toiles, payer des modèles si j'expose. Je peux être refusé ; c'est un nouveau voyage à recommencer ; et quel voyage ! Je vais toujours à pied : les voitures coûtent trop cher ; je voyage avec les rouliers, je couche dans les chenils ; pense, mon cher Hugues, que je ne dois dépenser que vingt-cinq sous par jour, y compris mon tabac. Voilà la joyeuse vie d'artiste ! M. Géricault, mon patron, ne gagne pas 600 francs par an avec sa peinture ; c'est cependant un grand peintre. Tu n'en as peut-être jamais entendu parler ?

— Jamais, répondit Hugues.

— Ça ne m'étonne pas ; mais tu sais le nom de David. Heureusement leur temps est fait, aux ganaches impériales ; nous les enterrerons dans leurs *serviettes mouillées*. Si tu as du courage, Hugues, il faudra venir à Paris bien vite. Que fais-tu à Soissons ? rien de bon ?

— Mais, mon oncle...

— Ah ! bah ! ton oncle est un brave homme. Il m'a dit un mot de tes dessins, il n'y entend rien ; d'ailleurs je me charge de lui parler et de lui faire entendre raison.

Seulement, réfléchis sérieusement avant de crever de faim...

— C'est tout réfléchi, dit Hugues.

La nuit tombait ; les deux amis retournèrent à Soissons. Le lendemain Triégler, en finissant son portrait, dit à Noirau :

— Vous avez, monsieur, un neveu qui vous fera honneur un jour ; mais il est perdu s'il reste ici.

— Comment ça? dit Noirau étonné.

— Il faut l'envoyer à Paris ; il en a le plus grand besoin. Je puis vous affirmer que Hugues deviendra un peintre de talent.

— Mais il n'a jamais fait de peinture...

— Peu importe, quand on a le sentiment des arts aussi développé ; quand seul, sans conseils, on comprend comme lui la nature... Il m'a étonné enfin.

— Cependant, ce n'est pas une position, dit Noirau.

— Les princes, les grands, les riches ne viennent-ils pas s'incliner devant nous pour avoir un morceau de toile? Hugues arrivera comme moi...

— Arriver comme lui, pensa le bon Noirau. Écoutez, moi, je ne comprends rien à toutes vos peintures, j'en parlerai à mon épouse ; mais j'ai bien peur...

— Vous vous repentiriez un jour, monsieur, d'avoir laissé Hugues ici, chez un avoué ; avec son caractère et ses idées, il n'y fera jamais rien.

— Bath ! jeunesse se passe. Tenez, monsieur, moi qui vous parle, je voulais absolument devenir évêque étant petit.

— Monsieur Noirau, ce n'est pas la même chose. Maintenant, j'ai fait mon devoir : je vous ai prévenu, et vous seriez coupable de retenir Hugues à Soissons.

Le portrait fini, Noirau se leva, transporté de joie ; il appela son épouse, Nanon, Hugues.

— Nanon, lui dit-il finement en lui montrant son portrait, reconnais-tu ce monsieur-là?

— Pardine, dit la grande fille en riant aux éclats, c'est vous tout craché.

Noirau fut flatté de l'assentiment naïf de la servante. Il alla reconduire l'artiste, le paya et le remercia. Madame Noirau lui dit à son retour.

— Avant que tu sois fini, monsieur Noirau, tu aurais dû lui dire d'enlever du tabac qu'il y a là sous ton nez. On dirait que tu prises.

— Mais, ma tante, fit observer Hugues, c'est de l'ombre.

— Qui est-ce qui vous parle, *Rébecca*? Un beau *mioche* qui fait le connaisseur !

— Cependant, madame Noirau, M. Triégler prétend qu'il deviendra un jour un artiste.

— Qui ça? dit la Noirau inquiète.

— Hugues, répondit Noirau. Il a même ajouté qu'il fallait l'envoyer à Paris.

La Noirau devint écarlate, et, de sa voix la plus glapissante :

— A Paris !!! et vous avez pu souffrir de pareilles choses, — un *garnement* comme celui-là, un peintre lui ! mais vous n'avez pas le sens commun. Ça mange tout, vos peintres; ça meurt dans des greniers. Je voudrais le voir ici, ce vaurien-là qui vous a mis de pareilles sottises en tête. Vous voulez donc que votre neveu vous mange la laine sur le dos. — A Paris!!! Monsieur Noirau, votre raison a déménagé, quand il était ici ce matin, votre peintre, qu'il avait l'air d'un malfaiteur, que Toinon m'a même dit qu'elle ne voudrait pas le rencontrer dans un bois. — Allez à votre étude, polisson, et que je vous y reprenne à peindre des images, et surtout ne remettez pas le pied chez moi, si vous le revoyez, le peintre!!! Oui, il est beau!... C'est pourtant vous, dit-elle à son mari, qui avez fait ce coup-là. Pourquoi faire l'inviter à dîner? tout ça ne serait pas arrivé. Mais je ne me laisserai pas ainsi mener, on verra si j'ai une tête!

Elle disparut en faisant claquer la porte. Noirau était hébété; il sortit au plus vite, craignant une seconde édition du monologue. Quant à Hugues, il retrouva Triégler qui allait peindre l'avoué; le cœur gros, il lui confia son malheur; l'artiste souffrit autant que lui.

— Hugues, lui dit-il, j'ai huit jours à peu près à rester ici. Viens secrètement tous les soirs à l'hôtel. D'ici à mon départ, nous aviserons à d'autres moyens.

Mais les huit jours se passèrent; Hugues alla accompagner son ami à la voiture; celui-ci lui dit;

— Si tu étais trop malheureux ici, écris-moi, voici mon adresse. Nous partagerons le peu que j'ai. Dame! nous ne mangerons pas de biftecks tous les jours. Du reste, ton oncle ne te laissera pas partir sans argent...

Le conducteur appela les voyageurs; les amis s'embrassèrent, et Hugues revint tout en pleurs à son étude, aussi triste que s'il eût perdu pour toujours son nouvel ami.

VII

LA FILLE DU BOULANGER

En face de la maison de bois demeurait le boulanger Compain, qui fournissait les Noirau, ses voisins. Sa fille Rosette portait le pain et allait marquer les tailles chez ses pratiques. Hugues la voyait tous les jours chez son oncle; sans se rendre compte de ce qui se passait en lui, il était tout timide à son aspect, rougissait quoiqu'il l'eût connue fort jeune, et s'éloignait à son arrivée ; il montait à sa chambre et s'étonnait de se trouver tout pensif, réfléchissant, — à quoi? c'est ce qu'il n'aurait pu dire. Sa main prenait un crayon machinalement et dessinait des figures de jeunes filles, sans penser à la ressemblance de Rosette qui s'attachait à chaque coup de crayon.

Depuis trois mois que Triégler était parti, madame Noirau n'avait plus pensé à la fameuse scène qui avait presque couronné le départ de l'artiste. Mais Hugues poursuivait son idée; levé tous les jours à cinq heures du matin, il dessinait sans relâche, aidé des conseils que Triégler lui avait donnés. En rentrant de son étude, il se mettait bravement à sa petite table et travaillait encore. Un soir qu'il dessinait, Rosette apparut à sa fenêtre. Sa ravissante figure, encadrée par les plantes qui grimpaient le long de la muraille, faisait tableau tout naturellement. C'était une jeune fille de seize ans, toute rieuse, qui avait cependant remarqué l'espèce d'émotion que causait sa présence à Hugues. Elle regardait ce qu'on appelle les *passants* en province, c'est-à-dire un chat poursuivi par les gamins, une hirondelle qui regagne son nid. Rosette prit sans s'en douter une pose si coquette que Hugues, croyant qu'on ne le voyait point, après l'avoir contemplée sournoisement, la dessina. La malicieuse Rosette, qui devinait, fit mine de se retirer; il sembla tout à coup à Hugues que son bonheur s'évanouissait; il vint lui-même s'accouder à sa fenêtre, persaadé qu'elle était partie, regardant avec délices la petite chambre, la chaise, le tricot; mais Rosette revint tout à coup en souriant de sa petite ruse, et surtout de la mine embarrassée de Hugues, dont la figure s'empourprait.

— Bonjour, Hugues, dit-elle; vous dessinez?

— Mais... oui... mademoiselle.

— Appelez-moi donc Rosette tout court; on dirait que vous avez peur de moi. Nous sommes de vieilles connaissances cependant; est-ce que vous ne vous rappelez plus que nous allions ensemble à l'école?

— Si, Rosette, répondit Hugues tout troublé.

— Eh bien, pourquoi ne me parlez-vous jamais? dit-elle en riant.

— Je ne sais pourquoi, Rosette, mais vous avez changé tout d'un coup pour moi. Nous nous sommes connus enfants, et, en sortant du séminaire, je vous ai retrouvée grande... Je n'osais plus...

— C'est juste; j'oubliais que l'on ne parle pas aux femmes dans les séminaires. Mais puisque nous nous sommes raccommodés, vous me parlerez maintenant, n'est-ce pas?

—Oui, Rosette ; et, pour vous le prouver, je voudrais vous demander quelque chose, mais quelque chose... je n'oserai jamais vous le dire.

— Mon Dieu, c'est donc bien grave ?

— Non, je n'oserai jamais.

— Allons donc, dit-elle en faisant une petite moue ravissante.

— Je voudrais faire votre portrait.

— Oh ! que je suis contente ! Je m'en vais mettre une autre robe.

— Non, s'il vous plait, vous resterez telle que vous étiez tout à l'heure.

— Ah ! vous me regardiez en-dessous !

— Rosette ! cria le boulanger Compain, descends tout de suite.

— C'est papa qui m'appelle ; à demain !

— A quelle heure ?

— A quatre heures. Adieu ! dit-elle en adressant un sourire à Hugues qui fut heureux pour le reste de la journée.

Le lendemain, Rosette vint en toute hâte à sa fenêtre. Hugues commença le dessin ; il s'était arrangé de manière à ce qu'on ne le vît pas de la rue.

—Vous rappelez-vous, lui dit Rosette, que vous m'appeliez votre petite femme, et puis nous faisions la *dinette* dans un coin, à nous deux ? Comme c'était gentil !

— Oui, oui, balbutia Hugues.

— Et quand nous allions jouer dans les granges de mon oncle Godait, à Croy ?...

Hugues laissa tomber son crayon à ce souvenir ; après

sept ans, il se rappelait comme d'hier qu'en jouant à cache-cache, il s'était blotti sous le foin avec Rosette, et qu'un baiser innocent et pur avait duré près d'une heure, dans des extases qu'il n'avait jamais retrouvées.

Le portrait demanda quinze jours : quinze séances pleines de bonheur! Rosette était impatiente de l'avoir et ne se contentait pas de voir le croquis que Hugues lui montrait de sa fenêtre.

— Quand vous me le donnerez, lui dit-elle, vous verrez ma surprise, à moi.

— Qu'est-ce que c'est? demanda Hugues.

— Vous êtes trop curieux, monsieur ; vous le saurez plus tard.

Le pauvre garçon ne dormait plus ; il était amoureux fou ; il ne pensait plus qu'à Rosette : le soir, quand elle se couchait, il cherchait encore à suivre sa forme se dessinant d'une manière indécise sur les rideaux blancs. La fatigue finissait par l'endormir. Madame Noirau ne l'avait jamais trouvé aussi paresseux.

— Si vous étiez *chez des étrangers* (un de ses mots favoris), croyez-vous, lui disait-elle, qu'on vous donnerait un valet de chambre pour vous réveiller? — Allez à votre étude, fainéant !

Mais Hugues, cuirassé d'abord par l'indifférence, l'était encore mieux maintenant par son amour. Quand il eut achevé une copie du portrait, qu'il se réservait, il pensa à l'accompagner d'une lettre. Il en fit vingt brouillons, les recopia, puis les déchira, n'en étant jamais content. Le portrait fut remis sans missive à Rosette, qui serra la main de Hugues en y laissant un petit paquet. Hugues monta tout joyeux dans sa chambre. « A *mon ami Hugues* » était écrit sur l'enveloppe ; il hésita d'abord à l'ouvrir ; enfin, après avoir déplié lentement le papier, il trouva une charmante bourse qu'il baisa ardemment en songeant que les jolis doigts de Rosette avaient imprégné la soie de leur parfum de jeunesse. Puis, se souvenant qu'il ne l'avait pas remerciée, il lui écrivit :

« Ma chère Rosette,

« Votre bourse m'a fait grand plaisir ; je la garderai toujours, jusqu'à la mort. Ce sera pour moi un souvenir, quand je serai loin d'ici ; car je veux devenir un grand artiste et je ne peux rester à Soissons. Dites-moi que vous penserez un peu à moi, comme que je penserai à vous. Je vous aime, Rosette. Vous souviendrez-vous du pauvre Hugues qui sera malheureux à Paris ? M'aimerez-vous un peu ? dites-le-moi et ce sera un talisman qui me fera vaincre tous les obstacles. Je serai si heureux en pensant qu'il y a quelqu'un qui s'intéresse à moi ; car je n'ai personne que vous. Mon père et ma mère sont si loin : ils ne m'écrivent pas... Et plus tard, quand je reviendrai dans ma petite ville, où personne ne me comprend, si vous m'attendez encore... Je n'ose continuer ; j'ai le cœur trop gonflé d'espérance. Répondez-moi un mot, un simple mot que je puisse garder sur mon cœur, je serai si heureux, ma Rosette ! A ce soir ! »

Le billet fut remis à Rosette quand elle vint apporter les tailles chez Noirau ; mais le soir Hugues attendit vainement que Rosette parût à sa fenêtre ; le lendemain même absence. Huit jours se passèrent ainsi pour Hugues, dans des inquiétudes et des tourments affreux. Son père aurait-il trouvé la lettre ? serait-elle malade ?

aurait-elle été fâchée de ce que je lui ai écrit? pensa-t-il. — Cependant, un soir, comme il allait se coucher, il vit la chambre de son amie éclairée, et Rosette lui fit signe de venir à la fenêtre :

— Mon cher Hugues, lui dit-elle, je crois que mon père nous soupçonne ; il m'empêche d'aller chez votre oncle. Voilà pourquoi je ne me mets plus à la fenêtre.

— Ah! ma pauvre Rosette! s'écria Hugues.

— Parlez doucement afin qu'on ne puisse nous entendre ; tous les soirs nous causerons ainsi. Ne m'écrivez plus : votre lettre m'a bien tourmentée. Je ne sais plus à qui je pense toute la journée ; je la relis sans cesse et je pleure. Vous ne m'écrirez plus, n'est-ce pas, Hugues? promettez-le-moi, dit Rosette d'un ton qui démentait ses paroles. — Je tremble que mon père ne sache tout cela. Est-ce que vous voulez partir bientôt, vilain?

— Ma chère Rosette, il le faut ; mais je reviendrai riche, avec de la gloire, et nous nous marierons.

— Ah! quel bonheur !

Quelqu'un qui passait dans la rue vint rompre l'entretien.

— A demain! dit Rosette.

Ces entretiens se continuèrent ainsi pendant un mois; Hugues qui, n'était pas satisfait de conversations aussi lointaines, demanda à Rosette un rendez-vous, alléguant qu'il était peu agréable de se parler le soir sans se voir, d'être obligé de se tenir constamment sur le qui-vive. Rosette, qui, dans son innocence, trouvait cela tout naturel, accorda le rendez-vous sur le Mail. Tous les soirs, les deux jeunes amants se promenaient ensemble mais une voisine, les ayant aperçus, alla prévenir le boulanger que sa fille *ferait parler d'elle* si on n'y prenait garde. Elle n'avait pas reconnu Hugues; aussi ne put-elle donner à son égard que de vagues renseignements. Compain entra dans une extrême fureur :

— Tu vas aller à ta chambre, dit-il à Rosette, et tu n'en sortiras de huit jours. Qu'est-ce c'est qu'une *dévergondée* comme ça, avec son petit air de *sainte-nitouche* ? Allez, et si je vous y prends encore, je vous fais entrer au couvent.

Rosette s'en alla tout en larmes. Le soir elle se coucha, non sans penser à Hugues; puis elle réfléchit que son père lui avait défendu d'aller promener sur le Mail, mais que les conversations séparées par la rue ne lui étaient pas interdites. Les entretiens à la fenêtre reprirent leur cours. Cependant l'hiver marchait à grands pas; on était au mois de décembre, et les conversations entre dix et onze heures du soir devenaient très-froides. Hugues voulait partir pour Paris dans le mois de janvier : comment? c'est ce dont il ne s'inquiétait guère; mais c'était une idée arrêtée dans son esprit, et Hugues *avait une tête*, comme disent les vieilles gens. Seulement ces conversations, entrecoupées par le froid, Rosette qui ne pouvait plus sortir, **son départ prochain**, tous ces motifs lui inspirèrent un désir qu'il ne put s'empêcher de soumettre à son amie. Il lui écrivit.

« Ma chère Rosette,

« Je vais partir; nous allons être séparés, hélas! Quand nous reverrons-nous? Dieu le sait. Peut-être jamais. — Il y a près de trois mois que nous ne nous sommes vus. J'ai une demande à vous faire, une demande que vous ne me refuserez pas, que vous ne pouvez me refuser. C'est un projet hardi, je le sais ; je l'ai combiné bien des fois la nuit quand je pensais à mon départ inévitable. Il faut que vous me receviez la nuit prochaine dans votre chambre : nos deux fenêtres sont si proches... Il faut que je vous voie encore une fois, une seule fois. Si vous me refusez, je ne partirai pas, je resterai à Soissons... mais dans un endroit où vous me verrez tout à votre aise, dans un endroit où vous pourrez aller prier sur ma tombe... Ce soir, entre onze heures et minuit, votre père sera endormi, il n'y a rien à craindre : ayez soin de ne pas allumer de chandelle.—Adieu, ma petite femme, pensez bien à ce que je vous écris ; ceci est sérieux. Qu'ai-je besoin de la vie, si personne ne s'intéresse à moi ! A quoi bon chercher la gloire, si personne ne la partage ? Mais j'ai confiance en vous et vous ne me refuserez pas. Ne me répondez pas ; je veillerai cette nuit et je jetterai une pierre contre vos carreaux. »

Hugues, après avoir écrit cette lettre, la lança dans la chambre de Rosette, suivant sa coutume, et retourna préparer tout ce qu'il lui fallait pour ses projets.

VIII

UNE NUIT EN PROVINCE

La nuit, la petite rue Saint-Christophe est noire comme

la poix; aucun bruit humain; tout le monde dort. Seules, les chandelles de bois de l'épicier voisin, *staccantes* comme des castagnettes, commencent leur danse nocturne. Le blutoir du boulanger va plus en mesure que le meilleur métronome ; une paire de chats sur un toit luttent à qui fera le plus beau *rinforzando*; un chien sans asile hurle mélancoliquement dans le lointain ; un coq bavarde toutes les trois heures dans son *séminaire*, au fond d'une cave; les girouettes grincent des dents ; un volet mal fermé va et vient à sa fantaisie.

Tout était dans l'obscurité ; dans le lointain, un réverbère faisait mine de veiller... Du second étage de la maison de bois, une fenêtre s'ouvrit, et au même instant on entendit le bruit d'une pierre lancée contre des vitres. La fenêtre d'en face s'ouvrit à ce signal; une planche sortit comme par enchantement et alla s'appliquer contre la maison du boulanger où une personne invisible parut la fixer assez solidement. La planche attachée, quelque chose qui avait forme humaine sortit par la fenêtre et s'avança sur cette espèce de pont suspendu...

En ce moment le vent grondait de sa plus grosse voix; les chandelles de bois se battaient les flancs à perdre haleine ; la girouette, tout en glapissant, se livrait à une course effrénée; le volet de bois semblait vouloir se casser la tête contre les murs.

Hugues s'avançait avec précaution sur la planche que la neige, tombant par flocons, rendait glissante... Une violente bourrasque fit chavirer le pont... Planche et homme tombèrent l'un sur l'autre, non sans quelque fracas; un cri perçant sortit de la fenêtre de

Rosette. Pendant ce tapage, une lumière parut au fond de la boutique du boulanger, et Compain sortit de sa maison avec une lanterne. Après avoir examiné la planche et l'homme, qui ne donnait aucun signe de vie, il les ramassa tous deux et rentra chez lui.

Le bruit du reste n'avait éveillé que ce nouveau personnage ; car le vent, par la puissance de son orchestre, avait dissimulé cet incident. Cependant, depuis sa faute, il se taisait presque et l'on n'entendait plus qu'une bise sifflante qui ressemblait à de la colère ; les chandelles de bois allaient *morendo;* la girouette avait presque perdu son souffle, et le volet de bois paraissait avoir renoncé à ses projets de suicide. Au contraire, le blutoir du boulanger paraissait joyeux ; chaque coup de la mesure était plus hardiment attaqué ; et un observateur eût cru reconnaître dans son chant quelque chose de sardonique.

Compain, rentré chez lui, s'empressa d'examiner si l'homme n'avait aucune fracture. — Ah! mon Dieu! dit-il tout à coup en reconnaissant Hugues. Le boulanger sortit avec sa lanterne et revint avec un sac à farine. Peu satisfait sans doute de son idée, il sembla chercher et avisa dans un coin de sa boutique un sac à charbon et se mit en mesure d'y mettre dedans le jeune homme. Le sac bien lié, Compain décrocha une assez grande échelle qui était dans la boutique ; il souffla sa chandelle et alla poser l'échelle contre la maison des Noirau. Là, chargeant son paquet humain sur ses épaules, il grimpa bravement.

Ce ne fut pas sans peine que le boulanger arriva au second étage près du pignon que couronnait une poulie. Après avoir solidement attaché le sac, un vigoureux *ouf!*

de fatigue sortit de sa poitrine, et il descendit précipitamment de l'échelle en murmurant : « Seigneur, il était temps... » Après quoi, il rentra chez lui.

L'horloge de la ville tinta deux heures. Le seul témoin de tout ceci avait été le réverbère municipal, l'Argus à trois becs de la sûreté publique, qui finit aussi par s'endormir. Le chef d'orchestre Borée avait abandonné ses musiciens; on s'en apercevait bien au calme plat des chandelles de bois, de la girouette et du volet. Les chats se reposaient de leurs fatigues et de leurs joies ; le coq semblait avoir mis une sourdine à sa voix, et le chien sans asile avait sans doute fini par en trouver un. Le blutoir, en ennemi peu généreux, continuait à insulter au malheur de ses adversaires. La lune s'était débarrassée de sa mantille de nuages, et la coquette laissait voir un peu de son visage.

Quant au sac, il était immobile. . . . .

IX

IMPRESSIONS DE VOYAGE DANS UN SAC

Sur les quatre heures, Hugues sortit de son évanouissement. D'abord il se crut le jouet d'un rêve, puis il se sentit meurtri. — En effet, se dit-il, je suis tombé à terre... où puis-je être? — Il palpa les parois de sa prison. — De la toile partout, de la tête aux pieds. — Il voulut se relever, mais, impossible ! il était accroupi dans le sac. Aux mouvements qu'il fit, le sac se balança.

« Décidément, pensa-t-il, je suis accroché quelque

part; où? je ne m'en doute pas. — Il fait très-froid ici. — Qui peut m'avoir ainsi habillé de toile et suspendu? — J'ai dû tomber, si j'ai bonne mémoire, au milieu de la rue, entre la maison de mon oncle et celle du père Compain. — Le boulanger aurait-il entendu le tapage; serait-ce lui?... Oh! non. — Et cette pauvre Rosette qui m'attend! Pauvre Rosette! — Il fait un froid de loup. — Ah! Rosette, je serai donc obligé de... »

En ce moment, il sonna cinq heures.

« Cinq heures, je commence à m'orienter, c'est la cathédrale. — Mais suis-je dans une cour ou dans la rue? Dois-je crier ou me taire? Si je suis appendu à une maison quelconque, quand on viendra voir ce que contient cet intrus de sac, on est capable de me lâcher de frayeur. Je ne veux plus tomber du haut d'une maison... C'est assez d'une fois... — Si je ne dis rien, on ne s'avisera peut-être pas de regarder en l'air, et je peux rester assez longtemps à imiter l'oiseau perché sur une branche. — Hélas! que va dire mon oncle, et ma tante!!! quel déluge de mots j'entends déjà. — J'ai un atroce froid aux pieds; j'en étais sûr, je suis entre deux airs. »

Une voiture de maraîcher, qui passait au loin dans la ville, donna un peu de patience à Hugues; peu à peu Soissons sortit de son sommeil, les pavés résonnaient sous les souliers ferrés du maçon matinal; les marchandes se rendaient au marché et Hugues reconnut le :

A chit pali!

cri bizarre qui paraît d'abord appartenir à une langue sauvage et qui signifie tout simplement, dans le Soissonnais : *Marchand de balais*. On ouvrit une porte dans la rue ; Hugues reconnut au grincement le bruit de la porte des Noirau.

« Diable, se dit-il, ceci devient grave : je ne suis pas loin de chez mon oncle. »

Toinon, la plus matinale des servantes, balaya la rue ; puis elle alla faire *un brin de causette* avec Compain qui, calme, fumait sa pipe sur la porte. En rentrant, elle regarda en l'air pour voir si le chasseur-girouette qui depuis près d'un demi-siècle poursuivait sur le toit une perdrix, annonçait du vent.

— Ah! mon Dieu, qu'est-ce que c'est ça là-haut? Monsieur Compain, savez-vous? dit-elle au boulanger en lui montrant le sac.

— Non, et vous? répliqua le boulanger avec un air d'indifférence.

— Pardine, *pisque* je vous le demande. Je vas avertir nos maîtres.

Elle courut vivement vers la maison et cria de toutes ses forces :

— Madame! monsieur! venez donc voir, il y a quelque chose en haut.

— Eh bien! imbécile, ne dirait-on pas que le feu est à la maison! dit la Noirau, colère d'être réveillée.

— Ah! madame, si vous saviez...

— Eh bien! quoi?

— Je ne sais pas, mais il y a un gros sac attaché tout en haut de la maison.

— Monsieur Noirau, va voir un peu ce que cette folle-là nous veut.

Noirau se leva tout en grommelant.

— Ah! monsieur, vous allez bien voir...

— C'est bon, c'est bon ; tu aurais dû me dire ça plus tard, Toinon ; je dormais si bien.

Quand Noirau fut habillé, Toinon se mit à courir devant lui et le mena à la porte.

— Voyez-vous là-haut?

— C'est très-extraordinaire ! un sac !

— Il faut monter au grenier, monsieur.

Les servantes commençaient à se rassembler, à regarder le sac et à faire des histoires impossibles. Toinon parut à la petite lucarne du grenier avec Noirau.

— Tu vas voir que ce n'est rien, dit l'ex-épicier qui commençait à trembler. Et il toucha le sac; mais un mouvement de Hugues le fit sauver au bout du grenier; il faillit se trouver mal.

— Toinon, dit-il en reculant vers la porte, ce n'est pas clair; il m'a semblé qu'il y avait quelqu'un là-dedans.

Les dents du pauvre homme dansaient la sarabande.

— Bath ! dit Toinon, je veux savoir qui ça est; que ce soit Dieu ou diable, nous le verrons bien.

Elle s'approcha du sac.

— Prends garde à toi, Toinon ! s'écria Noirau.

— Toinon, dit doucement une voix qui sortait du sac, c'est moi, Hugues; délivre-moi.

— Ah ! mon Dieu, fit-elle toute décontenancée à son tour, c'est M. Hugues !

— Comment, Hugues !... mon neveu?... tu en es bien sûre ?

— Pardine, il m'a parlé.

Elle tira le sac, délia les cordons, et Hugues sortit précipitamment, noir comme la nuit. Noirau, ne le reconnaissant pas, descendit plus mort que vif les escaliers, et courut se renfermer dans sa chambre. Pendant ce temps, Hugues se secoua, puis alla se coucher sans vouloir satisfaire l'ardente curiosité de Toinon.

— Et tu dis, monsieur Noirau, que c'est un voleur? demanda la bourgeoise.

— Oui, bien sûr; ferme les verrous de la porte.

— Ah! seigneur!... et Toinon?

— Toinon croyait que c'était Hugues. Il était tout noir, la figure, les mains... le brigand!...

Toinon, qui descendait, eut toutes les peines à se faire ouvrir la porte de l'appartement où les Noirau s'étaient barricadés.

— Eh bien! Toinon? demanda la Noirau.

— C'est M. Hugues.

— Comment, ce n'était donc pas un voleur? Vous me ferez mourir avec vos peurs, dit-elle à Noirau. — Qu'est-ce qu'il faisait là?

— Je ne sais pas, répondit Toinon.

— Il n'avait pas pu s'y mettre tout seul. Voilà encore qu'il recommence ses tours. Monsieur Noirau, nous ne pouvons pas le garder plus longtemps, il me fait *manger mon sang*. Allons, Toinon, parle.

— Ah! ma foi, madame, vous me demandez plus long que je n'en sais; il n'a rien voulu me dire et il est allé se coucher.

— C'est bien, nous verrons cela plus tard. Toinon, ne *jacassez* pas là-dessus.

Hugues était profondément endormi lorsque son oncle entra chez lui. Cependant il se réveilla.

— Hugues, lui dit Noirau en essayant de se donner un air solennel, vous savez que j'ai toujours été bon envers vous. Je vous ai pardonné tous vos tours ; je mettais cela sur le compte de la jeunesse ; mais après ce qui est arrivé cette nuit...

— Mon oncle, dit Hugues, si je pouvais vous raconter comment tout cela s'est passé... mais je n'en sais rien moi-même.

— Je ne vous demande rien, Hugues ; madame Noirau ne veut plus vous garder ici ; il faut que vous partiez. Vous pensez devenir peintre, soyez artiste. Depuis un an vous gagnez 25 francs par mois chez votre patron ; je vous les ai religieusement conservés ; cependant, comme vous ne savez pas encore ce que c'est que de vivre à Paris, je ne vous donne aujourd'hui que 100 francs ; mais il faut que vous partiez ce soir même.

— Mon cher oncle ! dit Hugues en fondant en larmes.

Le Noirau s'attendrissait.

— Écoute, lui dit-il en reprenant le tutoiement, tu pourras avoir besoin d'argent ; écris-moi, je t'en enverrai en cachette.

Hugues partit le même jour pour Paris.

X

UN AN APRÈS

Hugues revenait d'Auvergne avec son ami Triégler. L'année fut rude pour tous les deux, Hugues étant forcé de vivre avec les six cents francs que son oncle lui envoyait en secret.

Mais Triégler l'avait accueilli à bras ouverts, lui avait donné en toute propriété la moitié de son atelier, ce qui faisait une notable économie. Hugues n'avait plus de logement à payer.

En outre, Triégler ne vivait pas depuis sept ans dans le faubourg Saint-Germain sans en avoir approfondi les mystères, c'est-à-dire les cuisines à bon marché ; il avait donc initié son ami à toutes les rouerics des peintres peu fortunés.

La majorité des peintres sont nés à Paris, de parents de basse classe. Ceux-là vivent dans la famille et ne dépensent pour leurs frais de peinture que les toiles et les couleurs. Le soir, au lieu d'étudier chez un patron, ce qui coûte 25 à 30 francs par mois, ils vont à l'*académie*.

Les ateliers Suisse et Boudin sont trop connus pour en parler longuement. Le mois n'y coûte que sept francs. Aussi, nombreuse est la foule de jeunes gens qui peuvent, pour vingt-cinq centimes par jour, étudier quatre heures un modèle d'homme ou de femme.

Hugues étudia sérieusement la figure, quoiqu'il eût l'intention de faire exclusivement du paysage ; mais Triégler conduisait ses études.

Quand arriva le printemps, ils partirent tous les deux pour l'Auvergne.

— Je te mènerais bien à Fontainebleau, dit Triégler ; nous aurions des arbres superbes, mais nous y trouverions six mille paysagistes. Et puis ça devient trop connu.

Les deux peintres allèrent faire des études pendant quatre mois ; ils revinrent avec des cartons plus pleins que la bourse, car le paysan des montagnes n'est pas riche.

En arrivant à l'atelier, Hugues trouva une lettre timbrée de Soissons et cachetée de noir. Il devint pâle et tomba sur une chaise.

— Un malheur, dit-il; Triégler, vois donc.

— Il y a un cachet noir.

— Je n'ose l'ouvrir.

— Bâh ! Il faudra toujours que tu saches... Du reste, elle est datée de trois mois.

Hugues la décacheta précipitamment et lut cette lettre lithographiée :

« *Vous êtes prié d'assister aux convoi, service et enterrement de dame Anémone Noirau, née Griffin, décédée le vendredi 14 mai, dans sa quarante-sixième année. L'inhumation aura lieu le dimanche 16, à l'issue de la grand'messe, qui sera chantée en l'église Notre-Dame, sa paroisse, à 11 heures précises.*

« *Des messes basses y seront dites les mercredi et jeudi 19 et 20 dudit mois, depuis sept heures jusqu'à onze.*

« *Priez Dieu pour le repos de son âme.* »

— Ma pauvre tante ! dit Hugues les larmes aux yeux. Moi qui aurais dû me trouver à son lit de mort pour lui demander pardon.

— Il y a encore une autre lettre, dit Triégler, une lettre de ton oncle, sans doute.

— Oh ! donne vite.

« Mon cher neveu, écrivait Noirau, je t'écris la tête

perdue. Ta tante, ma chère femme, a eu une attaque d'apoplexie qui l'a enlevée subitement. Prends la diligence sitôt que tu recevras ma lettre, que j'aie au moins quelqu'un pour me consoler.

« Tu arriveras encore à temps pour l'enterrement : viens tout de suite. J'ai le cœur serré.. On n'a pas vécu près de trente années avec une personne sans s'y être accoutumé. Comment vais-je faire pour vivre maintenant? Pourquoi n'es-tu pas demeuré avec nous? Au moins aurais-tu pu voir une dernière fois ta tante, qui a prononcé ton nom avant de mourir.

« Ton oncle dans la douleur,

« NOIRAU. »

— Je pars ce soir à six heures, dit Hugues.

— Aujourd'hui même?

— Pense que voilà trois mois que mon oncle m'attend. Que peut-il croire?

— Il a dû écrire de nouveau, dit Triégler.

— Non ; le portier m'a assuré qu'il n'avait pas reçu d'autres lettres.

Hugues prit la diligence ainsi qu'il l'avait dit. Dans la nuit, il ne put dormir, poursuivi par le souvenir de sa tante. Il pensait à son oncle qu'il allait retrouver chagrin et cassé par la douleur.

Vers quatre heures du matin, la diligence arriva à Soissons. Hugues était descendu aux portes de la ville, afin d'arriver plus vite à la rue Saint-Christophe. En traversant le Mail, qui était désert, il aperçut de loin un petit homme qui marchait assez vite en baissant la tête. Hugues s'arrêta un moment, croyant bien reconnaître cette figure. Puis il courut à toutes jambes vers l'individu :

— Ah! mon oncle! dit-il en lui sautant au cou.

Noirau parut fort contrarié de cette rencontre.

— Par quel hasard, monsieur Hugues?

Hugues fut tout étonné du mot *monsieur*, qui n'est que peu usité entre oncle et neveu.

— Mon oncle, pardonnez-moi si je n'ai pas répondu plus tôt à votre lettre...

— Je crois bien, trois mois... Enfin, que venez-vous faire ici?

Cette question surprit encore davantage Hugues, qui eut un moment la pensée de répondre qu'il venait apporter des consolations.

Mais Noirau ne paraissait avoir besoin d'aucune consolation. La mort de sa femme ne lui avait enlevé aucune parcelle de son ventre; son teint était coloré comme devant, et ses oreilles avaient conservé la rougeur de la cerise.

— Je venais pour vous voir, dit Hugues.

— J'espère, reprit Noirau, que vous n'avez nullement l'intention de recommencer vos tapages *de dedans* le temps.

— Mais, mon oncle...

— C'est bien, je ne vous en demande pas davantage... Pourquoi n'êtes-vous pas venu à l'enterrement de votre tante?

— Mon cher oncle, j'étais en Auvergne.

— Ah! monsieur voyage... Monsieur est un grand seigneur maintenant?...

— Il paraît, se dit Hugues, que ma tante a laissé en

héritage à mon oncle son fâcheux caractère... J'étais parti faire des études, reprit-il, j'arrive seulement hier, et je trouve votre lettre... Si j'avais pu me douter du fâcheux événement qui est arrivé, croyez que j'aurais tout quitté à l'instant pour venir vous retrouver.

Comme ils étaient devant la maison de bois, Noirau prit un ton plus affectueux et dit à son neveu :

— Je vous quitte, je ne rentre pas encore. Depuis la mort de madame Noirau, je ne peux plus fermer l'œil... Alors je sors le matin, sans même prévenir Toinon... Ne lui dites pas que vous m'avez rencontré. Cette fille est bavarde comme une pie borgne... Sonnez, elle vous ouvrira. Vous pouvez reprendre votre ancienne chambre. Nous déjeunerons à dix heures.

XI

TOINON

Hugues resta quelques instants à la porte, réfléchissant à la réception de son oncle et se demandant s'il ne devait pas reprendre immédiatement la diligence. Enfin il se décida à sonner.

— Mon doux Sauveur! s'écria la grande Toinon en ouvrant la porte, v'là monsieur Hugues... Ah! tant pis, je l'embrasse. Seigneur! vous v'là un homme... Qu'il est donc grandi et beau garçon!...

— Bonjour, Toinon, dit Hugues qui jugea à propos de couper court à l'enthousiasme de la brave fille... Et Rosette?

— Il y a bel âge qu'elle est mariée!... trois jours après que vous êtes parti... Vous voulez voir votre oncle, pas vrai?... Il n'y est pas, dit-elle en baissant la voix. Ah! quand vous saurez tout!

— Comment, tu sais donc qu'il n'est pas ici?

— Doux Jésus, faudrait mieux qu'il y soit, le pauvre cher homme. Je ne lui en veux pas, mais ce n'est pas bien ; tout de suite comme ça après la mort de sa femme... lui qui était si rangé, si doux, si brave homme. Ah! Seigneur !

— Toinon, voyons, dit Hugues ; je ne comprends rien à tes discours, explique-toi clairement. Je descends de voiture, je rencontre mon oncle sur le Mail, et il m'a si mal reçu que je repartirai peut-être demain...

— Il faut rester, monsieur Hugues, il faut rester ; vous allez voir. Aussitôt que madame est morte, — la pauvre dame, elle est, bien sûr, en paradis bien tranquille, — monsieur Noirau a été comme un fou. Il vous écrivit. Moi, en portant la lettre à la poste, je me dis : M. Hugues arrivera demain... Vous ne veniez point, monsieur s'inquiète de plus en plus, ça dure au moins huit bonnes journées, sans compter les nuits que je l'entendais sangloter à me fendre l'âme... Enfin je lui dis un jour : M. Hugues est peut-être malade, il faudrait voir. — Attendons, qu'il me répond. Sa douleur se passait ; il allait se promener souvent. Vous comprenez que j'étais contente, moi, de le voir sortir ; ça distrait, au moins... Une nuit, je l'entends sortir par la porte de derrière. Je cours m'habiller tout de suite, je me dis : Le pauvre cher homme pourrait faire un mauvais coup si la douleur le tient toujours. Je regarde dans la rue, impossible de savoir par où il est passé. Me voilà aux cent coups jusqu'à dix heures du matin qu'il n'était pas revenu. Enfin il arrive tranquille, et il mange comme un homme qui a faim. Moi je me dis : Il ne faut lui rien dire, le brave homme; si c'est madame Noirau qui lui revient à l'esprit, ça pourrait le chagriner... Mais je le guettais; la seconde nuit, j'avais gardé ma jupe, mon corset, tout, je m'étais étendue seulement sur mon lit... Je l'entends qui marche tout doucement. Il descend dans le jardin, je le suis... Il ferme la porte de derrière, je l'ouvre... Mon Dieu, j'ai peut-être été trop curieuse, pas vrai, monsieur Hugues?...

— Tu as bien fait, ma bonne Toinon.

— Après ça, c'était pour son bien... Il traverse donc quelques rues, moi de loin je le suivais. Qu'est-ce que je vois! Il s'arrête dans la rue des Boucheries... Il prend une clef et il entre comme chez lui... J'avais entendu dire qu'il y a des personnes qui marchent en dormant, je croyais tout bêtement que c'était un... chose; comment que vous dites ça?

— Un somnambule.

— Justement. Je m'en reviens en disant : M. Noirau a là tout de même une drôle de maladie. Je lui raconte ça à déjeuner... Ah! si vous aviez vu comme il s'est mis en colère! Jamais, au grand jamais je ne l'avais vu comme ça. Il roulait des yeux de Judas Iscariote. — Toinon! qu'il me crie, je vous chasse si vous dites un mot de ce que vous avez vu. — Ah! monsieur, vous feriez de la fausse monnaie que je n'en parlerais pas; je vous aime trop, et puis j'ai promis à madame Noirau de veiller sur vous tout le restant de ma vie. — C'est bon, qu'il me fait, prenez garde à votre langue. J'ai bien le droit de sortir à toute heure. — Mon Dieu, monsieur, vous êtes le maître. — Les autres nuits, il sort à la même heure ; vous comprenez que je n'en souffle plus mot... mais la langue me démange assez, et à vous je peux tout dire.

— Où allait-il enfin? dit Hugues très-intrigué.

— Seigneur! que vous êtes pressé! vous le saurez plus vite que vous ne le voudrez. Je rencontre à la boucherie, un matin, une payse à moi, la fille à Bachelu, qui remuerait ciel et terre avec ses histoires. Elle sait tout, quoi. — Eh bien! qu'elle me dit, votre maître en fait de belles. — Bah! je lui réponds, vous v'là encore avec vos histoires. — Toute la ville ne parle que de ça. Huit jours après la mort de madame Noirau, il a pris une nouvelle femme. Comment, une femme! Il veut donc se remarier? — Il l'est, dit-elle, il l'est sans l'être : il a une maîtresse, l'horreur! — Est-il possible? Je tombai de mon haut; il y avait bien de quoi. — Eh! oui, une mauvaise créature, la grande Émélie, une sage-femme, vous ne connaissez qu'elle... Moi, qui ne sors pas beaucoup, je lui dis que je ne la connaissais qu'en peinture, elle a à sa porte un grand portrait qui tient dans ses bras un enfant. C'est elle, me dit ma payse, une grande *affrontée*, qui court après les hommes... Elle a donc mis la main sur votre maître. On dit qu'il va se marier avec elle.

Voilà tout ce que je sais, ajouta Toinon; est-ce seulement croyable? On me dirait que la flèche de Saint-Jean des Vignes vient de tomber que j'y croirais plutôt... Mais je n'ai plus de doute... M. Noirau ne passe plus la nuit ici maintenant. Il est constamment fourré chez sa *gueuse*.

— Je comprends, dit Hugues, qu'il ait été fâché de me voir arrivé... Je n'ai rien à faire dans tout cela. Mon oncle est assez âgé pour savoir se conduire...

— Ah! monsieur Hugues, essayez de le détourner de cette mauvaise créature-là!

— Que veux-tu, Toinon? Puis-je gronder mon oncle?... Eh bien, j'essayerai par quelque moyen. Ne dis pas que tu m'aies parlé de rien, ne bavarde pas. Si ta payse sait quelque chose, écoute-la et réponds-lui que tu n'en crois rien. Si tu suis mes instructions, je ferai ton portrait.

— Oh! dit Toinon au comble de la joie, monsieur Hugues, je vous reconnais bien là... vous êtes toujours bon, vous... N'ayez pas peur, allez, j'aurai mon portrait.

XII

LA FEMME ENTRETENUE EN PROVINCE

Émélie (par corruption d'Émilie) représente la *femme entretenue* dans la plus terrible acception du mot. Depuis cinq ans, elle habitait Soissons, où son arrivée fut connue par une annonce répétée pendant huit mois dans les journaux de la localité.

« *Madame Émilie, sage-femme, élève de la Faculté de Paris, prévient MM. les Soissonnais qu'elle reçoit chez elle les dames enceintes, pendant le temps de leurs couches, à des prix très-modérés.* »

De plus, un tableau représentant une dame en chapeau à plumes, en robe de soie noire, en gants jaunes, tenant dans ses bras une layette garnie d'un enfant perdu dans des dentelles. Ce tableau, peint d'une façon *très-voyante*, placé au premier étage d'une rue bourgeoise de la ville, annonça aux Soissonnais que la science envoyait un aide de plus aux efforts de la maternité.

Madame Émélie était une grande femme d'aspect parisien, et dont les yeux bleus mourants, animés par un teint rose, promettaient aux galants provinciaux une nouvelle occasion d'intrigues.

Peut-être madame Émélie était-elle venue s'établir avec la ferme résolution de s'occuper de son art ; mais les pratiques ne répondirent pas à son appel.

La sage-femme est presque toujours, en province, une femme à aventures : madame Émélie ne changea rien au proverbe. Elle fut bientôt connue, et le *Café militaire* retentit plus d'une fois de son nom. Après avoir reçu les hommages d'un jeune sous-lieutenant de la ligne, elle le quitta pour se rapprocher d'un aide-major, amant plus conforme à sa profession.

Le régiment parti, elle fut recherchée par quelques clercs de notaire de la ville ; mais c'était là trop pauvres gens. Les militaires eux-mêmes n'ont qu'une bien maigre solde pour entretenir une femme. Un receveur des contributions, M. Bellet, qui depuis passa à l'étranger, laissant un vide énorme dans la caisse, vécut presque publiquement avec madame Émélie.

A partir de ce moment, elle eut un mobilier fastueux, une toilette qui offensait, au spectacle, les dames de la ville ; bref, elle ne contribua pas peu au dérangement des affaires du receveur. Elle fut même appelée chez le juge d'instruction lors du procès qui s'entama à la fuite de M. Bellet ; mais si elle avait dévoré d'énormes sommes d'argent, rien ne pouvait lui faire rendre gorge ; rien ne prouvait sa complicité. Le parquet la laissa vivre comme par le passé.

Ce fut à la promenade que Noirau la rencontra. Le bourgeois était profondément attristé de la mort de sa femme ; la vie lui pesait. Au moins madame Noirau, avec ses petites colères, lui remuait-elle un peu le sang. Mais quand il ne vit plus à sa maison que Toinon, avec sa longue dent désolée, il tomba dans les bras du marasme.

Madame Émélie se promenait lorsqu'elle aperçut le bourgeois assis sur un banc de pierre, dans un état d'abattement très-prononcé, les bras et la tête pendants, comme privés de mouvement. Elle vint s'asseoir près de Noirau, qui tourna la tête, fâché d'être troublé dans sa douleur. Mais cette femme sut bientôt trouver le moyen d'entamer la conversation. Elle parla longuement de la défunte : on eût dit qu'elle l'avait connue. Elle déplora le malheur qui avait atteint *un homme aussi considéré* ; — ce furent ses paroles. Elle pleura presque. Le lendemain, Noirau se retrouva à la promenade et rencontra sa consolatrice, qui l'engagea à venir la voir chez elle. Il n'y manqua pas. Finalement, Noirau fut pris aux rets perfides de la sage-femme ; il crut trouver une *amie* dévouée, comme il le dit.

Il eut ses entrées à toute heure. Émélie voulut par là aller au-devant des accusations ; elle craignit que le bruit de ses anciennes liaisons ne vînt aux oreilles de Noirau et ne ruinât ses espérances machinées avec tant d'art.

Ayant de quoi vivre après la fuite du receveur des contributions directes, elle voulait rester désormais à Soissons et y faire figure. Mais Émélie comprenait bien que la société ne pouvait admettre une sage-femme, riche de de la ruine d'un fonctionnaire public ; elle pensa donc à se marier avec un homme d'une certaine position. Noirau lui parut remplir toutes les conditions de l'emploi. Il ne restait plus qu'à l'amener lui-même à solliciter cette demande.

— Monsieur Noirau, lui dit-elle un jour, je suis bien triste, bien désolée...

— Oh! dit le bourgeois pressentant une fâcheuse nouvelle.

— Je vais, sans doute, quitter Soissons.

— Est-ce possible ?

— Ma famille, mon vieux père désireraient me voir fixée dans son pays.

Comme Noirau, ému de cette nouvelle, ne répondit pas, elle ajouta :

— Après tout, rien — (elle appuya sur ce mot) — ne me retient ici... Ah ! si j'y avais des affections, des parents, une position, que sais-je ? Des liens quelconques enfin ; mais personne ne s'inquiétera de mon départ...

— Oh ! fit Noirau qui n'avait pas d'autre moyen d'exprimer ses pensées.

— Il n'y a que vous, mon bon monsieur Noirau, qui m'ayez témoigné de l'amitié... Et puis, je m'ennuie ici, seule, n'ayant personne pour me sauvegarder de la médisance...

— On est si bavard dans notre pays! dit Noirau qui avait eu vent de scandales sur le compte de madame Émélie.

— Que me conseillez-vous, mon bon monsieur Noirau? lui dit-elle pour le mettre au pied du mur.

— Ah! Émélie, répondit-il, ne suis-je pas votre ami dévoué?... Ne m'avez-vous pas consolé de la mort?...

— Je vous en prie, fit-elle, ne revenons plus sur un sujet aussi triste.

— Triste! dit Noirau, je m'en veux beaucoup, croiriez-vous que j'ai déjà oublié cette pauvre Anémone.

— C'est dans l'ordre de la nature. Peut-on pleurer sans cesse? Nous devons être économes de nos douleurs, sans cela on ne rencontrerait que des gens en deuil et les yeux mouillés, ce qui serait infiniment triste.

— Vous avez des raisons pour tout, Émélie. Et vous voudriez me faire croire que je ne suis pas coupable?

— D'après ce que vous me dites, mon ami....

La figure de Noirau s'illumina lorsqu'il entendit la femme qu'il aimait en secret lui dire pour la première fois : *Mon ami,* avec l'accent caressant que sait chanter si habilement une femme rompue aux roueries de la vie parisienne. Émélie, qui examinait, avec la sournoiserie d'une chatte guettant un rat, les moindres jeux de physionomie de Noirau, crut que le bourgeois allait s'expliquer; mais il n'en fut rien.

Noirau était trop profondément enveloppé par les habitudes de la vie de province, pour oser s'expliquer en face d'une femme jeune, — pour lui elle était jeune, — belle et possédant ce fluide magnétique inconnu aux provinciales. Rusée comme un sauvage de l'Amérique du Nord, Émélie, n'ayant point réussi avec les moyens doux, n'hésita pas à changer de tactique.

Aux enfants qui n'obéissent pas avec les caresses on donne le fouet. Émélie prit un fouet pour réveiller le moral de ce bourgeois aussi timide qu'un enfant.

— Puisque heureusement, dit-elle, votre douleur est presque cicatrisée, ne venez pas me voir de quelques jours.

— Pourquoi, Émélie?

— Monsieur Noirau, il est temps de mettre un terme à des bruits injurieux qui courent sur mon compte...

— J'en ai entendu parler, dit Noirau. Ça m'a fait hausser les épaules.

— Cependant, vous auriez dû répondre, car vous étiez en jeu vous-même.

— Moi?... dit Noirau étonné.

— Oui, vous-même.

— Pas du tout... On parlait de M. Bellet, le receveur qui a fait banqueroute...

— Que les hommes sont méchants! fit-elle en altérant légèrement la voix... Vous m'apprenez de nouvelles calomnies... Je sais qu'hier, dans une soirée, on a parlé longuement de relations qui existeraient entre vous et moi...

— Est-il possible! dit Noirau.

— Jugez maintenant de la vérité des propos qui circulent sur moi et M. Bellet... Je le recevais comme je vous reçois, en ami; je le croyais honnête homme. N'avais-je pas déposé des fonds dans sa caisse et ne suis-je pas victime d'un abus de confiance, ainsi que beaucoup de commerçants de Soissons?

— Mais je ne crois rien, je n'ai rien cru, protesta Noirau...

— N'importe, mon ami, la méchanceté des petites villes est si grande que voilà ce qui me force de vous prier de cesser momentanément vos visites...

— Je ne pourrai plus vivre, dit Noirau.

— Ne faut-il pas que vous vous accoutumiez à notre séparation, puisque je dois vous quitter bientôt?...

— Oh! ne partez pas, Émélie! dit Noirau en soupirant.

— Il le faut, dit-elle en prenant plaisir à exciter les inquiétudes du bourgeois; je ne veux pas de gaieté de cœur renoncer aux avantages que mon père m'assure si je retourne auprès de lui.

— Eh bien, je vous suivrai! dit Noirau dont la passion grandissait émoustillée par ces obstacles.

— Vous me suivrez, je le voudrais bien : mais en quelle qualité? Puis-je partir ainsi avec un étranger qui n'est nullement mon parent? De quel œil ma famille vous verrait-elle?

Noirau était violenté par tous ces raisonnements dont il comprenait bien la prudence ; mais, malgré sa passion, un certain sentiment de défiance l'empêchait de prononcer le mot *mariage* qui devait battre triomphalement en brèche toutes ces mines.

A la suite de cette conversation, Émélie, fatiguée d'avoir déployé tant de grands moyens pour arriver à un résultat aussi nul, congédia Noirau. Deux jours après, Noirau revenait plus amoureux que jamais, et suppliait la sage-femme de vouloir bien mettre un terme aux arrêts forcés qu'elle lui avait infligés.

Elle fut inflexible et mit en jeu toutes les ressources.

Noirau, n'osant se poser comme mari, mit en avant son argent, le meilleur des agents matrimoniaux.

— Émélie, dit-il, j'ai cent vingt mille francs net...

— Ah ! dit-elle comme choquée.

Noirau se méprit sur la réponse et crut que *son avoir* n'était pas suffisant.

— J'ai aussi une maison rue Saint-Christophe, libre de toute hypothèque.

— Mais, monsieur Noirau, je m'inquiète peu de votre fortune...

— Je sais bien, Émélie, dit-il embarrassé... et si je vous l'offrais.

— A moi? fit-elle en jouant la surprise.

— Pourquoi pas ?... Voyons, là... consentiriez-vous ?

— Ceci, mon ami, dit-elle en souriant, mérite réflexion.

— C'est tout réfléchi, s'écria Noirau qui, une fois entré dans la question, y apportait toute l'ardeur d'un vieillard amoureux.

— Pensez donc à la disproportion d'âge. Je suis jeune encore, j'aime les plaisirs, les bals, la toilette, le monde.

— Allons, Émélie, vous vous dites plus méchante que vous n'êtes.

Là-dessus la sage-femme entama une théorie du mariage, qu'elle voulait brusquer, craignant que quelqu'un ne lui nuisît dans l'esprit de son futur.

— Diable ! répondit Noirau, j'ai mon deuil, c'est une affaire de six mois, à cause du pays, de mes connaissances.

Émélie fut très-contente de cette réponse du vertueux Noirau que l'amour rendait quasi-cynique.

Cette conversation eut lieu quelques jours avant le retour de Hugues; le lendemain, madame Émélie fit répandre adroitement dans Soissons le bruit de son mariage avec Noirau ; elle espérait arriver, par excès d'audace, à briser les propos des bourgeois réputés les plus *mauvaises langues* de la ville.

XII

LES ARTS MÈNENT A TOUT

Hugues resta près d'une quinzaine dans la maison de son oncle, après quoi il alla habiter une chambre d'hôtel garni.

La réception de Noirau fut froide à l'arrivée de son neveu; mais ce fut bientôt pis. Quand Noirau se trouvait à table avec son neveu, il ne lui parlait pas; le rentier, autrefois si exact, arrivait souvent une heure après que la soupe était servie, ce qui est contre toutes les habitudes de la province.

— Ah! ben, m'sieu, disait Toinon, ce n'est pas de ma faute si la soupe sent le *graillon*, vous arrivez à bel âge.

— Vas-tu *décesser* de parler? répondait Noirau, qui avait arboré un langage impératif.

Toinon continuait :

— Et ce pauvre M. Hugues qui n'a pas mangé depuis huit heures du matin; ses entrailles crient miséricorde...

— Je ne le prie pas de m'attendre, votre mauvais sujet...

— Lui, un mauvais sujet! il est devenu plus sage qu'une image... C'est bien le portrait de sa maman quand elle était jeune... il me semble la voir encore.

Toinon prévint Hugues de ces scènes qui se passaient chaque jour. Un matin, Hugues emporta son léger bagage d'artiste, sans même en prévenir son oncle.

Hugues avait retrouvé quelques esquisses du Soissonnais d'après nature. Il les retoucha avec soin et les exposa chez l'unique libraire du pays, une dame Mauclaire, dont le fonds littéraire consistait en 200 volumes in-12 signés de Victor Ducange, de Pigault-Lebrun, de madame de Montolieu, et aux autres romanciers du même temps.

Ces paysages, que tous les Soissonnais connaissaient, obtinrent un immense succès. On parla beaucoup dans la ville du jeune peintre; quelques-uns dirent hautement qu'il ferait un jour la gloire du pays.

Malgré tout, les acheteurs furent plus rares que les admirateurs, ce qui ne faisait pas le compte de Hugues. Il annonça qu'il peignait aussi le portrait. Les *connaisseurs* du pays secouèrent d'abord la tête en déclarant d'un air profond que jamais un paysagiste ne saurait peindre un portrait; mais Hugues, sans se décourager, exposa chez le libraire, à côté de ses paysages, le portrait d'un mendiant très-connu dans la ville. — En voyage, Triégler avait enseigné à son ami le moyen d'avoir de grands succès en province : il emportait le *portrait-bête*. — Le *portrait-bête* consiste dans une absence complète de couleur, de dessin; seulement, il est indispensable de s'attacher au côté grossier de la ressemblance; il faut arriver à lutter avec les peintres vitriers et faire des trompe-l'œil.

Hugues réussit; les personnages les plus considérables de Soissons le prièrent de vouloir bien prendre séance aux heure et jour qui lui conviendraient.

Madame Émélie savait tout ce qui se passait chez Noirau; d'ailleurs, lui-même raconta dans les plus grands détails, à sa future, l'arrivée d'un neveu peintre, qui avait commis, disait-il, tous les *brigandages possibles*, lesquels avaient contribué, ajoutait-il, à la mort de madame Noirau.

La sage-femme ne fut pas sans inquiétudes en apprenant que Hugues s'était installé chez Noirau. Elle ne se fit pas l'écho des récriminations de l'oncle; mais elle lui conseilla la froideur, pensant que Hugues repartirait à jamais pour Paris.

Quand elle sut qu'il restait à Soissons, que ses affaires prenaient bonne tournure, ses inquiétudes s'accrurent de plus belle. Noirau, flatté, dans son amour-propre de bourgeois, d'avoir un neveu artiste qui occupait la ville, pouvait se réconcilier avec lui. Le neveu pourrait prendre un grand empire sur le faible bourgeois, et empêcher le mariage en raison de son héritage futur.

Tous ces motifs inspirèrent à madame Émélie un plan qui devait éloigner à jamais Hugues et le perdre entièrement dans l'esprit de Noirau. Elle lui écrivit :

« Monsieur, je vous prierai de me faire l'honneur de passer chez moi demain soir, si vous le pouvez, pour m'entendre avec vous sur mon portrait que je désirerais avoir de votre main.

« Je vous recommande la discrétion surtout, ce portrait étant une surprise que je tiens à tenir secrète.

« Votre dévouée servante, ÉMÉLIE. »

— S'il vient, se dit-elle, je verrai tout de suite quel homme j'ai à combattre.

De son côté, Hugues était enchanté. Jamais occasion ne se présentait plus à point.

Il s'habilla avec cérémonie, en noir. Et il endossa une figure d'avoué.

— Monsieur, dit-elle après les salutations d'usage, on dit que vous avez beaucoup de talent.

— Vous êtes trop bonne, madame.

— Je vais franchement au but, dit-elle. Mon portrait est pour une personne que vous connaissez...

Hugues fit un geste d'ignorance.

— Beaucoup même... une personne qui vous touche de près...

— Je cherche, dit Hugues.

— Un parent très-proche... M. Noirau...

— C'est bizarre, fit-il très-surpris. Ah ! mon oncle !... un parent !... si l'on veut... Je suis son allié du côté maternel, et c'était ma pauvre tante qui représentait plutôt a parenté... Je ne vois plus M. Noirau, dit-il d'un ton dégagé.

— Je le savais ; mais j'ignore complétement les motifs qui...

— Je les ignore de même, madame.

— Comme ces dissensions de famille sont fâcheuses ! dit-elle d'un air chagrin.

— Très-fâcheuses, madame.

La conversation languit bientôt, madame Émélie croyant avoir affaire à un jeune homme plus communicatif ; mais elle espéra qu'après plusieurs séances, Hugues entamerait des questions de famille plus intimes.

Hugues prit congé de la sage-femme en promettant de venir bientôt commencer le portrait.

XIII

CORRESPONDANCE QUI EXPLIQUE BIEN DES CHOSES

L'hiver avançait. Triégler écrivit à Hugues de revenir à Paris bien vite, car il avait obtenu des travaux assez importants par l'entremise d'un député. Hugues répondit immédiatement :

« Mon cher ami, je resterai peut-être encore quelque temps à Soissons pour des affaires de famille très-embrouillées. Voici ce que c'est : Mon brave homme d'oncle est entre les mains de la coquine la plus rouée qui se puisse imaginer. Une femme qui en est à l'automne, la chute des cheveux, — tu sais combien elles sont fortes à cet âge. Elle veut épouser mon oncle, ou plutôt sa succession. Si elle ne désirait que l'argent, peu m'importerait ; mais vois-tu M. Noirau marié avec une sage-femme qui a eu nombre d'aventures très-galantes ! Cette femme s'est défiée de moi. Sous un prétexte de portrait, elle a fait ma connaissance. Tu n'imagines pas les moyens de diplomatie que j'ai déployés. Elle a fini par me raconter elle-même son mariage prochain. Elle voulait me faire faire la paix avec mon oncle qui me bat froid depuis mon arrivée. Il fallait l'entendre cherchant à me prouver qu'elle n'était pour rien dans l'accueil que me faisait M. Noirau.

« Ah ! la fine mouche ! Je peignais son portrait sans que mon oncle le sût. Un jour nous l'entendons monter les escaliers... Voilà une femme qui perd la tête, qui me jette, moi, mon chevalet, ma toile dans une armoire. Mon oncle entre... Il paraît qu'un pan de ma redingote passait par la porte de l'armoire. — Qu'est-ce que c'est? dit-il. — Un jupon de drap, dit-elle, que je prépare pour les premiers froids.

« Ne trouves-tu pas, mon cher Triégler, que cette armoire sent la comédie? Pour embarrasser un peu ma future tante, je remue dans mon armoire, — autre moyen très-vieux à la scène, mais terrible en réalité.

« Mon oncle fait la moue. Il interroge d'un air jaloux madame Émélie qui se met en fureur. Bref, mon oncle, aussi timide qu'un agneau, s'en va. Comme elle le mènera, le pauvre homme, s'il a le malheur de l'épouser; d'autant plus qu'il avait pris le pli avec ma tante Noirau.

« Il est revenu le lendemain demander pardon de ses soupçons. Plus tard il a su que j'avais fait le portrait de sa future : il a rompu avec elle — pour une semaine. Mais chaque rupture est un nouvel anneau de chaîne qu'il se passe au cou. Il est retourné en pleurant chez madame Émélie.

« Tu comprends, mon cher Triégler, que cette femme me raconte tout. J'ai été assez adroit pour devenir son confident le plus intime. Dans quel piége elle est tombée, la rusée!

« Elle m'a avoué que mon oncle ne lui plaisait que peu, ce qui m'a donné plus de courage. Je lui fais la cour, et elle ne me repousse pas avec trop de sévérité. Peut-être n'est-ce que de l'adresse. Mon oncle traîne en longueur le mariage ; il n'en parle plus. Pour amoureux, il l'est ; mais la sage-femme a autre chose à recueillir que de l'amour.

« Elle voudrait aiguillonner la jalousie de mon oncle en me recevant. Nous ne nous rencontrons jamais ensemble, mais je sais par Toinon qu'elle lui parle de moi à tout propos. Elle lui a dit que j'étais un jeune homme charmant, que je deviendrais un jour un grand peintre, et mille autres compliments qui tourmentent mon oncle, aussi bien que s'il était habillé de la robe de Déjanire.

« Au fond, je plains mon oncle, qui souffre cruellement ; mais, que diable, pourquoi un brave homme, en cheveux gris, ancien épicier, va-t-il s'aviser de conter fleurette à une sage-femme, qui n'exerce pas, et qui a réduit un malheureux amant à voler une caisse publique ? J'ai continué le traitement de mon oncle ; cela sera dur, mais le malade sera guéri ; du moins je l'espère.

« Pour la quatrième fois, mon oncle a son congé. — Madame Émélie s'est fâchée tout rouge avec lui. Il ne revient plus depuis une semaine, mais on l'a vu rôder sous les fenêtres de la sage-femme la nuit. Comment cela finira-t-il ?

« Voici que le carnaval arrive. Madame Émélie m'en parle beaucoup ; elle est très-friande de plaisirs. Quoiqu'un bal public soit très-dangereux pour la réputation de cette femme, elle est dévorée de l'envie d'y aller, ne fût-ce qu'un moment. J'irai aussi et je la surveillerai de près.

« Toutes ces intrigues, mon cher Triégler, ne m'empêchent pas de faire des études ; je travaille beaucoup et je retournerai à Paris avec quelque argent.

« HUGUES. »

XIV

LE BAL MASQUÉ

Les commis voyageurs qui vont au commencement de l'hiver faire leur tournée dans le nord de la France s'arrêtent d'abord à Soissons. Ces messieurs, habitués à pratiquer la danse, l'amour et la boisson, ne sont pas à leur aise de séjourner à Soissons pendant le carnaval; aussi répandent-ils partout cet axiome : « Soissons n'est pas gai, c'est une ville morte *pour les plaisirs.* »

Le bal masqué du mardi gras de 1829 fut une preuve de leur véracité.

A onze heures du soir l'entrepreneur du bal remarquait, la mort au cœur, une seule personne dans la salle. Cette personne était un masque. Ce masque était un ours. L'ours paraissait profondément ennuyé et rappelait avec la plus cruelle vérité les solitaires *Martins* du Jardin des Plantes. Un polichinelle arriva bientôt tenir compagnie au malheureux délaissé.

Les deux masques, n'ayant pas de *galerie* pour applaudir à leurs farces, se tournèrent le dos et se livrèrent à des réflexions, semblables sans doute à celles de Zimmerman, lorsqu'il entreprit son livre *de la solitude.*

Cependant les loges se garnirent peu à peu de bourgeoises ravies d'avance d'être *intriguées.* Quelques grisettes parées et non masquées vinrent prendre place sur les banquettes, en attendant que les masques fussent plus nombreux pour organiser un quadrille.

Un Turc entra, donnant le bras à un Espagnol. Le Turc avait des façons solennelles; son masque grave, orné de petites moustaches noires, ne démentait pas la roideur qu'il affectait. Pour l'Espagnol, il mériterait une mention particulière, si les choristes des Italiens, en tunique abricot à crevés, en bottes à revers et en toque de velours, ne donnaient pas une copie exacte de l'original.

Les dames des loges virent avec plaisir un domino noir mystérieux qui se faufilait dans le bal, protégé par un arlequin. Elles s'attendirent, avec raison, à être intriguées, — car le domino passe, à Soissons, pour *quelqu'un qui ne veut pas être reconnu.*

Le domino quitta le bras de son compagnon et, montant sur une banquette, il grimpa dans les loges. Ce domino avait des bottes et un pantalon d'un goût douteux. Les dames se dirent : C'est un homme.

Pensant qu'il était temps de mettre en train cette *folle jeunesse*, le chef d'orchestre commença la contredanse. L'ours faisait vis-à-vis au polichinelle, qui se livrait à une gaieté inouïe. Il ne cessait, dans son bonheur, de murmurer des paroles folâtres qu'on obtient avec un petit instrument en fer-blanc, dit *pratique*.

Vers deux heures du matin, un malin fit le tour de la salle.

— Tiens, te voilà, Hugues? dit l'arlequin au malin.

— T'es bien fin, arlequin à tous crins, t'es digne d'être carabin, prends garde de tomber dans le pétrin, répondit le masque avec l'esprit d'à-propos que le costume de malin exige.

— C'est bien, dit l'autre, ne fais pas le discret avec moi.

— Quien, arlequin, tu sens le vin, tu n'es qu'un nain...

L'arlequin n'étant pas de force à répondre, s'éloigna et alla parler bas aux différents masques qui ornaient le bal.

Tous vinrent peu après saluer le malin en se faisant un plaisir de le reconnaître.

— Eh! Hugues! — Je te conseille de changer de costume. — Bonsoir, Hugues. — Voilà Hugues. — Farceur d'Hugues!

Hugues, car c'était lui, fâché d'être si vite reconnu, s'éloigna et fit le tour du bal en regardant soigneusement les yeux de chaque masque. Mais il ne paraissait pas trouver l'objet de ses recherches.

Il alla s'installer à la buvette avec un de ses amis.

A la porte du bal, deux personnes que la nuit rendait méconnaissables s'étaient arrêtées et causaient avec animation. Cependant il était facile de distinguer une voix masculine à laquelle répondait une voix féminine.

— Décidément, c'est une folie, ma chère.

— Ne prononcez pas mon nom, je vous en prie, dit la femme.

— C'est facile, car je n'entrerai pas.

— Voici une nouvelle fantaisie maintenant. Je vous fais un costume moi-même pour être plus certaine que le costumier de Soissons ne pourra trahir votre mascarade... Vous vous habillez, et quand nous arrivons vous ne voulez plus entrer...

— Songez donc à mon âge, mon amie... Si on se doutait seulement...

— On ne se doutera pas.

— Je serais perdu de réputation.

— Et moi, dit la femme, croyez-vous que ma réputation n'est pas plus sensible aux atteintes?... N'ai-je pas bien calculé, bien pesé mes moindres actions?...

— Enfin, vous le voulez, tout est dit. Mais qu'allons-nous faire au bal?

— Vous ne m'aimez pas, dites-le plutôt... Je m'en vais.

— Oh! reprit l'homme, vous savez bien le contraire.

— Eh bien, passez-moi cette fantaisie. Je tiens à voir un bal masqué à Soissons; nous y resterons une heure, moins d'une heure s'il le faut. Certes, nous ne danserons pas. Dans la foule, comment peut-il vous venir à l'idée qu'on nous reconnaîtra?

— Je sais bien, ma chère amie, vous pouvez avoir très-raison, mais...

— Adieu, monsieur! reprit la femme en essayant de dégager son bras. Je vois clair comme le jour votre affreux caractère. J'avais pensé que notre dernière brouille vous rendrait plus aimable, plus complaisant. Adieu, et cette fois pour toujours.

— Oh! dit l'homme d'une voix émue, j'ai tort, je l'avoue; entrons au bal, vous avez raison.

— Non, dit la femme.

L'homme implora son pardon, il l'obtint, et tous deux prirent au bureau une contremarque.

Pendant que Hugues buvait avec son ami, un grand bruit se fit entendre dans le bal. Ce qui excitait ce bruit n'était pourtant que l'entrée de deux masques qui descendaient les escaliers pour entrer au bal; l'un vêtu d'un domino cachant évidemment une femme, s'il fallait s'en rapporter aux formes et à la tournure ondoyante de la personne masquée; l'autre, habillé en matelot; mais le matelot, quoique vêtu comme tous les marins de carnaval, avait une physionomie tellement gênée que l'attention se portait naturellement sur lui.

De la chemise bleue rayée sortait un cou rouge et gros; le chapeau de toile cirée recouvrait un foulard de couleur qui servait à cacher des cheveux reconnaissables sans doute; mais un bourrelet de chair dénué de cheveux donnait à croire que le masque ne s'était si bien enveloppé la tête que pour dissimuler une calvitie très-évidente. Le ventre du matelot n'était que trop sensible; deux mollets vigoureux remplissaient le pantalon large et flottant.

Il descendit les escaliers en homme prudent; intimidé sans doute par les regards de la foule, il leva la tête vers le lustre. De ses mains il ne savait que faire; pour se donner une contenance, il les croisa sur son ventre par un geste commun aux bourgeois.

Le domino le suivait de près.

La foule voyait que cet homme, *qui n'était pas de la première jeunesse,* devait servir à son amusement. L'ours vint vers le matelot, le flaira, lui mit la patte sur l'épaule et poussa un grognement. Le matelot parut inquiet. Attiré par les rumeurs de l'ours, le polichinelle accourut aussi vite que le lui permettaient les bosses et sabots, et amassa un certain nombre de personnes.

— Ohé ! matelot timide, cria Hugues en s'avançant, tu n'as pas l'air à ton aise sur le plancher des vaches.

— Bon, dit une voix, voilà le malin qui va l'*entreprendre*.

— Et ton bateau, dit Hugues, finot, tu l'a laissé au bord de l'eau, oh ! oh !

Le matelot gardait le plus profond silence.

— Hardi, malin ! cria un masque.

— T'as pas l'air faraud, matelot, sans ton couteau qu'est pendu à un cordeau, mon gros.

— Bravo ! dit la foule.

— Sortons, dit la femme à l'oreille du matelot.

Le cercle se rétrécissait toujours de plus en plus autour des deux masques.

— Monsieur, je vous prie de cesser, dit le matelot, qui ne savait comment se débarrasser de son terrible adversaire.

— Tu veux te fâcher, mon gros, ne fais pas sonner si haut ton grelot ou je te flanque à l'eau.

La foule applaudissait.

— Allons, flambard, dit Hugues, viens boire plutôt.

La femme retint par le bras le matelot ; ce geste n'échappa à point Hugues.

— Comment, matelot, tu te laisses mener par un domino, vieux taureau ?

Et, sans attendre la réponse du masque qui paraissait souffrir violemment de cet affreux langage, il lui prit le bras, ainsi que celui de la femme, et les traîna de force vers la buvette.

— Oh ! monsieur, dit le domino, vous n'abuserez

pas ainsi d'une femme qui désire rester tranquillement avec...

En entendant pour la première fois cette voix, Hugues tressaillit. Il regarda fixement les deux yeux que le *loup* ne garantissait pas, puis il passa à l'inspection du matelot qui parut inquiet de cette terrible inquisition. Ils étaient arrivés au comptoir où se vendent les rafraîchissements :

— Servez vingt-quatre verres de punch à ce marin! cria Hugues.

— Je n'en ferai rien, monsieur, dit le matelot.

— Monsieur! A qui parles-tu donc? dit Hugues qui semblait se griser. Tu vas boire!...

— Non, dit le matelot.

— Tu boiras. Ça boit dur les matelots.

— Non, mon ami, dit le domino, vous ne boirez pas.

Hugues criait. La foule avait abandonné le bal pour assister à cette scène comique.

— Si vous saviez, monsieur, à qui vous parlez ainsi, dit le matelot.

La foule hurlait de joie.

— Viens, mon ami, dit la femme.

— Garçon, dit Hugues, si ce marin-là n'a pas bu les vingt-quatre verres de punch dans un quart d'heure, vous en verserez vingt-quatre autres.

— Bravo! dit la foule.

— Monsieur!... dit le domino à Hugues d'une voix suppliante.

— Ah! bah! dit Hugues, je ne lâche votre matelot que quand il aura bu.

— Mon ami, dit la femme, fais semblant d'obéir à ce drôle...

— Drôle ! dit Hugues d'une voix terrible.

Et d'un geste prompt il fit sauter le masque du domino. C'était madame Émélie. La foule, qui reconnut la femme qui passait dans Soissons pour avoir ruiné le receveur des contributions, accueillit cet acte brutal avec plaisir. Émélie, au lieu de perdre contenance, et sans s'inquiéter de la foule, insulta Hugues, en le traitant de lâche et de tous les termes de mépris employés en pareille circonstance.

Après cette sortie, elle entraîna son *mari* en fendant la foule ; mais elle eut le tort, se croyant désormais à l'abri des injures de Hugues, de se répandre en propos violents.

Hugues courut après le couple, et l'arrêtant :

— J'ai eu tort, dit-il ; vous êtes une femme sans défense ; mais vous avez avec vous un mari. Je suis à sa disposition ; tenez, tenez, reprit-il en ôtant son masque, je m'appelle Hugues et je ne me cache pas. A votre amant, maintenant.

Il arracha le masque du matelot.

— Ciel ! s'écria-t-il en voyant la figure cramoisie de l'infortuné qui venait d'échapper à une espèce de question au punch, mon oncle !

— M. Noirau ! s'exclama la foule.

— Je vous l'ai toujours dit, s'écria le pauvre bourgeois en s'éloignant, vous ne serez toute votre vie qu'un homme sans mœurs. — Vous n'êtes plus mon neveu.

XV

UN MARIAGE IMPOSSIBLE

— Eh bien, mon cher Hugues? dit Triégler en embrassant son ami qui revenait de Soissons.

— Je suis bien heureux de n'être pas entré dans la diplomatie.

— Pourquoi? est-ce que tu n'aurais pas réussi dans tes intrigues de province?

— J'ai réussi à marier mon oncle avec la sage-femme que tu sais.

— Vraiment. Alors, bonjour à la succession.

— Oui; et à la place sa malédiction. Car mon brave oncle m'a maudit.

— Il n'y a pas grand mal.

— Le lendemain du bal masqué, mon oncle est parti de Soissons avec madame Émélie. Il a confié ses biens à vendre à Dumoulin, son notaire, qui m'a raconté le contrat de mon pauvre cher oncle, comme l'appelait Toinon, qui, en apprenant l'affaire, a perdu ses deux dernières dents. M. Noirau a légué toute sa fortune à la sage-femme.

— Plaignons les vieux bourgeois amoureux, dit Triégler, et n'en parlons plus.

Juillet 1846.

FIN.

TABLE

Avertissement.................................... 1
Chien-Caillou.................................... 3
Grandeur et décadence d'une Serinette.......... 25
Confessions de Sylvius.......................... 67
Van Schaendel........... 157
M. Prudhomme au Salon.......................... 173
Simple histoire d'un Rentier et d'un Lampiste.... 191
Le Fuenzès..................................... 203
Les Noirau..................................... 233

www.ingramcontent.com/pod-product-compliance
Lightning Source LLC
Chambersburg PA
CBHW071504160426
43196CB00010B/1418